工业和信息产业科技与教育专著出版资金资助出版
高等职业教育市场营销专业"全景教学"系列项目规划教材

消费心理与行为学

旷健玲　熊　英　主　编
何艳君　肖晓琳　副主编

电子工业出版社
Publishing House of Electronics Industry
北京·BEIJING

内 容 简 介

本教材依据消费心理与行为学理论知识，紧扣职业教育培养应用型人才的要求设置 10 个项目，包括走近消费心理与行为、消费者的心理活动分析、消费者的个性心理与行为特征、消费需求与购买动机、群体消费者的消费心理与行为、影响消费心理的因素、产品与消费心理分析、商品价格与消费心理分析、分销渠道与消费心理分析、促销与消费心理分析。本教材理论深入浅出，案例简洁明了，结构设计合理，是一本不可多得的、体现职业教育特色的实用教材。

本教材既可作为市场营销、电子商务、工商企业管理、商务管理、汽车营销与服务等财经商贸类相关专业的教学用书，也可作为相关行业市场营销岗位新员工入职的培训参考用书。

未经许可，不得以任何方式复制或抄袭本书之部分或全部内容。
版权所有，侵权必究。

图书在版编目（CIP）数据

消费心理与行为学 / 旷健玲，熊英主编．—北京：电子工业出版社，2020.5
ISBN 978-7-121-37806-5

Ⅰ.①消… Ⅱ.①旷… ②熊… Ⅲ.①消费心理学－高等职业教育－教材②消费者行为论－高等职业教育－教材 Ⅳ.①F713.55

中国版本图书馆 CIP 数据核字（2019）第 240848 号

责任编辑：朱干支　　　特约编辑：田学清
印　　刷：三河市君旺印务有限公司
装　　订：三河市君旺印务有限公司
出版发行：电子工业出版社
　　　　　北京市海淀区万寿路 173 信箱　　邮编 100036
开　　本：787×1 092　1/16　印张：17　字数：467.8 千字
版　　次：2020 年 5 月第 1 版
印　　次：2020 年 9 月第 2 次印刷
定　　价：49.80 元

凡所购买电子工业出版社图书有缺损问题，请向购买书店调换。若书店售缺，请与本社发行部联系，联系及邮购电话：（010）88254888，88258888。
质量投诉请发邮件至 zlts@phei.com.cn，盗版侵权举报请发邮件至 dbqq@phei.com.cn。
本书咨询联系方式：（010）88254573，zgz@phei.com.cn。

前　言

在交易活动中一般都存在着消费心理与消费行为。由于消费行为是消费实现的过程，而消费行为源于消费者的心理需求，因此如果营销人员能够熟知消费者的心理需求及其背后所蕴含的行为规律，从而采取具有针对性的营销策略，就可以做到"知己知彼，百战不殆"。

本教材共分为10个项目，包括项目1走近消费心理与行为，项目2消费者的心理活动分析，项目3消费者的个性心理与行为特征，项目4消费需求与购买动机，项目5群体消费者的消费心理与行为，项目6影响消费心理的因素，项目7产品与消费心理分析，项目8商品价格与消费心理分析，项目9分销渠道与消费心理分析，项目10促销与消费心理分析。

呈现在读者面前的这本《消费心理与行为学》，有以下几个特点。

第一，紧扣职业教育培养应用型人才的要求，遵循职业教育适度、够用的原则，符合高职院校学生的实际水平。理论深入浅出，案例简洁明了，阐述言简意赅、通俗易懂，以培养学生的应用技能为出发点，努力打造体现职业教育特色的实用教材。

第二，本教材的教学任务是依据消费心理与行为学理论知识与实践教学环节来设置的，使学生掌握现代市场营销过程中消费者的消费心理及行为规律，培养学生较强的观察力和领悟力，使其具备较强的实践能力，最终实现提高财经商贸类专业学生综合应用技能的目标。

第三，结构设计合理。本教材每个项目的开头均设置了"营销名言""学习目标""感受营销"模块，让学生对相关项目将要学习的知识有一个初步的了解；"项目实施"按不同的任务设置"学习目的""案例导入""任务实施"模块，并将"知识链接""营销视野""想一想"等模块穿插其中，通过引用国内外企业的消费心理实战案例，图文并茂、深入浅出地对所学知识进行补充，有利于学生更好地理解和掌握各个知识点。每个项目的最后均设置了"项目总结"和"项目实训"（包括"知识挑战训练"和"技能实训"），突出了职业教育注重实践性、应用性与技能性的特点，使本教材既有完整的知识体系，又有显著的独创性。

本教材既可作为市场营销、电子商务、工商企业管理、商务管理、汽车营销与服务等财经商贸类相关专业的教学用书，也可作为相关行业市场营销岗位新员工入职的培训参考用书。

本教材被列为"工业和信息产业科技与教育专著出版资金"资助出版项目，总体设计方案经集体多次研究，反复推敲制定。本教材由湖南现代物流职业技术学院旷健玲、熊英担任主编，何艳君、肖晓琳担任副主编。具体分工如下：教材大纲和正文的项目1、项目5、项目6由旷健玲老师负责编写；项目2、项目3、项目4由何艳君老师负责编写；项目7、项目8、项目9、项目10由熊英老师负责编写；每个项目的开篇视频及案例导入由肖晓琳老师负责编辑；熊英老师负责全书的审阅和统稿工作。

本教材提供教学课件和习题参考答案，需要者可登录华信教育资源网（www.hxedu.com.cn）免费下载。同时，本书还提供部分视频、案例和阅读材料，读者可以通过扫描书中的二维码获取相关资料。

在本教材的编写过程中，我们参考了国内外大量的消费心理学教材和著作，借鉴了国内外营销专家与学者最新的研究成果和案例，在此表示诚挚的感谢！由于记述和追溯的不便，有些未载明出处，请相关作者与我们联系。

由于编者的学识和能力有限，书中难免存在不足之处，恳请广大读者批评指正。

编者联系邮箱：624964604@qq.com。

编者

目　　录

项目 1　走近消费心理与行为 1
　任务 1.1　消费心理学分析 2
　　1.1.1　消费及消费者的概念 4
　　1.1.2　心理及心理学的概念 5
　　1.1.3　消费心理与消费心理学的概念 6
　任务 1.2　消费行为学分析 7
　　1.2.1　消费行为与消费行为学的概念 8
　　1.2.2　消费者购买行为与决策过程 9
　任务 1.3　消费心理与行为分析 11
　　1.3.1　消费心理与行为分析的特点 12
　　1.3.2　消费心理与行为分析的原则 14

项目 2　消费者的心理活动分析 20
　任务 2.1　把握消费者心理的认知过程 21
　　2.1.1　感觉 23
　　2.1.2　知觉 25
　　2.1.3　注意 28
　　2.1.4　记忆 30
　　2.1.5　思维 33
　　2.1.6　想象 35
　任务 2.2　把握消费者的情感过程 38
　　2.2.1　情绪与情感的含义 39
　　2.2.2　情绪与情感的类型 40
　　2.2.3　情绪与情感的主要影响因素 41
　　2.2.4　情绪与情感的作用 42
　任务 2.3　把握消费者的意志过程 43
　　2.3.1　意志的含义及特征 44
　　2.3.2　意志过程分析 45
　　2.3.3　意志品质分析 46

项目 3　消费者的个性心理与行为特征 ... 52

任务 3.1　消费者的个性特征分析 ... 53
3.1.1　消费者个性的含义 ... 54
3.1.2　消费者的个性特征 ... 54
3.1.3　个性在消费中的作用 ... 56

任务 3.2　消费者的气质特征分析 ... 57
3.2.1　气质的含义、特征及类型 ... 58
3.2.2　不同气质类型消费者的行为表现 ... 60
3.2.3　气质与营销 ... 62

任务 3.3　消费者的性格特征分析 ... 63
3.3.1　性格的含义、特征及类型 ... 63
3.3.2　不同性格类型消费者的行为表现 ... 66
3.3.3　性格与营销 ... 68

任务 3.4　消费者的能力特征分析 ... 69
3.4.1　能力的含义及类型 ... 71
3.4.2　消费能力的基本构成 ... 72
3.4.3　不同消费能力的消费者的行为表现 ... 73
3.4.4　能力与营销 ... 74

任务 3.5　消费者的兴趣特征分析 ... 75
3.5.1　兴趣的含义、特征及类型 ... 76
3.5.2　兴趣对消费者行为表现的影响 ... 78
3.5.3　兴趣与营销 ... 79

项目 4　消费需求与购买动机 ... 85

任务 4.1　识别消费者的需求 ... 86
4.1.1　消费需求的概念、特征与作用 ... 87
4.1.2　马斯洛的需要层次理论 ... 91
4.1.3　其他需求分类法 ... 94
4.1.4　现代消费者需求的发展趋势 ... 95

任务 4.2　把握消费者的购买动机 ... 98
4.2.1　消费者购买动机的含义、特征及作用 ... 99
4.2.2　消费者购买动机的类型 ... 101
4.2.3　购买动机与营销 ... 104

项目 5　群体消费者的消费心理与行为 ... 109

任务 5.1　消费者群体的概念及划分 ... 110
5.1.1　消费者群体的概念 ... 112
5.1.2　消费者群体的划分 ... 112
5.1.3　消费者群体的形成 ... 115

任务 5.2	不同消费者群体的消费心理及行为特点	116
5.2.1	不同年龄消费者群体的心理及行为特点	117
5.2.2	不同性别消费者群体的心理与行为特点	128
5.2.3	不同收入消费群体心理特征分析	131
任务 5.3	家庭对消费心理与行为的影响	132
5.3.1	家庭生命周期不同阶段对消费心理与行为的影响	134
5.3.2	家庭决策方式的影响	135
5.3.3	家庭成员的影响	136

项目 6　影响消费心理的因素 143

任务 6.1	宏观购物环境因素对消费心理与行为的影响	144
6.1.1	自然环境因素对消费心理与行为的影响	145
6.1.2	政治因素对消费心理与行为的影响	147
6.1.3	经济因素对消费心理与行为的影响	148
6.1.4	社会文化因素对消费心理与行为的影响	149
任务 6.2	消费流行、消费习俗对消费心理与行为的影响	153
6.2.1	消费流行心理特征分析	154
6.2.2	消费习俗心理特征分析	158

项目 7　产品与消费心理分析 164

任务 7.1	产品的概念	165
任务 7.2	基于产品生命周期理论的消费心理分析	168
7.2.1	产品生命周期的定义及各阶段消费者的心理特点	170
7.2.2	产品生命周期各阶段的营销策略	171
任务 7.3	新产品与消费者心理分析	173
7.3.1	新产品的概念	174
7.3.2	影响消费者购买新产品的心理因素	174
7.3.3	新产品购买者的类型	175
7.3.4	新产品开发设计要适应消费者的需求变化	176
任务 7.4	产品品牌与消费心理分析	178
7.4.1	产品品牌的概念	179
7.4.2	产品品牌内容与消费心理分析	180
7.4.3	产品品牌策略与消费心理分析	182
7.4.4	产品品牌命名策略与消费心理分析	182
任务 7.5	产品包装与消费心理分析	185
7.5.1	产品包装的功能及产品包装对消费心理的影响	186
7.5.2	产品包装设计策略与消费心理分析	188

项目 8　商品价格与消费心理分析 195

任务 8.1	消费价格心理分析	196
8.1.1	消费者价格心理分析	197

8.1.2　消费者价格心理的功能 197
　　8.1.3　价格影响消费心理的表现分析 198
　任务 8.2　商品定价的策略 199
　　8.2.1　新产品价格制定的依据 201
　　8.2.2　一般商品价格制定的依据 203
　任务 8.3　价格调整与消费心理分析 207
　　8.3.1　降价与消费心理分析 209
　　8.3.2　提价与消费心理分析 210

项目 9　分销渠道与消费心理分析 217

　任务 9.1　分销渠道结构与消费心理 218
　　9.1.1　分销渠道的概念及类型 219
　　9.1.2　分销渠道与消费者的消费心理分析 221
　任务 9.2　分销渠道的选择与消费心理分析 224
　　9.2.1　批发商与消费心理 225
　　9.2.2　零售商与消费心理 228
　任务 9.3　网络营销与消费心理分析 233
　　9.3.1　网络营销的概念及特点 234
　　9.3.2　网络消费者类型分析 236
　　9.3.3　网络消费者的购买动机及影响因素分析 237
　　9.3.4　网络营销策略与消费心理分析 240

项目 10　促销与消费心理分析 247

　任务 10.1　促销基本策略运用与消费心理分析 248
　　10.1.1　促销方式及对消费者的消费心理的影响 249
　　10.1.2　促销策略的运用 251
　任务 10.2　营业推广与消费心理分析 251
　　10.2.1　营业推广 253
　　10.2.2　适合消费者、中间商、销售人员的营业推广形式与消费心理分析 253
　任务 10.3　人员推销与消费心理分析 254
　　10.3.1　人员推销的概念与特点 255
　　10.3.2　人员推销的行为策略 256
　　10.3.3　一对一销售服务和消费者心理与行为 257
　　10.3.4　体验和消费者心理与行为 259

参考文献 264

项目 1

走近消费心理与行为

 营销名言

真正的营销要从顾客的属性、现实状况、需求及价值观等方面做起。真正的营销并不是对顾客说:"这是我们所提供的产品或服务。"而应该说:"这些是顾客所追求、重视及需要的满足。"

——彼得·德鲁克

 学习目标

专业能力目标

➢ 了解消费、消费者、心理、心理学、消费心理、消费心理学、消费行为及消费行为学的概念。

➢ 掌握消费者购买行为与决策过程的相关知识;掌握消费心理与行为分析的特点和原则。

方法能力目标

➢ 初步运用消费心理与行为学相关知识分析企业的市场营销活动。

社会能力目标

➢ 树立消费者第一的意识,注重观察和分析生活中的消费现象,提高观察能力和分析能力。

消费心理与行为学

感受营销

动画（感觉消费心理学）

（资料来源：https://www.icve.com.cn/.）

项目实施

消费心理学分析

学习目的

学习任务	分析关于消费心理学的案例
要　　求	1. 能通过各种渠道收集关于消费心理学的案例 2. 能通过对消费心理学案例的分析，推断营销成功或失败的原因 3. 能根据分析的案例结果，提出个人建议 4. 能将消费心理学案例分析的结果制作成PPT，并进行PPT演示
应具备的知识	消费与消费者、心理与心理学、消费心理与心理学等基础知识
应具备的能力	收集信息的能力、整理信息的能力、案例分析的能力、制作PPT的能力
质量标准	评价项目	分值（分）
	1. 信息真实可靠	20
	2. 以事实为依据，高效筛选、分析、整理信息	20
	3. 分析案例时要有逻辑，思路清晰	40
	4. PPT制作完整	20

案例导入

希尔顿的"快乐周末"

美国希尔顿酒店为提高住房部的营业额，在经过多项考核后，专门进行了一次关于时间观念的调查。调查采用电话访问的方式进行，总共调查了1010位年龄在18周岁以上的成年人。该调查是为了了解美国人对时间的态度、时间价值观及他们行为背后的原因。

调查发现，约2/3的美国人愿意为了获得更多的时间而支付更多的报酬。工作女性，尤其是有小孩的工作女性，面临的时间压力远比男性大。大多数被访者认为，在20世纪90年代，花时间与家人和朋友在一起比赚钱更重要。选择"花时间与家人和朋友在一起"的被访者占被访总人数的77%；强调"拥有自由时间"的被访者占被访总人数的66%；选择"挣更多的钱"

项目 1
走近消费心理与行为

的被访者占被访总人数的 61%，排在第六位；而选择"花钱拥有物质产品"的被访者占被访总人数的 29%，排在最后一位。同时，生活在美国东部各州的被访者比美国西部各州的被访者更注重挣钱。

其他显示美国人为时间伤脑筋的数据如下。

① 33%的被访者认为无法找到时间来过"理想的周末"。
② 31%的被访者认为没时间玩。
③ 33%的被访者认为没有完成当天要做的事。
④ 38%的被访者说为拥有更多的时间，减少了睡眠。
⑤ 29%的被访者长期处于一种时间压力之下。
⑥ 31%的被访者为没有时间和家人、朋友在一起而忧心忡忡。
⑦ 20%的被访者说在过去的 12 个月内，至少有一次是在休息的时间被叫去工作的。

根据上述调查结果，美国希尔顿酒店针对那些时间压力特别大的家庭推出了一个叫"快乐周末"的项目。该项目收费较低，每个房间每晚 65 美元，且早餐免费；如果带小孩，小孩可以免费住在父母的房间里。美国希尔顿大酒店的外景如图 1-1 所示。

图 1-1 美国希尔顿酒店的外景

（资料来源：徐盈群，姚水琼，戴佩慧. 消费心理与行为分析. 大连：东北财经大学出版社，2015.）

 **想一想**

假如你是美国希尔顿酒店的营销人员，请你对该酒店"快乐周末"项目的作用和效果进行预测，并分析其营销成功与否的原因。

参考答案

消费心理与行为学

任务实施

1.1.1 消费及消费者的概念

1. 消费

消费是社会生产的动力，没有生产，就没有消费，两者相互依存，相互促进。消费是社会再生产过程中的一个重要环节，也是最终环节，是消费主体出于生存和发展的需要，有意识地消耗物质资料和精神产品的行为。

消费有广义和狭义之分。广义的消费包括生产消费和生活消费。其中，生产消费是指生产者在生产过程中，使用和消耗各种生产要素，进行物质资料和劳务生产的行为和过程；生活消费是指人们为满足个人和家庭的需要，消耗各种物质生活资料、劳务和精神产品的行为和过程。而狭义的消费则专指生活消费，即个人消费。本书中的消费是指狭义的个人消费。

消费是指人们把生产出来的物质资料和精神产品用于满足个人生活中的需要的行为和过程。具体而言，消费包括消费者的消费需求产生的原因、消费者满足自身消费需求的方式及影响消费者选择的相关因素等。基于生理需要而产生的消费是一种本能性的消费，它是人类全部消费活动的基础；基于享受、发展需要而产生的消费，则是一种社会性的消费。社会性的消费源于且高于本能性的消费。

2. 消费者

同消费一样，消费者也有广义和狭义之分。广义的消费者是指所有从事物质资料和精神产品消费活动的人，包括对商品或劳务的需求者、购买者和使用者。例如，家里准备更换一台电视，提出这一需求的可能是小孩，经一家人商议后，家长可能会从商场、网上或代购的方式购买电视，而最后经常使用电视的往往是家里不上班的老人，因此这一家人都是消费者。此外，在实际生活中，同一消费品的购买决策者、购买者和使用者可能是同一个人，也可能不是同一个人。狭义的消费者则是指消耗商品使用价值或劳务的人。参与购买决策的人往往有以下几类。

① 发起者，首先想到或提议购买某种产品或劳务的人。

② 影响者，看法或意见对最终决策具有直接或间接影响的人。

③ 决策者，能够对买不买、买什么、买多少、何时买及在何处买等问题做出全部或部分的最后决策的人。

④ 购买者，实际采购的人。

⑤ 使用者，直接消费或使用所购商品或劳务的人。

从市场营销的角度来说，消费者主要指那些对某种商品或服务有现实或潜在需求的人，被称为现实消费者和潜在消费者。其中，现实消费者是指消费者对某种商品或服务有现实需求，并实际从事商品购买或使用商品的消费者；而潜在消费者则指当前未购买、使用或需要某种商品或服务，但未来可能会产生需求并购买和使用商品的消费者，如图1-2所示是一幅消费漫画。

项目 1
走近消费心理与行为

图 1-2　消费漫画

【知识链接】
《中华人民共和国消费者权益保护法》七大"亮点"帮你维权

1.1.2　心理及心理学的概念

1. 心理

心理是人脑的机能，是大脑对客观物质世界的主观反映。所有心理活动的内容都源于客观世界，受客观世界的制约，又对客观世界起着反作用。

心理现象分为两大类，即心理过程和人格。其中，心理过程按性质不同又可分为三个方面：认识过程、情感过程和意志过程，认识过程是指人们对外界事物的认识要通过感觉、知觉、记忆、联想和思维等心理过程；情感过程是指人们在认识客观事物的过程中表现出一定的态度和主观感受，如愉快、满意、厌恶、不满等情绪；意志过程是指人们在活动中设置一定的目标，调节和支配行动，并通过克服困难，实现预期目的的心理过程。人格也称个性，指一个人区别于他人在不同环境中表现出一贯的、相对稳定的影响旁人行为模式的心理特征总和，包括需要、动机、能力、气质、性格等。

【营销视野】

罗西的餐馆

美国有个叫罗西的人经营家庭餐馆，一开始餐馆生意一般，为了改善餐馆的经营状态，罗西想出来一个办法：不在菜单上对每道菜进行明码标价。他规定："让顾客根据饭菜和服务的满意程度自定价格，给多给少，悉听尊便；若不满意，也可分文不付。"这种"随你给多少"的经营特点使罗西的餐馆日日爆满，收入大增，甚至还有不少顾客因为这种特殊的经营方式慕名前来就餐。最终，罗西的小餐馆生意火爆，罗西的财富也因此不断增加。

消费心理与行为学

想一想

罗西的餐馆为什么生意火爆？

参考答案

2. 心理学

"心理学"一词源于希腊文，意思是关于灵魂的科学。人类对自身心理现象的探究，自人类文明时期开始时就有了。两千多年前，在我国伟大思想家孔子、孟子的著作中，就有了关于心理现象的描述；此外，古希腊学者亚里士多德在《灵魂论》一书中也记载了有关心理现象的研究。从亚里士多德起，心理现象大多是由哲学家作为哲学问题加以研究的，直到1825年，德国哲学家、教育学家赫尔巴特首次提出了心理学是一门学科的观点。

心理学是研究人心理现象发生、发展及活动规律的系统科学。它既是一门理论学科，也是一门应用学科，包括基础心理学与应用心理学两大领域。科学的心理学不仅对心理现象进行描述，更重要的是对心理现象进行说明，以揭示其发生、发展的规律。

心理学主要研究人的行为动机、态度、知觉、个性、情绪、学习过程与形式等，这些对研究消费者的心理都具有重要作用，它有助于我们理解消费者的需求，掌握他们对各种产品特点和相关信息的反应，以及把握消费者的个性特点、决策方式等。

1.1.3 消费心理与消费心理学的概念

1. 消费心理

消费心理即消费者在实施购买行为之前、期间和之后发生的心理活动。同时，消费心理也是促使消费者购买或放弃购买商品的内在决定机制，以及实施消费行为的重要支配因素。

简而言之，消费心理就是消费者根据自身的需求与偏好，选择和评价消费对象的心理活动。

消费者的心理活动主要包括消费者的认识过程、情感过程及意志过程，每个过程又包括若干种与消费具体相关的心理因素。例如，认识过程包括消费者的感觉、知觉、错觉、注意、记忆及学习等；情感过程包括消费者的情感、情绪等；意志过程则更接近购买行为，包括购买态度、购买需求、购买动机及购买决策等。这些具体的心理因素对消费者的行为起着不同的作用。

公众的消费心理类型主要有求实心理、求异心理、攀比心理、从众心理等。

【营销视野】

总统与滞销书

某国一出版社有一批滞销书久久不能售出。推销人员想出一个主意，给总统送去一本书并且征求意见。总统忙于政务便回了一句"这本书还不错"，销售人员便大做广告"现有总统喜爱的书出售"，书即被抢购一空。不久，又有书卖不出去，销售人员又送给总统一本书，上过当的总统便回了一句"这本书糟透了"，于是公司发出广告"现有总统讨厌的书出售"，结果书又被卖光了。第三次，该公司如法炮制，总统接受教训，不予答复。于是该公司发出广告，"现有总统难以下结论的书出售"，书又被抢空。

（资料来源：李晓颖，黄晓羽. 消费心理实务. 北京：中国水利水电出版社，2013. 原文经过改写。）

项目 1
走近消费心理与行为

 **想一想**

滞销书与总统扯上关系便销售一空，这利用了消费者的什么心理？

参考答案

2. 消费心理学

有人说，消费心理学是研究消费者心里的想法，这句话通俗片面地概括了消费心理学的概念。消费心理学的理论基础源于心理学，消费心理学的应用理论借鉴了哲学、经济学、社会学、广告学、商品学和营销学等应用学科的部分原理，消费心理学的立足点在于研究消费者心理活动的产生、存在与变化的基本规律。

因此，消费心理学就是一门以消费者为对象，研究消费者的心理现象及其规律，把心理学的相关研究成果和有关原理及研究方法运用于分析、了解消费者及其消费活动的一门新兴应用学科。

 **消费行为学分析**

学习目的 ◀

学习任务	分析关于消费行为学的案例
要　求	1. 能通过各种渠道收集关于消费行为学的案例 2. 能通过对消费行为学案例的分析，推断营销成功或失败的原因 3. 能根据案例分析的结果，提出个人建议 4. 能将消费行为学案例分析的结果制作成 PPT，并进行 PPT 演示
应具备的知识	消费行为与消费行为学的含义、消费者购买行为与决策过程等基本知识
应具备的能力	收集信息的能力、整理信息的能力、案例分析的能力、制作 PPT 的能力
质量标准	评价项目	分值（分）
	1. 信息真实可靠	20
	2. 以事实为依据，高效筛选、分析、整理信息	20
	3. 分析案例时要有逻辑，思路清晰，无错别字	40
	4. PPT 制作完整	20

案例导入 ◀

神奇的"锚定效应"

1936 年，奥地利自然学家唐纳德·劳伦斯偶然得到了 20 枚加拿大雁鹅蛋，于是他找来一只家鹅孵化这些蛋。有一天，他发现有一只加拿大雁鹅破壳而出，他兴奋地将这只幼鹅捧在手心上观察。幼鹅惊恐的叫声仿佛在问："我妈妈在哪里呀？"劳伦斯学着鹅的叫声答道："小宝贝，我就是你妈妈。"随后，他把幼鹅放回母鹅身下，但幼鹅却挣扎着冲向他，如此反复多次，

消费心理与行为学

幼鹅都是拼命地扑到他的脚下,没有办法劳伦斯只得将小鹅带回家里。从此,不论在家里还是在实验室里,幼鹅都一直紧跟着他。从幼鹅的表现中,劳伦斯得出了一个结论:刚出壳的幼鹅会依附于它们第一眼看到的生物(比如人、鸡鸭、猫狗甚至是板凳)。幼鹅会根据它们初次发现来做出一个决定,而且这个决定一经形成,就不会轻易改变。劳伦斯把这一自然现象称作"印记"。那么,人类是否也会根据"第一印象"来做出决定呢?答案是,人类同鹅一样,对第一眼看到的商品和价格会产生"印记"。并且这个"印记"会被作为一个标杆,当我们再看到相同产品时会不自觉地与之进行比较,然后才会做出购买决策。

犹太人通过对"印记"的研究发现,人类很少在不加比较的情况下做出决定。因为在人们的心中并没有一个价值计算器,这就导致了人类喜欢做一些简单的比较,而讨厌做复杂的比较;人们总是观察周围的事物以确定彼此的关系,而对于两种不同的事物,人们很少去进行比较,因为这太麻烦了。

例如,2017年一位"海归"朋友回到上海买房,中介公司领着他看了两套欧式住宅,看完以后朋友对两套住宅都很满意,这时中介告诉他:"其中有一套住宅的下水道有点小毛病,房主愿意优惠3000元成交。"朋友听完后,立刻表示马上购买另一套。事后朋友了解到,那套住宅的下水道根本没有任何问题,中介的策略是让顾客迅速在二套房之间做出一个选择,不要因为犹豫不决而耽误交易的时机。

再说说酒馆菜单的定价策略。有一家小酒馆冬季推出了两道羊肉的烧菜,一道叫作红烧羊肉,一道叫作黄焖羊肉,两道菜的价格都是38元一盆,推出两周,无人问津。老板情急之下,找到酒店专家咨询,专家说:"问题出在顾客面对同样食材、同样价格的两道菜,他不知道哪一道更合口味。因为难以判断,所以干脆不点了。"关于解决的办法,专家又说:"在人类的消费心理活动中,当人们遇到不确定的消费问题时,他们一般会'少买'或'挑价格低的买',这样即使遇到了不满意的商品,也可以降低损失。该店只需要将红烧羊肉价格提高到48元一盆,而黄焖羊肉价格不变,就可以'破局'"。新价格一经推出,黄焖羊肉立刻成了冬季的当家菜,每一桌必点,而红烧羊肉仍然无人问津。

(资料来源:价值中国网.)

 **想一想**

1. 什么是锚定效应?
2. 如何利用锚定效应来引导消费者进行消费?

参考答案

任务实施

1.2.1 消费行为与消费行为学的概念

1. 消费行为

消费行为是指消费者在一系列心理活动的支配下,为实现预定消费目标而采取的各种反应

项目 1
走近消费心理与行为

和行动。由此可知，消费者的行为是动态的，消费行为是人们的情感、认知、行为及环境因素交互作用的结果。

消费行为与产品或服务的交换有着密切联系，在现代市场经济条件下，企业研究消费行为需着眼于与消费者建立和发展长期交换关系。为此，企业不仅需要了解消费者获取产品和服务的方式，还需了解消费者消费产品的方式，以及用完产品后处置的方式。因为消费者的消费体验、消费者处置旧产品的方式均会影响消费者的下一轮购买活动，由此将对企业和消费者之间的长期交换关系产生直接的影响和作用。所以，研究消费行为，既要调查、了解消费者在获取产品和服务之前的评价与选择活动，也应重视消费者获取产品和服务后对它们的使用和处置等活动。

2. 消费行为学

消费行为学作为一门独立的、系统的应用科学，是在资本主义工业革命后随着商品经济的快速发展、市场问题的日益尖锐及竞争加剧而出现的。消费行为学是研究消费者在获取、使用、消费及处置产品和服务过程中所产生的心理活动和行为规律的科学。由此可知，消费行为学的研究对象是各类消费者的消费行为产生和发展的规律。而从营销学的角度来看，消费行为学让我们对消费者的消费行为的规律有了更为深刻的认识，从而更有利于我们开展营销活动。

【营销视野】星巴克的成功之路

1.2.2 消费者购买行为与决策过程

1. 消费者购买行为的基本含义

行为是指有机体在外界环境的影响和刺激下，所引起的内在生理和心理变化的外在反应。消费者的购买行为产生于商品交易活动中。

消费者购买行为就是指消费者为满足某种需要或欲望而在购买动机的驱使下，寻找、选择、购买、使用、评价及处置产品和服务的活动。每个人为了维持其生存，都需不断消费他们所需要的各种物品，以满足其生理和心理需要。由此可知，消费者的购买行为是人类社会活动中最普遍的一种行为，它广泛存在于社会生活的各个领域。

2. 消费者购买行为的决策过程

购买决策是消费态度形成的过程，是消费者在使用和处置其所购买的产品和服务前的一系列心理活动和行为倾向。消费者购买决策过程是消费者购买行为的重要组成部分，了解这一过程，有助于营销人员根据消费者的决策模式，采取相应的促销手段和策略。虽然因消费者的需求和产品类型的不同而形成的购买决策过程有所区别，但典型的购买决策过程一般可划分为确认需求、收集信息、评估商品、购买决定及购后评价五个阶段。

（1）确认需求

识别需要是消费者购买行为的起点，当消费者意识到自己有某种需要时，就是其决策过程的开始。在现实生活中，当某一消费者感觉或意识到现实与自己的需求之间有一定差距,并产生要解决这一差距的想法时,消费需要就很明显地产生或存在了,即购买就正式开始了。消费者需求的产生,既可以是内在因素引起的,也可以是外在条件引起的,还可能是内、外因素共同作用的结果。如因饥饿而购买面包,属于内在因素引发的购买行为;走在路上看到蛋糕店的面包打折而购买,属于外在因素引发的购买行为;因饥饿想去买盒饭,但走在路上看到蛋糕店面包打折,于是买面包充饥,属于内外因素共同引发的购买行为。

在营销过程中,销售人员应通过细心观察来识别引发消费者某种需要和兴趣的具体因素,并对消费者的需求情况进行研究,了解消费者需求与本企业产品的相关驱动力,同时还应充分认识到消费者对某种产品的需求强度会随着时间的推移而发生变动,并容易被一些诱因所触发,最终通过合理触发诱因,促使消费者对本企业的产品产生强烈的需求,并立即购买产品。

(2) 收集信息

当消费者产生了购买动机之后,便会开始进行与购买动机相关的活动。如果消费者想购买的产品附近就有,他便能直接进行购买,从而满足自身需求。但如果消费者想购买的产品不易买到,或需要不能马上得到满足时,他便会把这种需要存入记忆中,并注意收集与需要相关且有密切联系的信息,以便进行购买决策。

一般而言,消费者信息的来源主要有商业来源、个人来源、经验来源三个方面,其中商业来源的信息最为重要。从消费者角度看,商业来源的信息除了具有宣传作用外,还具有较强的针对性和可靠性,而个人来源和经验来源的信息只能起验证作用。对企业而言,可以自由控制的商业信息意义更大,消费者可以通过商业信息的渠道了解企业的产品,进而购买企业的产品。

(3) 评估商品

当消费者从不同的渠道获取相关信息后,便会根据以往的经验、掌握的资料、个人兴趣爱好及经济状况等,对可供选择的品牌进行分析和比较,并对各品牌的产品做出评价,最后做出购买决策。消费者主要通过分析产品的属性,并建立产品属性的等级,再确定对该产品的品牌信念、形成心目中理想的产品,最终对产品做出评价。此阶段,对营销人员有两个方面的要求:一是要注意了解并努力提高本企业产品的知名度,使其能被消费者列入商品评估的范围;二是要调查研究消费者评估某类商品时所考虑的主要因素,并对这些因素进行重点宣传,以此来引导消费者在进行选择时尽可能多地考虑本企业的商品。

(4) 购买决定

消费者通过选择判断,对所掌握的信息资料进行分析评价后,就会做出是否购买的决策,并会形成对某些品牌商品的偏好或购买意向,但这并不能让消费者直接产生购买行为,只是对消费者的购买行为产生影响。所以只让消费者对某一品牌产生好感和购买意向是不够的,要将其购买意向转为购买行动,在这一过程中消费者的购买意向还会受他人的态度及意外情况的影响。例如,妻子想买一台多功能洗衣机,在丈夫的坚决反对下,其极有可能改变或放弃购买意向;再如,因虫害导致玉米收成大降而价格暴涨,一些消费者因此放弃购买玉米,这些都体现了他人态度和意外情况对消费者购买意向的影响。这就需要营销人员充分做好售前、售中、售后服务工作,注重分析可能影响消费者购买行为的相关因素,增强消费者的购买决心,促使消费者做出购买决定。

(5) 购后评价

消费者购买商品后,就进入了购后评价阶段,然而此时营销人员的工作并没有结束,购买

项目 1
走近消费心理与行为

的决策过程仍在继续。消费者会通过自己的使用效果与他人对该商品的评价,表示自己对所购商品的满意程度。这些消费者的购后评价不仅直接影响消费者自身是否会重复购买商品,还会影响他人的购买行为。因此,营销人员须充分重视消费者的购物体验,与消费者及时沟通,采取有效措施,尽量提高消费者的购后评价,并通过加强售后服务来提高消费者的满意度。

【营销视野】阿雯选车的故事

 想一想

在你的消费经历中,最满意的一次消费是什么?哪些因素促使你做出了最终的购买决策?

 消费心理与行为分析

学习目的 ◀

学习任务	分析关于消费心理与行为的案例
要　　求	1. 能通过各种渠道收集关于消费心理与行为分析的案例 2. 能通过对消费心理与行为的案例分析,推断营销成功或失败的原因 3. 能根据分析的案例结果,提出个人建议 4. 能将消费心理与行为的案例分析制作成 PPT,并进行 PPT 演示
应具备的知识	消费心理与行为分析的特点、消费心理与行为分析的原则
应具备的能力	收集信息的能力、整理信息的能力、案例分析的能力、制作 PPT 的能力
质量标准	评价项目 / 分值(分) 1. 信息真实可靠 / 20 2. 以事实为依据,高效筛选、分析、整理信息 / 20 3. 分析案例时要有逻辑,思路清晰 / 40 4. PPT 制作完整 / 20

案例导入 ◀

"抓娃娃",心理陷阱下的消费魔爪

"抓娃娃"这种始于日本的互动游戏,中国的消费者们玩了二十几年也没腻。周末,商场里的"抓娃娃"机人气爆棚。在走访过程中我们了解到"抓娃娃"游戏的高峰期集中在晚上和假期,而过来"抓娃娃"的除了小孩子,更多的是年轻人,在年轻人中女生和情侣则更多一些。

消费心理与行为学 ◀

小孩子喜欢娃娃是天性，但为什么许多成年人也热衷于此呢？开启一次设备只需要两三块钱，小成本可能带来的是大惊喜，这样的心理让大家跃跃欲试。一旦消费者有了这种念头，就可能掉进了"娃娃陷阱"，无论花费多少都要抓到娃娃，只有最终抓到了娃娃才会心满意足地收手，还免不了网络晒"娃"。

也有网友表示既然那么喜欢"抓娃娃"，自己买一个"抓娃娃"机就好啦，免得大把的银子都进了商家的口袋。网友在接受调查时却表示自己买的"抓娃娃"机，即使抓到了也没有成就感。正是消费者的这种消费心理，商场里的"抓娃娃"机才会人气爆棚。

"看到娃娃就想抓，就是有种特别的吸引力"，一位正在抓娃娃的年轻女孩一边注视着娃娃一边说。"抓娃娃"一般分为两个过程——抓取和运送，每每只差那么一点就能抓到娃娃，大家在享受这种紧张与刺激之余，再加之以小博大的心理，"抓娃娃"机就能轻松粘住消费者的心。

据了解，"抓娃娃"的消费总额突破了 100 亿元的大关。按照预测的数据来看，在未来几年"抓娃娃"的消费额的增速虽然有所减缓，但市场量级仍然会逐年扩大。若想长久的立足于消费的风口，仅仅依靠"抓娃娃"机里不断更换的玩偶肯定是不够的，再好玩的游戏高频率的重复下也会令人心生厌倦。所以，怎样丰富消费者的消费体验，增强"抓娃娃"的新鲜感和持久度成了该产业未来发展需要解决的问题。

（资料来源：高街高参．http://www.sohu.com/a/257369245_115207，2018-10-01．）

 想一想

请结合消费心理与行为的特点，分析"抓娃娃"机流行的原因。

参考答案

任务实施 ◀

1.3.1 消费心理与行为分析的特点

随着人们对消费心理与行为认识的深入和发展，有关消费心理与行为的研究也在不断深入，研究方法和手段也日渐成熟。研究发现，消费心理与行为通常有以下几个特点。

1. 自觉性

任何消费行为的进行都是在人们自觉支付相应价值的货币之后才得以实现的，所以消费心理与行为的第一个显著特点就是自觉性。消费者在需求与动机的推动下，收集商品信息，做出购买决定，并自觉自愿地支付货币促使交易实现。不管消费者本人有多么美好的消费愿望，有多么强烈的消费需要，消费者必须在具备了相应的经济条件后才能满足或实现消费愿望，超过经济条件所允许的范围，消费需要或消费愿望都要被抑制。所以人们会自觉地以个人的经济条件为前提，抑制那些难以实现的消费愿望。

2. 目的性

消费者的购买行为是为了满足自己的需要。消费者的任何一次消费行为都具有一定的目的

项目 1
走近消费心理与行为

性,没有无目的的消费,也没有无目的的交易。例如,消费者购买服装是为了适应季节的需要,或者满足自己对新款式的好奇心,或者张扬自己的个性等。

3. 关联性

消费者为满足某种消费需求而产生某种消费动机时,为了使其更满意,同时会对另外一些商品产生消费需要和消费动机,这就体现了消费心理与行为的关联性。例如,消费者对住房的需求,促使其产生了对家具和电器的关联需求,这种关联性对企业进行产品开发提出了系列化、成套化等方面的要求,也为企业提供了更多的市场机会。

4. 复杂性

消费心理与行为的复杂性是由人们心理活动本身的复杂性所决定的。例如,面对多样的营销手段,每个消费者的需要和动机存在着较大的差异,其表现和反应也各不相同。消费者可以表现出积极的、消极的态度等,这些都是消费心理与行为的复杂性的体现。

5. 变化性

随着社会、政治、经济、文化的发展,消费心理与行为也会不断地变化。如社会环境的变化会引起消费心理与行为的变化。当消费者所处的社会环境改变时,其所接受的相关信息也会有所不同,这就导致消费者对商品的款式、风格及对商品的喜好和态度也发生改变。因此,消费心理与行为还具有变化性。

【营销视野】

网约车,成长还需关爱

在移动互联网和大数据的时代背景下,网约车以其便利又便宜的优势,迅速在市场上"走红",展现出惊人的发展速度,但同时有关"网约车"的负面新闻不断,使其备受争议。2016年7月14日,《网络预约出租汽车经营服务管理暂行办法》出台(以下简称《暂行办法》)。曾经大打价格战,斗得昏天黑地的滴滴突然和优步"在一起"了。经常坐网约车的市民最近发现,打车价格悄悄涨了;而不少网约车司机也觉得,最近开车赚钱似乎没那么容易了,补贴也在慢慢减少,网约车会还那么"火"吗?各地具体实施办法出台后,你还会继续"约车"吗?

乘客:价格优惠在缩水,定制服务成新亮点

新政出台加上滴滴与优步"合体",网约车价格是广大用户最关心的问题。有媒体采访了多位广州网约车用户,"打车费贵了不少"是受访用户的普遍感受。通过实地调研,总体来说,各大平台计费方式并未出现大规模调整,但由于"小幅度动态调价,减少优惠补贴",对用户来说,网约车平台价格波动较大。

行业第三方机构分析人士张旭表示,虽然跟网约车的价格优势不那么明显了,但是新政出台后,各企业在车辆质量和人员素质上会有一定程度的提升,而且用户还可以自主选择车型,进行租车。此外,在"烧钱大战"后,网约车平台已经在对出行对象进行市场细分,衍生出为孕妇、儿童、老人等人群定制的服务来吸引用户。

车主:补贴下降,开网约车没那么赚钱了

多位车主表示,现在网约车平台取消了乘车补贴,因担心乘客流失,所以下调了运价。去年一单能补贴 10 块钱,今年完全取消了,只在早晚高峰有鼓励出车的奖励,今年的收入明显下降了。而且大家担心作为一个新鲜事物,在后续相关政策的框架下,网约车在规范后是否也会出现类似"出租车份子钱"之类的管理费。而越来越多的网约车司机在品尝新鲜事物带来的甜头后，也慢慢回归理性。新政出台之后，网约车平台补贴逐渐减少，由于收入减少，一个月来已有不少兼职网约车司机渐渐退出或不再接单，这也是导致近来网约车没过去那么"好打"的原因之一。不断流失的司机资源或许引起了网约车平台的警觉。滴滴出行日前宣布实行司机和乘客分开计价，调整后，司机的收入高于以前。

各地具体实施办法出台后，你还会继续"约车"吗？"优惠比原来少点没关系，关键是方便快捷、服务能跟上、安全有保障，这才是我选择网约车的原因。"徐女士的这句话代表了大多数网约车用户的心声。

（参考资料：中国水运报．http://www.zgsyb.com/html/content/2016-09/05/content_589782.shtml，2016-09-05，原文经过改写。）

 想一想

《网络预约出租汽车经营服务管理暂行办法》出台后，消费者的消费心理与行为发生了什么变化？

1.3.2 消费心理与行为分析的原则

对消费心理与行为进行专门研究，目的在于发现和掌握消费者在消费活动中的心理与行为特点及行为规律，以便更好地去适应、引导、改善和优化其消费行为。消费心理与行为分析的原则主要有以下几个。

1. 分析与综合原则

在纷繁复杂的营销活动中，面对不同的商品、服务与接待方式，消费者会表现出不同的心理特点和个性行为。随着经济的发展，消费者的消费需求也表现出多层次和个性化的特点。在消费者的多次购买行为中，无论实际购买活动的结果如何，每个消费者都会保持其一定的心理与行为特征。消费者的购买决策会被需求、动机等各种因素影响，这些因素既相互联系，也相互制约。因此，我们可以通过分析研究更好地认识个别消费者在不同生活条件下的心理与行为动机；然后通过综合研究去弄清大量个别心理与行为表现出来的相互联系。所以，消费心理与行为学的研究必须坚持分析与综合相结合的原则。

2. 客观与联系原则

在商品或服务经营活动中，消费者的购买心理与行为是由客观存在所引起的。对任何心理及其行为活动，必须按它们的本来面目加以考察和分析，而不能脱离实际、主观臆断。虽然消费心理本身具有不具体、非常抽象的特点，但消费心理外在的行为表现则是生动具体的、可观察到的。在消费购买行为活动过程中研究消费者的消费心理活动，根据消费者的语言、所作所为，对消费者的心理与行为特点做出正确判断。

此外，消费心理与行为分析涉及生理学、哲学、社会学、经济学、管理学等诸多学科，要求研究者在分析研究中要联系其他相关学科的成果进行研究，而不能孤立地分析消费心理与行为现象。因此，对消费心理与行为的分析研究，需遵循客观与联系相结合原则。

3. 统计与应用原则

消费心理与行为学研究要求研究人员在设计研究方案、选取样本、采集数据、处理误差时，要使用统计学的方法，运用统计学的知识来处理研究过程中遇到的问题。研究消费心理与行为最常用的方法有建立消费者行为模式、问卷法、观察法、交谈法、通信法等，这些方法都涉及运用统计手段来确定消费者的状况。坚持统计原则，可以减少或避免研究人员的研究结果过于主观。此外，消费心理与行为学虽然是一门以实际观察和测量为基础的学科，但它仍然需要在营销活动中加以检验，这样才能更好地指导企业的营销活动。因此，消费心理与行为学研究要求坚持统计与应用相结合的原则。

4. 发展与连续原则

世界万事万物都处在不断运动与变化之中，消费心理与行为也随着客观现实的发展变化而变化。这就要求研究人员在研究消费心理与行为的过程中坚持发展性原则，不断把这门科学向前推进。遵循发展性原则，要求研究人员不仅要阐明消费者已经形成的心理与行为，而且要阐明那些潜在的、新产生的心理与行为特点；不仅要看到消费者现实的个性心理特征和行为状态，还要预测其发展趋向；不仅要熟悉消费者已经形成的心理品质和行为习惯，还要看到其发展前景，用发展的眼光去看待市场活动中的消费心理与行为。

研究消费心理与行为要以发展的态度对待研究中的各种因素，不能墨守成规，以一成不变的眼光看待不断出现的新情况。在选择研究对象、确定研究内容、使用研究手段等方面，要不断适应市场发展的新情况。此外，如果仅仅调查当前的行为，则往往会漏掉关于消费者的许多重要信息。消费心理与行为学前期调查研究的结果可用于后期的调查研究，后期的调查研究也可以参考前期的研究工作。因此，消费心理与行为学的研究必须坚持发展与连续相结合的原则。

【营销视野】全国统一零售价

 项目总结

1．消费是人类通过消费品来满足自身欲望的一种经济行为。消费者则是指所有从事物质资料和精神资料消费活动的人，包括对商品或劳务的需求者、购买者和使用者。

2．心理是人脑的机能，是大脑对客观物质世界的主观反映。心理现象包括心理过程和人格两大类，其中，心理过程按性质不同分为认识过程、情感过程和意志过程三方面；而人格则包括需要、动机、能力、气质、性格等。

3．消费心理是消费者根据自身的需要与偏好，选择和评价消费对象时的心理活动。消费心理学则是一门以消费者为对象，研究消费者心理现象及其规律，把心理学的相关研究成果和有关原理及研究方法运用于分析、了解消费者及其消费活动现象而产生的一门新兴应用学科。

消费心理与行为学

4. 消费行为是指消费者在一系列心理活动的支配下，为实现预定消费目标而采取的各种行动。消费行为学则是研究消费者在获取、使用、消费及处置产品和服务过程中所产生的心理活动特征和行为规律的科学。

5. 消费者购买行为就是指消费者为满足某种需求而在购买动机的驱使下，寻找、选择、购买、使用、评价及处置产品和服务时的活动。

6. 消费者购买行为的一般特征包括消费行为的自主性、消费行为的目的性、消费行为的关联性、消费行为的变化性、消费心理与购买行为的联系性、个体与群体的制约性。

7. 购买决策是消费态度形成的过程，是消费者在使用和处置购买的产品和服务前的一系列心理活动和行为倾向。通常我们将购买决策过程划分为确认需求、收集信息、评估商品、购买决定及购后评价五个阶段。

8. 消费心理与行为分析有自觉性、目的性、关联性、复杂性、变化性五个特点。消费心理与行为分析的原则包括分析与综合原则、客观与联系原则、统计与应用原则、发展与连续原则。

项目实训

【知识挑战训练】

一、单项选择题

1. 消费心理学的立足点在于研究（　　）的产生、存在与变化的基本规律。
   A. 消费心理　　　　　　　　　B. 消费活动
   C. 消费者心理　　　　　　　　D. 消费者心理活动

2. 消费者购买行为过程一共分为五个阶段，（　　）是消费者购买行为过程的起点。
   A. 收集信息　　　　　　　　　B. 确认需要
   C. 评估商品　　　　　　　　　D. 购买决策及购后评价

3. 任何消费行为的进行都是在人们自觉支付相应价值的货币之后才得以实现的，所以消费心理与行为的第一个显著特点就是（　　）。
   A. 目的性　　　　　　　　　　B. 关联性
   C. 自觉性　　　　　　　　　　D. 复杂性

4. 下列哪项为最重要的消费者信息来源（　　）。
   A. 商业来源　　　　　　　　　B. 个人来源
   C. 经验来源　　　　　　　　　D. 公共来源

5. 消费者购买礼服后需要相应的首饰与之配套，在购买配首饰后，又发现自己的精神状态发生变化，从而希望自己内在气质也能有所改变，于是增加了对知识的渴望，进而激发了受教育的需要，因此产生购买书籍的动机。这个过程反映了消费行为的（　　）。
   A. 目的性　　　　　　　　　　B. 关联性
   C. 自觉性　　　　　　　　　　D. 复杂性

项目 1
走近消费心理与行为

二、多项选择题

1. 消费有广义和狭义之分，广义的消费主要指（　　）。
   A．生产消费　　　　　　　　　B．生活消费
   C．个人消费　　　　　　　　　D．集体消费
2. 心理现象分为两大类，即心理过程和人格。心理过程按性质不同可划分为（　　）。
   A．认知过程　　　　　　　　　B．情感过程
   C．心理过程　　　　　　　　　D．意志过程
3. 消费者购买行为的一般特征包括（　　）。
   A．消费行为的目的性
   B．消费行为的关联性
   C．消费行为的变化性
   D．消费心理与购买行为的联系性
   E．个体与群体的制约性
4. 实际生活中，同一消费用品的消费者可能是同一个人，也可能不是同一个人。下列哪些角色属于消费者（　　）。
   A．决策者　　　　　　　　　　B．购买者
   C．使用者　　　　　　　　　　D．以上三者都是
5. 为引导消费者在购买选择时尽可能多地考虑本企业的产品，营销人员需做到以下哪些要求（　　）。
   A．了解本企业产品的特色和亮点，以便更好地进行产品介绍和宣传
   B．努力提高本企业产品的知名度，使其能被消费者列入商品评估范围
   C．调查研究消费者评比某类商品时所考虑的主要方面
   D．重点宣传消费者评比某类商品时所考虑的主要方面

三、简答题

1. 什么是消费和消费者？
2. 什么是消费心理学？
3. 什么是消费者购买行为？
4. 什么是购买决策？请描述购买决策的形成过程。
5. 消费心理与行为分析的特点和原则有哪些？

四、案例分析题

李明选礼物

李明是一位普通的上班族，26岁，大学毕业后工作3年，月收入4000元。他与女友恋爱半年，感情很好，两人决定在春节时李明到女友家给女友的父母拜年，这也将是他第一次见女友的父母。这个决定让李明既兴奋又紧张，他开始考虑带什么礼物给未来的岳父母。

周末，李明与几个男同学小聚，李明郑重地询问同学的建议。同学七嘴八舌地各抒己见，李明听后还是觉得不理想。他上班后向几个已婚的女同事请教，同事们都很热心，不过她们不赞成送烟酒，理由是烟酒有害健康。她们有的建议送保健品，有的建议送服装，还有的建议送景点门票……最后，一个年龄稍微大一点儿的同事说："还是问问你女朋友吧，你们都处

这么长时间了，买东西的事可以提前沟通，而且她最了解她的父母和家庭情况，选礼物要投其所好，再说，老人要是看中你了，什么东西都喜欢。"李明觉得有道理，决定和女友商量。女友说，她的父亲近来身体不是很好，正在考虑戒烟；母亲比较传统，小侄子四岁了，也在他们家。二人想来想去决定：给父亲买清肺润肠的保健品，给母亲买件衣服，给小侄子买个电动遥控车加上红包，再带个果篮。

由于两人对保健品一点儿也不了解，晚上，李明到网上收集资料，对于每种品牌的产品，网友们的说法都是有褒有贬，这虽然使李明更加茫然，但他也知道了一些品牌。休息日，两人先到一家正规的药店询问营业员，经过营业员的推荐，他们选择了一种中档价位的产品。接下来给母亲选衣服，为了喜庆，他们重点考虑了红色系列的衣服，而且只到中老年展厅看。可是，选来选去，没有合适的，不是没有号，就是样式不喜欢。正当两人漫无边际地边逛边聊时，女友看见一款紫红色加厚款的羊绒衫五折促销，虽然比预算贵一些，但已经很便宜了，而且一想到母亲平时也舍不得买这么贵的，女友决定就买那件了。到了玩具店，两人看见一个和小侄子差不多大的男孩买了一款抗摔型遥控车，两人也买了同样的产品。东西都买好了，李明准备去女友家拜年了。

（资料来源：于惠川. 消费者心理与行为. 北京：清华大学出版社，2012.）

【问题】

根据消费者决策过程的五个阶段分析李明选礼物所经历的相关阶段。

技能实训

技能实训1.1 认识消费心理与行为分析

1. 实训目的

通过本次实训，使学生明确消费心理与行为分析的本质及其意义，掌握成功的消费心理与行为分析应具备的要素。

2. 实训内容

去电器城或大型超市观察消费者购买家用电器（如空调、电视机、洗衣机、冰箱等）的过程，记录营销人员与消费者的对话，并分析消费者在购买过程中呈现的购买心理与行为特征。

3. 实训材料

相关书籍、计算机、纸张、笔、投影仪等。

4. 实训步骤

① 全班学生自由结组，每组6~8人。
② 各组分别进行集体讨论，明确组内分工。
③ 按照分工进行资料收集、整理、讨论并记录讨论结果。
④ 整理观察记录，形成报告。
⑤ 各组将报告制作成PPT，选一名代表展示工作成果。

5. 成果与检验

认识消费心理与行为分析的效果评价参考表，见表1-1。

项目 1
走近消费心理与行为

表 1-1　认识消费心理与行为分析的效果评价参考表

序号	评价内容		分值（分）	实际得分（分）
1	实际操作	明确记录具体的购物时间、地点、对象	20	
		购买过程翔实，购买对话记录详细	30	
2	分析报告	能够对记录的内容进行恰当整理与分析，形成分析报告	20	
		制作成PPT，图文并茂，内容翔实	10	
		汇报大方从容，内容全面	20	
		合计	100	

评价说明如下。

① 学生的成绩由两部分组成：实际操作（50%）和分析报告（50%）。

② 实际操作主要考查学生观察的过程及收集资料、整理资料的能力。

③ 分析报告主要考查学生根据信息资料分析得出的结论与建议的合理性，并将报告制作成PPT进行汇报的能力。

项目 2

消费者的心理活动分析

 营销名言

营销是没有专家的,唯一的专家是消费者,就是你只要能打动消费者就行了。

——史玉柱

 **学习目标**

专业能力目标

➢ 熟悉消费者心理活动中的认知过程、情感过程和意志过程。
➢ 掌握消费者在认知过程中感觉和知觉所表现出来的特征。
➢ 了解消费者在认知过程中注意和记忆的类型。
➢ 掌握消费者在认知过程中思维与想象的含义。

方法能力目标

➢ 能结合消费者的心理活动过程对消费行为进行分析。
➢ 能运用感觉、知觉、记忆等规律指导企业的营销活动。
➢ 能通过消费者的表情分析其心理活动的变化。
➢ 能通过对消费者的认知和情感分析,判断消费者的意志品质。

项目 2
消费者的心理活动分析

社会能力目标

➢ 培养学生对企业市场营销活动的观察能力和分析能力,提高学生的市场意识。

 感受营销

动画(消费者对商品的认识过程)

(资料来源:https://www.icve.com.cn/.)

 项目实施

任务 2.1 把握消费者心理的认知过程

学习目的

学习任务	把握消费者心理的认知过程
要 求	1. 能对消费者心理的认知过程进行充分的调查和分析 2. 能准确地把握消费者心理的认知过程 3. 能将消费者心理认知过程的分析结果制作成 PPT,并进行 PPT 演示
应具备的知识	感觉、知觉、注意、记忆、思维、想象等消费者心理认知活动的相关知识
应具备的能力	收集信息的能力、从众多信息中准确抽取所需信息的能力、准确把握消费者心理认知过程的能力、制作 PPT 的能力
质量标准	评价项目 | 分值(分) 1. 信息真实可靠 | 20 2. 以事实为依据,高效筛选、分析、整理信息 | 20 3. 对消费者心理的认知过程把握准确 | 40 4. PPT 制作完整 | 20

案例导入

把握消费者心理的认知过程

英国牛津大学的研究显示,人会把气味与特定的经验或物品联系在一起。人们往往以为自己嗅觉的不发达,但其实气味对人们的生活影响甚大。嗅觉营销随之被推出,淡淡的香味如同标签一样,让消费者一闻就想起特定的品牌。所谓味觉营销是指以特定气味吸引消费者关注、记忆、认同,最终形成消费的一种营销方式,有别于传统视觉刺激,它是营销手段的创新。以

消费心理与行为学

下是一些嗅觉营销的实例。

当人们步入英国航空的头等舱、纽约肯尼迪机场或伦敦希思罗机场的头等舱候机厅时，最先引起人们注意的就是独特的气味，这是一种叫作 Meadow Grass 的芳香剂。航空公司定期往空中喷洒这种芳香剂，以加强公司在其最有价值顾客群体中的品牌形象。这种区别于视觉及体验的新感官体验独树一帜，营销效果非常好。

英国高档衬衫零售商托马斯·彼克耐心地研制出一种个性化气味，他在纽约、旧金山、波士顿和圣弗朗西斯科新开的商店中放置传味器，当顾客经过时，传味器就会散发一种新鲜的、经过清洗的棉花的气味。这种味觉享受让人迅速有了价值联想。

卡夫食品在杂志上所做的广告也很好地利用了气味，读者只要对杂志广告中的某几个点进行摩擦，就会散发出广告产品的气味。以卡夫 Philadelphia 奶油奶酪的一则整页广告为例，广告呈现了一个草莓奶酪蛋糕的图片，在广告的特殊点位摩擦后，照片会散发出这种甜品的气味。此外，肉桂咖啡、樱桃及白巧克力的味道也将在不同的广告页中呈现。

在明信片大小的广告插页上，铺上许多微小的香油滴，并用特殊技术使油滴不会裂开溢出。读者只要撕开插页，便会闻到某品牌的香水味。这种传播特殊气味的香页广告使著名的英国劳斯莱斯汽车公司受到启发，该公司让读者在广告香页上可以闻到其品牌车车座的高级皮革香味。

新加坡嘉华影院安装了散发香味的电子装置，影片《查理和巧克力工厂》放映时，放映厅内弥漫着浓郁的巧克力香气。其结果是多数观众选择到嘉华影院来观看这部电影，可见气味对人的影响甚大。索爱公司已推出一款使用时会发出淡淡清香、让人闻了可以平静的新款手机；韩国 LG 有"巧克力"之称的手机则能散发出巧克力香味；三星门店店内则会散发清甜的蜜瓜香味。营销是围着消费者"转"的，在完善视觉、听觉、触觉表现等享受的同时，嗅觉营销触及了消费者新的感官体验，让消费者有了新的享受。商家在不断创新、发现新的营销方式，让消费者满意的同时，也让自己得到了更大的利益。

 **想一想**

结合案例分析营销成功的原因，以及消费者的心理活动？

参考答案

任务实施

心理活动是消费者行为的基础，是影响其行为的首要因素。消费者的心理过程可分为认知过程、情感过程、意志过程。

认知过程是指消费者通过大脑对外部信息加以接收、整理、加工、贮存，从而形成对商品或劳务的认知的过程。认知过程是消费心理过程的起点和第一阶段，也是消费行为的主要心理基础。认识过程不是单一的、瞬时的心理活动。消费者对商品或劳务的认识，通常经过由现象到本质、由简单到复杂的一系列过程。

认知过程包括感觉、知觉、注意、记忆、想象、思维等。

项目 2
消费者的心理活动分析

【营销视野】

滴有红墨水的酒杯

上海第一百货商店在 1982 年夏天采购了一批玻璃花酒具，6 只高脚酒杯为一套，产品造型美、质量好。但是上柜后，一天只能卖掉两三套。后来几个青年营业员在一起研究，想出了一个点子，即在酒杯中盛上水，再滴几滴红墨水。这样一来，原来白色的酒具被衬映得晶莹动人，好似装上了葡萄酒，一下吸引了许多顾客，每天的销售量上升到三四十套。

酒杯中滴几滴红墨水的水，让顾客由简单直观的感觉产生了无限联想，由此对这个普通的酒杯产生了好的印象，这就是消费者认知的过程。由此可知，认知过程在消费心理活动中所处的地位非同小可。

（资料来源：徐盈群．消费心理与行为分析．大连：东北财经大学出版社，2015．原文经过改写。）

2.1.1 感觉

1. 感觉的含义

感觉是人脑对直接作用于感觉器官的客观事物个别属性的反映，视觉、听觉、嗅觉、味觉、肤觉等，叫作外部感觉；运动觉、平衡觉、机体觉等，叫作内部感觉。在人的各种感觉中，最重要的是视觉，通常情况下，它提供了外部世界 80% 的信息。在日常消费行为中，消费者正是通过各种感觉器官来分辨商品的色彩、气味、温度、重量、形状、质地等各种具体特征，然后通过神经系统将信息从感觉器官传递到大脑，从而形成对商品的初步印象。

例如，消费者在购买手机时，用眼睛看手机的颜色、款式和软件运行流畅度，用手触摸屏幕感受屏幕灵敏度，用耳朵听手机的音质。这第一印象的好与坏，直接影响着消费者购物的态度和行为。通过感觉获得的对商品的认识并不全面，难以让消费者对商品做出最终的评价和判断。人的感觉器官及相应的传感器示意图，如图 2-1 所示。

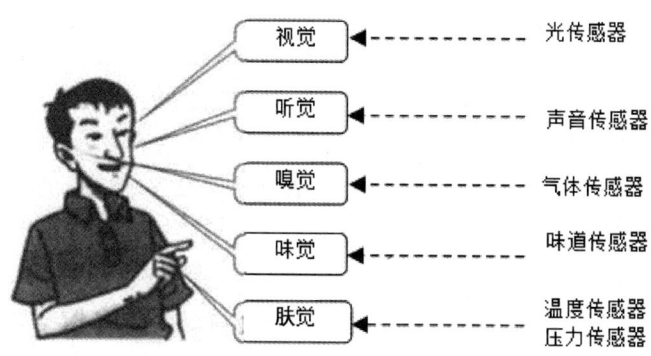

图 2-1 人的感觉器官及相应的传感器

【营销视野】日用品研发过程中经常用到的感官测试指标

2. 感觉的特征

感觉的特征包括感受性、适应性、联觉性。

（1）感受性

感觉的感受性是指感觉器官对刺激强度及其变化的主观感受能力。虽然感觉是人的感受器官在受到客观事物的刺激时产生的，但这种刺激只有在具有一定的强度时，才能引起人的感觉。过弱的刺激，如落在皮肤上的尘埃，我们通常是感觉不到的；过强的刺激，如频率高于 2000 Hz 的声音，我们也感受不到。心理学把刚刚能引起感觉的最小刺激量称为"绝对感觉阈限"，人的感受器官察觉这种微弱刺激的能力，称为"绝对感受性"。绝对感受性可以用绝对感觉阈限来衡量，两者在数值上成反比关系。由于人的机体状态的差异，感觉阈限因人而异。例如，一些人在买菜时对商品重量的敏感性很强，稍有变化便能感觉得到，而有的人却感觉不到。同时，一个人的感受性也并非一成不变的，它们受内外条件的共同影响，如适应、对比、感官之间的相互作用、生活需要和训练等都能导致相应的感受性的变化。

（2）适应性

感觉的适应性指人们的感觉随着时间的延长，感觉的敏感性逐渐减弱或消失。适应性是所有感受器的一个功能特点，但不同的感受器的适应性有很大的差异，其中嗅觉感受器的适应性最好。《后汉书》中提到"入芝兰之室，久而不闻其香；入鲍鱼之肆，久而不闻其臭"，就是典型嗅觉适应。在消费实践中，人们接连观看同一部影视作品，会丧失新鲜感；连续品尝十几种糖果之后，会对甜味的感觉变得迟钝。显然，感觉适应性对增强刺激效应，不断激发消费者的购买欲望是不利的。要改变这种现象，使消费者保持对消费刺激较强的感受性，就要调整消费刺激作用的时间，经常变换商品的包装、款式和色调，因此，感觉的适应性是商品市场不断发展的一种推动力。

适应性通常会引起感受性的降低，但有时也能引起感受性的提高，这在视觉的适应性中表现得特别明显。例如，一个人由亮处到暗处，开始时什么也看不清，过一会儿之后，才能逐渐分辨身边的物体，这是视觉的暗适应；相反的过程是视觉对光的适应，称为视觉的明适应。

（3）联觉性

感觉的联觉性是人体各器官的感受性不是彼此隔绝的，而是相互影响、相互作用的，即一个感受器官接受刺激产生感觉后，还会对其他感觉器官的感受性产生影响，这种现象就是联觉。例如，用刀子沿着玻璃边擦出来的吱吱声，往往使人产生寒冷的感觉；微弱的听觉刺激能提高视觉对颜色的感受性；咬紧牙关或握紧拳头，会使人感到身体某一部位的痛苦似乎减轻了一些。我们常所说"甜腻的声音""冰冷的脸色"等，也是一种联觉现象。可见，对某种刺激的感受性，不仅取决于对该感受器的直接刺激，还取决于同时受刺激的其他感受器的机能状态。这种不同感觉相互作用的一般规律是：对一种感受器较弱的刺激能提高另一种感受器的感受性；对一种感受器较强的刺激则会使另一种感受器的感受性降低。

【营销视野】

商场的试衣镜为什么都斜着放

朋友小玲说："我最近在商场买了一件衣服，试穿的时候觉得这套衣服把身材修饰得很好，可回到家再穿，怎么都穿不出当初的效果，怎么回事啊？"你是不是也有同样的疑惑？

项目 2
消费者的心理活动分析

其实问题出在商场的试衣镜上。留心一下,我们会发现,很多女装的店中都斜放着试衣镜。尤其是出售裤子的柜台,试衣镜几乎都是斜放着的。这些穿衣镜高 1.3 米左右,宽 0.3 米左右,椭圆形,与地面呈十几度角仰放。但有趣的是,男装的试衣区内斜放镜子的现象比较少。

究其原因,心理学家指出,女性消费者购物行为的一个非常显著的特点:她们的购买行为受直观感觉和情感影响很大。将镜子斜放,试穿衣服的时候,这样的角度使人能很"舒服"地在镜子里看到自己从头到脚的装扮,人也似乎显得高挑了;同样,使用椭圆形的镜子,也能让人体更显修长。此外,大商场一般选用多层镀银的镜子,这样能使反射光成倍增加,镜中人也就更加有型。除了镜子,就连镜子旁的"灯光"也有窍门,在试衣镜上打强光,往往能更多反射服装的色彩,使镜子中的衣服特别光鲜。这些都是商家为获得消费者从视觉上对商品满意的直观感觉而采取的一些营销手段和措施。

(资料来源:贺建华. 你不知道的消费心理. 沈阳:万卷出版公司,2014. 原文经过改写.)

 想一想

你还遇到过哪些商家利用消费者"感觉"增加销量的情形?

2.1.2 知觉

1. 知觉的含义

知觉是人脑对直接作用于感觉器官的客观事物整体的反映,是人对感觉信息的组织和解释的过程。感觉信息包括感官信息、理解信息、筛选信息、组织信息。

知觉与感觉既紧密相关,又有明显区别。一方面,知觉和感觉一样,都是由客观事物直接作用于人体的感觉器官,从而形成的对客观事物的感性认识,一旦客观事物从感官所涉及范围内消失,感觉和知觉也会随之消失。另一方面,感觉反映的是客观事物的个别属性,而知觉是对客观事物整体的反映。知觉以感觉为基础,没有对事物个别属性的感觉,知觉就不完整甚至无法产生;但知觉又不是感觉的简单叠加,而是对大量感觉信息进行综合加工后形成的。此外,知觉的产生还需要依赖知识经验的积累。因此,知觉是比感觉更复杂、更高级的心理活动。

根据知觉反映的事物特性,知觉可分为空间知觉、时间知觉和运动知觉,其中空间知觉反映物体的空间特性,时间知觉反映事物的延续性和顺序性,运动知觉反映物体在空间中的移动。根据某个器官在反映活动中所引起的优势作用,知觉还可分为视知觉、听知觉、触知觉、嗅知觉等。

2. 知觉的特征

从营销的角度来讲,知觉是消费者对消费对象及其相关信息主动反映的过程。消费对象的特点和消费者主观因素的差异,使得知觉表现出整体性、理解性、选择性、恒常性等特征。

(1)整体性

尽管知觉对象由许多个别属性组成,但人们并不会把对象感知为若干个相互独立的部分,而是趋向于把它知觉为一个统一的整体。之所以如此,是由于通过整体知觉可以加快认知进程,

同时获得完整的、稳定的心理感受。例如，我们通常会把某种商品的商标、价格、质量、款式和包装等因素联系在一起，形成对该商品的整体印象。影响知觉的整体性的因素很多，如事物之间的相似性、连续性等。

除根据消费对象各部分的组合方式进行整体认知外，知觉的整体性还表现在对消费对象各种特征的联系与综合上。例如，消费者来到商店，不只会看商品的价格、质量、款式等，还会在营业员的着装举止、服务态度及店内的装潢装饰等基础上形成对商店的整体印象。知觉的整体性使消费者能够将某种商品与其他商品区别开来，当环境发生变化时，可以根据消费对象的各种特征加以识别和辨认，从而提高知觉的准确度。

（2）理解性

知觉的理解性指消费者在感知一个对象或现象时，通常会根据已有的商品知识和消费经验去分析和解释对象。例如，我们在感知一款新手机时，会根据以往的使用经验试用其功能，从而快速形成并记住这款新手机。对商品的知觉理解除受消费者的知识经验影响外，还受营销宣传的影响。如营业员对产品的介绍和企业的广告宣传等都可以帮助消费者更快、更深刻地理解产品的特性。

知觉的理解性，可能符合商品的客观属性，也可能不符合商品的客观属性，是片面的甚至是错误的。消费者的理解正确与否，取决于消费者的判断能力、消费者过去的消费经验等。例如，人们一般习惯于把商品的包装好理解为商品的质量也好，把广告宣传频率高的企业理解成规模大、资金雄厚的企业等，但如果消费者买过包装好但质量差的商品，消费者就会在这方面多加注意。

（3）选择性

知觉的选择性是指消费者在感知商品时，受个人能力或兴趣爱好等影响，不能感知到商品的全部属性，而是仅仅能够感知到商品的一部分属性。

一方面，客观事物是丰富多彩的，在同一时刻，作用于人的感觉器官的刺激是非常多的，但受人脑信息加工能力的限制，消费者不能在同一时间内对所有感觉到的信息进行加工，只能对少数刺激有所感知，而对其余的刺激感知得比较模糊，我们将感知得特别清楚的部分称作知觉的对象，感知得比较模糊的部分称作知觉的背景。

另一方面，消费者因自身的需要、偏好、情绪个性、价值观念等，往往会有选择地把其中一部分刺激作为信息加以接收和理解。在日常消费中，凡是符合消费者需要、欲望的事物，往往会成为首先被选择的知觉对象；而与需要无关的事物则经常被忽略。当消费者对某种商品有明显好感时，该商品很容易在众多商品中被消费者迅速感知；反之，对不喜欢甚至持否定态度的商品，消费者的感知速度较慢。从情绪状态来看，一般在快乐心境下，人们对周围的事物，感知深刻；心情苦闷时，则可能对周围的事物"听而不闻，视而不见"。价值观念的差异使消费者对同一商品表现出不同的知觉反应，如注重物质享受的人对奢侈品、消遣品感知深刻；崇尚节俭勤奋的人对此可能印象模糊。

 练一练

从如图2-2和图2-3所示的趣味图片中，你们都看到了什么？你和其他同学看到的内容是一样的吗？

项目 2
消费者的心理活动分析

图 2-2　趣味图片 1

图 2-3　趣味图片 2

（4）恒常性

知觉的恒常性是指当知觉的条件在一定范围内改变时，人们知觉的印象仍保持相对不变，被感知对象在一定范围内保持相对不变的倾向。知觉的恒常性是因为客观事物具有相对稳定的特征，而我们对这些事物有比较丰富的经验，无数次的经验校正了来自每个感受器官的不完全的甚至被歪曲的信息。例如，企业的商标会出现在商品的包装、电视广告、商场宣传品、展销会及企业的运输工具上，即使该商标的形状、大小、颜色不同，人们仍会把它们看作同一企业的商标。

知觉的恒常性使消费者能够在复杂多变的市场环境中保持对商品的一贯性经验认识，有助于企业培养消费者的品牌认知和品牌忠诚度，有些传统商品、名牌商标、老字号商店之所以能长期保有市场份额，而不被众多的新产品、新企业所排挤，其重要的原因之一就是消费者已经对它们的品牌有了恒常性的感知，在各种场合中都能准确无误地加以识别。但其也会阻碍消费者对新产品的认知，不利于企业对新产品的推广。

 **练一练**

在如图 2-4 和图 2-5 所示的趣味图片中，这些线条都是平行的吗？请你盯着如图 2-5 所示的趣味图片看几秒钟，神奇的事情发生了吗？

图 2-4　趣味图片 3

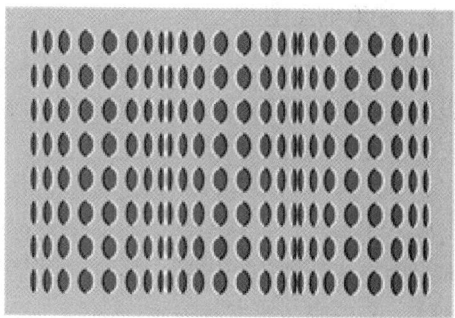

图 2-5　趣味图片 4

2.1.3 注意

1. 注意的含义

注意是心理活动对一定对象的指向和集中，是伴随着感觉、知觉、记忆、思维、想象等心理过程的一种共同的心理特征。注意的指向表现为心理活动不是同时指向一切对象，而是有选择、有方向地指向特定的客体；集中则指心理活动能在特定的选择方向上保持并深入下去，同时把一切不相干的因素排除。正是在两者的共同作用下，人们才能有效地选择少数对象，对其做出深刻、清晰、完整的反映。与认知过程的其他心理机能不同的是，注意本身不是一种独立的心理活动，而是伴随着感觉、知觉、记忆、思维和想象产生的。

调查发现，多数消费者在半天中所遇到的159个广告中，只注意了11~12个广告，能够理解这些广告内涵的消费者更是寥寥无几。这就要求企业认真分析影响注意的各种因素，在此基础上设计出更能引起消费者注意的广告、包装、品牌等。

【营销视野】

店铺色彩吸引顾客注意

要卖出商品，首先要吸引消费者的眼球，要吸引消费者的眼球，就必须注意店铺的色彩设计。色彩无疑是店铺吸引消费者眼球、获取商机的第一利器。研究发现，人的视觉器官在观察物体时，在最初20秒内，对色彩的感知占80%；五分钟后，对色彩的感知仍然占到了50%；随后，色彩的印象在人的视觉记忆中继续保持。

然而，运用色彩的目的不仅仅是为了吸引消费者的眼球，最终的目的是为了卖掉商品。

（资料来源：店铺色彩体现空间个性，第一营销网，销售与市场，2013．）

 想一想

我们在商店设计中如何运用色彩才能吸引消费者，使其产生购买商品的欲望呢？

2. 注意的类型

在认知商品的过程中，消费者通常会表现出不同的注意倾向。根据产生和保持注意时有无目的及是否需要意志努力，可将注意分为无意注意、有意注意和有意后注意。

（1）无意注意

无意注意是指事先没有预定目的、也不需要任何意志努力而产生的注意。刺激物的强度、对比度、活动性、新异性等，是引起无意注意的主要原因。如包装色彩鲜艳的商品、散发诱人香味的食物、巨大的广告牌、与背景反差明显的商品陈列、旋转不停的电动器具、闪烁变换的霓虹灯、造型或功能奇特的新产品等，都会因其本身的独有特征形成较强的刺激信号，引起消费者的无意注意。

人的兴趣、需要、态度及情绪状态等，是形成无意注意的重要条件。一般来说，符合人的需要和兴趣的事物容易成为无意注意的对象，人们在无目的地浏览、观光时，经常会于无意之

项目 2
消费者的心理活动分析

中不由自主地对某些消费刺激产生注意。

（2）有意注意

有意注意是指有预定目的、需要经过意志努力而产生的注意。消费者需要主动把注意力集中起来，直接指向消费对象，它通常发生在需求欲望强烈、购买目标明确的场合。例如，我们在购买住房时，会从网上寻找有关房屋的信息，并在众多的商品房中把注意力直接集中于期望的房子上。

有意注意是一种较无意注意更高级的注意形态。通过有意注意，消费者可以迅速地感知所需商品，准确地做出分析判断，从而缩短对商品的认知过程，提高购买效率。有意注意的产生与保持主要取决于购买目标的明确程度和需求欲望的强烈程度。

（3）有意后注意

有意后注意指有预定目的但不需要意志努力的注意，其通常由有意注意转化而成。例如，人们对消费对象有意注意一段时间，对该对象产生兴趣之后，即使不进行意志努力，往往仍能保持注意，此时便进入有意后注意状态。人们在观看趣味性、娱乐性广告或时装表演后，也经常会出现有意后注意现象，这种注意形式可使消费者不至于因过度疲劳而发生注意力转移，并使注意保持相对稳定和持久。

以上三种注意形式通常共存于消费者心理活动中，它们之间既交替作用，又相互转化。例如，我们看电视时可能无意注意到某种食品有利健康的讲座，于是在平时有意注意要吃这种食品，而随着时间的延长，对这种食品的注意就成了有意后注意了。

【营销视野】如何赢得消费者的注意

3. 注意的特性

在消费实践中，消费者的注意经常表现出一些特性，包括稳定性、有限性、分配性和转移性。

（1）稳定性

注意的稳定性是个体在较长时间内将注意集中在某一活动或对象上的特性。个体的需要和兴趣是保持注意稳定的内部条件；活动内容的丰富性和形式的多样性，是保持注意稳定的外部条件。消费者在对消费对象做出选择后，由于注意的稳定性，能够把这种选择贯穿于认知商品、制定决策及付诸行动的全过程，而不至于中途改换方向和目标。

（2）有限性

注意的有限性主要是指注意的范围有限，即同一时间内人能清楚地把握注意的对象的数量是有限的。影响注意范围的因素主要有注意对象的特点和个人注意活动的任务与知识经验。实验表明，成人在 0.1 秒内能注意到 4～6 个彼此不相联系的物体或符号，幼童只能注意到 2～3 个。注意的范围随着个体经验的积累而扩大。同时，个体的情绪对注意的范围也有影响，情绪越紧张，注意范围就越小。

（3）分配性

注意的分配性是指同一时间内把注意指向于两种或两种以上的对象或活动，也就是通常所说的"一心二用"。例如，人们经常在看商品的同时，与人聊天或打电话。注意分配的重要条件是在同时存在两种或两种以上的对象或活动中，只能有一种是需要人们集中注意进行感知或思考的，其他的可以不用过分注意。

（4）转移性

注意的转移性是指注意的中心根据新的任务，主动地从一个对象或活动转移到另一个对象或活动上去。注意转移的快慢和难易主要取决于新对象的性质、个体本身的差异及其对原有对象或活动的紧张程度。研究人员发现，人对电视广告的注意集中在广告开始的前三秒，消费者在这一时间段内获得的信息量最大，此后多数消费者的注意会发生转移。

2.1.4 记忆

人人都梦想有过目不忘的本领。也就是说，我们渴望有惊人的记忆力，尤其对我们学生而言。可我们对记忆了解了多少呢？下面，我们先来做个练习。

练一练

请在一分钟内记住下列词语：

大风　　电视　　老鼠　　石头　　酸奶
F4　　穷人　　小说　　画布　　奔跑

你是如何记这些词语的？有哪些好方法？

1. 记忆的含义

记忆是过去经历过的事情在大脑中的反映。通常情况下，人们感知过的事物、体验过的情感、进行过的行为与活动等，都可以以映像的形式保留在人的头脑中，并在一定的条件下可把它们再现出来，这个过程就是记忆。记忆既不同于感觉，又不同于知觉。感觉和知觉反映的是当前作用于感官的事物，离开当前的客观事物，感觉和知觉均不复存在。记忆总是指向过去的事物，它出现在感觉和知觉之后，是人脑对经历过的事物的反映。

记忆是人脑的重要机能之一，也是消费者认知过程中极其重要的心理要素。正因为有了记忆，消费者才能把通过感知从外界获取的各种商品信息，保留在脑海中使其成为知识和经验。在消费实践中，当消费者初步感知商品后，通常会运用记忆把过去曾使用过的商品、体验过的情感等回想起来，提取有用的客观依据，进而做出正确的判断和选择。相反，离开记忆既无法积累或形成经验，也不可能有消费者心理活动的高度发展，甚至连最简单的消费行为也难以实现。

影响记忆的因素和影响注意的因素一样，也包括刺激物因素、个体因素和情境因素。

2. 记忆的类型

消费者的记忆有多种不同类型。具体可以从以下三个方面进行划分。

（1）根据记忆时是否带有意志性和目的性划分

根据记忆时是否带有意志性和目的性，记忆可分为有意记忆和无意记忆。

① 有意记忆是指有预定目的并经过意志努力的记忆。例如，为了购买一台电视，消费者先从网上搜集各大商场的促销活动、主打品牌、网友评价等信息，然后到商场具体了解各品牌

项目 2
消费者的心理活动分析

电视机的大小、外观设计、内部功能、价格、促销活动及售后服务等。消费者在选择和决定具体购买哪一款电视机的时候，这些信息就能够在头脑里一一反映出来，依据头脑中记住的这些信息快速地做出购买决策。

② 无意记忆是指事先没有明确目的，也没有经过特殊的意志努力的记忆。例如，公交车上每天都展示一些广告，但许多经常乘坐公交车的人依然说不出具体的广告内容，甚至有人根本就不知道有什么商品的广告，这就属于无意记忆现象。无意记忆和有意记忆是相辅相成的，在一定的条件下可以相互转化。

（2）根据记忆的内容不同划分

根据记忆的内容不同，记忆可分为形象记忆、逻辑记忆、情绪记忆和运动记忆四种类型。

① 形象记忆是指以感知对象的事物形象为主要内容的记忆，是消费者大量采用的一种记忆形式，通常以视觉形象记忆和听觉形象记忆为主。

② 逻辑记忆是指以概念、判断、推理分析等为主要内容的记忆，是通过语言和思维活动来实现的，对消费者的逻辑思维能力要求较高。企业在宣传高新产品时，要尽量使其通俗化、形象化，这样有助于消费者理解和记忆。

③ 情绪记忆是指以体验过的某种情绪或情感为主要内容的记忆，商家的优质服务、良好的购物环境和质优价廉的产品，通常会令消费者获得良好的情绪记忆。

④ 运动记忆是指以做过的运动或动作为主要内容的记忆，如消费者对在超市中拥挤地抢购特价商品、长时间地排队付款等行为有记忆。

（3）根据记忆保持的时间长短划分

根据记忆保持的时间长短不同，记忆可分为瞬时记忆、短时记忆和长时记忆。

① 瞬时记忆。瞬时记忆是指极其短暂的记忆，时长通常在 1 秒钟左右，即刚刚感觉到所注意的信息时间，这个过程中呈现的信息，如果不被注意，就会很快消失。例如，乘车经过街道、标牌、广告和其他景物，除非有注意，否则大多是即看即忘。

② 短时记忆。短时记忆是指在头脑中储存时间比瞬时记忆时间要长，但一般不超过 1 分钟的记忆，例如，我们从电话簿上查一个电话号码，然后立刻就能根据记忆去拨号，但事过之后，再问这个号码是什么，就记不起来了。瞬时记忆中的信息如果被注意和处理，就会进入短时记忆，而且这些信息可以保持在一种随时被进一步处理的状态。短时记忆中的信息经适当处理，一部分会转移到长时记忆系统中，另一部分则会被遗忘。

③ 长时记忆。长时记忆是指记忆时间在 1 分钟以上，直至数日、数年，甚至保持终生的记忆。人们在日常生活中随时表现出的动作、技能、语言、文字、态度、观念，甚至有组织、有系统地学习知识等，均属于长时记忆。长时记忆系统被认为是语意和视听信息的永久贮存地。各种事件、物体、处理规则、事物的属性、感觉方式、背景资料等，均可贮存在长时记忆中。长时记忆系统的信息容量相当大，甚至被认为是无限的，并且以有组织的状态保存信息。

3. 记忆效果的影响因素

（1）有目的记忆

如果消费者是在消费需求和购买动机的支配下主动进行商品信息的搜集，那么对这些信息的记忆效果一定好于在漫无目的、被动的状态下接触的商品信息的记忆。

（2）理解性记忆

如果企业的产品说明书、商场导购员的产品介绍能够让消费者真正理解的话，那么消费者对所获得的商品信息的记忆效果就会更好一些。

（3）活动性记忆

如果消费者能够亲自参与商品的组装、制作过程，或者亲身体验商品的性能，那么其对所掌握的商品信息的记忆就会更加深刻。

（4）记忆材料的不同

记忆材料的位置、内容、数量等都会影响记忆的效果。一般而言，系列性材料的开始部分最容易被记住，其次是末尾部分，中间偏后的内容最容易被遗忘。同时，简单且数量较少的材料容易被记忆。曾有一项实验发现，识记 5 个材料的保持率为 100%，识记 10 个材料的保持率为 70%，识记 100 个材料的保持率为 25%。记忆材料的开头部分的内容更被容易记忆。

【营销视野】

魔力之七

一般的短时记忆只能保持 20 秒钟左右，最长不超过 1 分钟。在这么短的时间里我们能储存多少信息呢？美国心理学家约翰·米勒在其论文《魔力之七》中曾对短时记忆的广度进行过比较精确的测定：测定正常成年人一次的记忆广度为 7±2 项内容，即 5~9 个项目，平均为 7 个项目。多于 7 项内容则记忆效果不佳。这个"七"被称为"魔力之七"或"怪数七"。

由此可知，短时记忆广度的大小不是取决于被记忆材料的意义，而是取决于被记忆材料的数目。这个"七"是指什么呢？七个数字，七个人名，七组四字成语或是七件东西？其实都可以。最重要的是这七个东西的关联性不高，以免产生联想或推理而影响了短时记忆的准确性。我们在记忆时可利用这一特点，把需要记忆的内容分配在七组之内，而每一组的容量可适当加大。这样每组相当于一个集成块，记忆效率就会大大提高。例如，记忆电话号码 01025790416，一个一个记，要记 11 项，若分成 010- 2579-0416 这样三组，则记忆起来就快得多。

（资料来源：于惠川．消费者心理与行为．北京：清华大学出版社，2012．）

（5）记忆强度和情绪

一般来说，学习强度越高，遗忘的内容越少；当学习强度达到 150% 时即为过度学习，此时记忆效果最佳；低于或超过这个限度，记忆的效果都将下降。所谓过度学习，是指一种学习材料在达到恰好能背诵时仍继续学习的状况。此外，心情愉快时学习的内容保持时间更长，焦虑、沮丧、紧张时所学习的内容则易于遗忘。

【营销视野】

两项试验

美国学者斯鲁尔通过将被试者置于过去的某些经历中，激起了被试者的三种情绪状态，即积极的情绪、消极的情绪和中性的情绪，然后向被试者呈现一则关于马自达跑车的印刷广告，并要求被试者在阅读该广告时形成对该跑车的整体印象。48 小时后，这些被试者被要求对这种跑车做出评价。结果发现，阅读广告时处于积极情绪状态的被试者对该跑车的评价最高，其次是处于中性情绪状态的被试者，而处于消极情绪状态的被试者对该跑车的评价最低。

由此说明，信息获取时的情绪状态对信息如何编码具有直接影响。在戈德伯格和戈恩所做的一项试验中，让一些被试者看喜剧类电视片，而让另一些被试者看悲剧类电视片，两则电视

项目 2
消费者的心理活动分析

片中均插播同一内容的广告,结果发现,看喜剧片的被试者较看悲剧片的被试者能回忆起更多的广告内容。这一结果的一种可能的解释是,积极的情绪状态会使消费者从记忆中提取出更为广泛和更加完整的各类知识。

(资料来源:徐盈群.消费心理与行为分析.大连:东北财经大学出版社,2015.)

4. 提高记忆力的策略

(1)形象联想法

把无意义的学习材料,通过联想使其与具体形象、具体场景联系起来。

例如,前文的"练一练",我们就可将这十个词语通过联想编成一个小故事。

一位穷人画家在他的石头房子里看电视,电视里正在播放 F4 出版小说的新闻。突然,大风吹开了房门,一只老鼠奔跑着进来,穿过画布,来偷吃他的酸奶。

(2)谐音记忆法

把无意义的学习材料以奇特的编码方式赋予特别的意义。

例如,哥伦布发现新大陆的时间:1492("医师救儿")。

练一练

十个要记的词:
假设 支持 反对 评价 自下而上
推理 逻辑 前提 结论 思维变迁

记忆方法提示

2.1.5 思维

1. 思维的含义

从思维的本质来讲,思维是人脑对客观事物的本质属性、内在联系和发展规律进行自觉的、间接的和概括的反映。也就是说,人们对客观事物的认识不会停留在感知和记忆阶段,而是会利用已经感知和记忆的材料,进行分析、综合、抽象、概括等思考活动,把感性认识升华为理性认识,从而获得对事物本质和内在规律的认识。

一个典型的思维过程由分析、比较、抽象、综合、概括、系统化和具体化构成,其中分析是把整体分割成部分,把复杂的问题分解为简单的要素,分别找出它们的本质属性和彼此之间的关系;比较是把各种事物加以对比来确定它们之间的异同和联系,没有比较就没有鉴别,而比较又是在分析的基础上进行的;抽象是把各种现象或对象的共同属性、本质特征同其他属性、次要特征分离开来;综合是在分析和比较的基础上,把事物的个别部分和局部看成一个整体;概括是把抽象出来的对象的本质特征、相互联系及其规律加以总结,形成概念;系统化是通过分析、综合把整体的各个部分归入一定的类别系统中;具体化是把经过概括得到的知识和原理运用到具体问题的解决过程中。

2. 思维的类型

(1)根据在思维过程中是以日常经验还是以理论为指导,可以把思维分为经验思维和理论

思维

① 经验思维是指以日常生活经验为依据，判断生产、生活中的问题的思维。例如，农民通过对种子的外形和色泽的观察，结合自己多年种菜的经验来判断种子的质量就属于经验思维。

② 理论思维是指以科学的原理、定理、定律等理论为依据，对问题进行分析、判断的思维。例如，生物学家通过对种子进行科学实验得出种子的某一属性就属于理论思维。

（2）根据思维结论是否有明确的思考步骤和思考过程中意识的清晰程度，可以把思维分为直觉思维和分析思维

① 直觉思维是指未经逐步分析就迅速对问题答案做出合理的猜测、设想或突然领悟的思维。例如，医生听到病人的简单自述，迅速做出疾病的诊断。

② 分析思维是经过逐步分析后，对问题做出明确结论的思维。例如，医生面对疑难病症的多种检查、会诊分析等。

（3）根据思维主体在思维时是否有意识，可以把思维分为潜意识思维和有意识思维

① 潜意识思维是指主体不自觉地有思维意识，它是主体发现客体对自己有所影响后，为了保障自己的生存和发展，思维组织或准思维组织做出的应激反应和变化；潜意识思维是思维组织或准思维组织对感知组织获得的信息自动、快速进行分析和处理。潜意识思维的结果是主体的思维组织或准思维组织中产生了指挥主体发生某种变化和运动的主体意识。例如，消费者在超市里不假思索地直接挑选大而红的苹果往往是受潜意识思维的支配。

② 有意识思维是指主体自觉的有思维意识，也称为主动性思维。指挥主体的思维组织主动对感知组织获得的信息进行分析处理，以实现思维目的。有意识思维是主体发现客体对自己的影响后，指挥思维组织正确、高效地进行活动，得出方案和结论。例如，消费者在超市里如果在考虑性价比后再购买苹果就属于有意识思维。

【营销视野】西铁城手表在澳洲营销的成功之路

3．思维的特性

（1）概括性

思维的概括性是思维最显著的特性，即建立事物之间的联系，把有相同性质的事物抽取出来，对其加以概括，并得出认识。如5只老虎、3只山羊、7只猴子，这就是一个根据事物的共性，使用数量来概括事物的例子。

（2）间接性

思维的间接性是思维凭借知识、经验对客观事物进行的间接反映。思维的这种能力，把本无直接关系的现象联系在一起，使得人们不必去直接地接触某些信息，而是通过"去粗取精，去伪存真，由此及彼，由表及里"的思维活动，揭露出这些事物的本质。

（3）逻辑性

思维的逻辑性是指思维超出了感性的认识范围，是一种抽象的理性认识，人的思维过程有一定的形式、方法和规律。

4．思维与消费者的购买决策

消费者的思维过程也就是其决策过程。由于消费者在思维方法和思维能力方面的差异性，消费者购买决策的方式与速度各不相同。思维能力强的消费者，其思维的独立性、灵活性、逻辑性，以及广度和深度都比较好，其决策往往果断、迅速；反之，则缓慢、反复不定，甚至中断。

【营销视野】雀巢牌速溶咖啡上市时为什么受到冷落

2.1.6 想象

1．想象的含义

心理学上把客观事物作用于人脑后，由人脑生成的这一事物的形象叫作表象，而对已经形成的表象，经过人脑的加工、改造，并创造出没有感知过的新形象的过程叫作想象。因此，可以说，想象是用过去感知过的材料进行加工改造而形成新形象的心理过程。要产生想象，依赖于过去的经验、人脑的创造性、主体没有直接感知过的事物三个条件。

在日常消费行为中，人们在形成购买意识、选择商品、评价商品的过程中通常都会有想象的参与。它能提高人们购买活动的自觉性和目的性，对调动消费者的情绪，帮助其完成意志过程起着重要的推动作用。例如，看到漂亮的布料，会想到漂亮布料制作出来的衣服，想到穿着漂亮衣服时的愉快与满足；买一台空调，会想象拥有它能给家庭带来四季如春的感受，还能起到美化居家环境的作用等。通过想象，消费者能深入认识商品的实用价值、欣赏价值和社会价值，其结果是增强商品对消费者的诱惑力，激发消费者的购买欲望。

2．想象的类型

想象主要分为无意想象和有意想象。无意想象是指没有特殊目的、不自觉的想象，是想象中最简单、最初级的形式。商品广告所引发的想象多数都是无意想象。有意想象是指根据一定目的自觉进行的想象。在进行有意想象时，人们按一定的目的进行想象活动。消费者在选购商品时的想象基本都是有意想象。

值得注意的是，在社会认知过程中，信息的整合方式很独特，以下介绍在认知信息整合过程中的几种效应。

（1）首因效应

首因效应是指人们在对他人总体印象的形成过程中，最初获得的信息比后来获得的信息影响更大。

【营销视野】

为什么最后买的，还是第一眼看到的

许多人尤其是女人，在买衣服时花费的时间是难以想象的，为了一件衣服她们几乎要跑遍所有商家，甚至几个往返。但最后买到的往往还是第一眼看中的。这是为什么呢？这就涉及一个心理学名词——首因效应。

首因效应是指最初接触到的信息所形成的印象对我们以后的行为活动和评价的影响，实际上指的就是"第一印象"的影响。

消费心理与行为学

心理学家研究表明，外界信息输入大脑的顺序，对认知的影响是不容忽视的。最先输入大脑的信息对认知的影响最大，最后输入的信息也对认知的影响较大。大脑处理信息的这种特点是形成首因效应的内在原因。

首因效应本质上是一种优先效应，当不同的信息结合在一起的时候，人们总是倾向于重视前面的信息。即使人们同样重视了后面的信息，也会认为后面的信息是非本质的、偶然的，人们习惯于按照前面的信息解释后面的信息，以形成整体一致的印象。

购买商品尤其如此，第一眼看中的商品即使有这样或那样的不足，但是由于首因效应的作用，消费者也会买下。其实首因效应是任何人都难以避免的，但是，我们了解了这种心理因素的影响后就可以减少损失。

（资料来源：贺建华. 你不知道的消费心理. 沈阳：万卷出版公司，2014.）

（2）晕轮效应

晕轮效应是指人们对他人的认知判断首先是根据个人的好恶得出的，然后从这个判断推论出认知对象的其他品质。

【营销视野】

关于晕轮效应的研究

心理学家戴恩等人曾用实验证实了晕轮效应的存在。他们让被测试者看一些人的照片，这些照片看上去分别是无魅力的、中等魅力的和有魅力的人。然后，研究者让被测试者说出这些人的特点，而这些特点原本可能与有无魅力是无关的，但结果却显示，有魅力的人得到了最高的评价，无魅力的人得到了最低的评价。

戴恩的研究表明，当人们由于认知对象的魅力而对其产生了好感或厌恶以后，就会据此对认知对象的其他品质或特点进行信息整合，这些其他的信息也就被笼罩上了"好的"或"坏的"晕轮。

（资料来源：于惠川. 消费者心理与行为. 北京：清华大学出版社，2012.）

（3）刻板效应

刻板效应是指人们用印刻在自己头脑中的关于某人或事、某一类人或事的印象，作为判断和评价人或事的依据。

（4）投射效应

投射效应是指人们容易把自己的特点和感受投射到他人身上的现象。

（5）期望效应

期望效应也称为"皮格马利翁"效应，是指在生活中人们的期望常常会变成现实。

【营销视野】

皮格马利翁

皮格马利翁是希腊神话中的塞浦路斯国王，善雕刻。他不喜欢塞浦路斯的凡间女子，决定永不结婚。他用神奇的技艺雕刻了一座美丽的象牙少女像，在夜以继日的工作中，皮格马利翁把全部的精力、全部的热情、全部的爱恋都给了这座雕像。他像对待自己的妻子那样爱她、装扮她，为她起名加拉泰亚，并向神乞求让她成为自己的妻子。爱神阿芙罗狄忒被他打动，赐予

项目 2
消费者的心理活动分析

雕像生命，并让他们结为夫妻。

（资料来源：于惠川．消费者心理与行为．北京：清华大学出版社，2012．）

（6）对比效应

对比效应是指在对两个或两个以上的人或事进行感知时，人们往往将他们进行对比，从而失去了评价的客观标准，对某个个体或群体的感知容易受到主体最近接触到的其他人或群体的影响。

练一练

阅读案例并回答问题。

感觉、知觉规律在商店布局、商品陈列、包装和定价中的运用

1．感觉、知觉规律在商店布局中的运用

商店布局关键在于如何充分利用销售空间，争取更大的经济效益。商店布局不仅包括营业场地的平面布局，还包括立体空间的布局。商店布局是否合理，对商店销售额的影响很大。

2．感觉、知觉规律在商品陈列中的运用

商品陈列是指以产品为主体，运用一定的方法和技巧，借助一定的工具，将产品按销售者的经营思想及要求，有规律地陈列、展示，以方便顾客购买、提高销售效率。合理地陈列商品可以起到展示商品、节约空间、美化购物环境、增加销售额等重要作用。据统计，店面如能正确运用商品的配置和陈列技术，销售额可以在原有基础上提高10%。

3．感觉、知觉规律在商品包装和定价中的运用

包装是指为了在流通过程中保护产品、方便储运、促进销售，而采用的容器、材料及辅助物等的总体名称，也指为了达到上述目的而在采用容器、材料和辅助物的过程中施加一定技术方法的操作活动。一般来说，商品包装包括商标或品牌、形状、颜色、图案、规格和材料等要素。定价是企业的市场营销策略之一，主要包括商品和服务的价格制定和变更策略，以期获得最佳效益。

（资料来源：徐盈群．消费心理与行为分析．大连：东北财经大学出版社，2015．）

观察每种商业业态（百货店、超市、便利店）两家以上，根据观察分析，尝试回答以下问题。

（1）感觉、知觉规律在商店布局中的运用

① 百货店的化妆品销售区域一般在商店的什么位置？你认为商家选择这一区域主要基于哪些原因？

② 超市特价促销的堆头（促销商品堆放）一般放置在何处？你认为商家如此安排主要基于哪些原因？

③ 便利店货架除了靠墙外，如需放在中间，一般是横向放还是纵向放？你认为商家如此安排主要基于哪些原因？

（2）找出商品陈列中利用感觉、知觉规律的几种做法。

（3）找出商品包装和定价中的运用感觉、知觉规律的几种做法。

消费心理与行为学

任务 2.2　把握消费者的情感过程

学习目的

学习任务	把握消费者的情感过程
要　　求	1. 能对消费者的情感过程进行充分的体察和分析 2. 能准确地把握消费者的情感过程 3. 能将消费者情感过程的分析结果制作成 PPT，并进行 PPT 演示
应具备的知识	情感与情绪的含义、类型、主要影响因素及作用等知识
应具备的能力	收集信息的能力、从众多信息中准确抽取所需信息的能力、准确把握消费者情感过程的能力、制作 PPT 的能力
质量标准	评价项目　　　　　　　　　　　　　　　　　　　　分值（分） 1. 信息真实可靠　　　　　　　　　　　　　　　　　　20 2. 以事实为依据，高效筛选、分析、整理信息　　　　　20 3. 对消费者的情感过程把握准确　　　　　　　　　　　40 4. PPT 制作完整　　　　　　　　　　　　　　　　　　20

案例导入

可口可乐的"新口味"OR"老配方"

1985 年春，可口可乐公司总裁 Roberto Goizueta 宣布一种改进了口味的新产品问世，取名为"Coke"，这种"新"可乐比以前更甜一点，市场调查表明它比百事可乐更受欢迎。他接着宣布传统的可口可乐品牌将永久性地退出市场，并且原先的配方和神秘配料（Merchandise 7X）将被锁在亚特兰大一家银行的保险柜里，永不再使用。新的"Coke"将永久地取代有着 99 年历史的可口可乐。Goizueta 介绍说，新产品是公司历史上最有意义的进步。

这一消息使美国消费者和其他软饮料制造商感到震惊。愤怒的美国消费者向可口可乐公司提出强烈抗议，抱怨"一个伟大美国传统的遗失"。在西雅图，一群激动的、忠实于传统的、自称"喝老可口可乐长大"的抗议者组织阶层行动联盟来抵制可口可乐公司的"新"可口可乐。他们联合店主、自动售货机拥有者和其他商人发表声明——可口可乐公司配方的改变已经断送了他们的生意。接着，6 月的销售没有像预计的那样上升，供瓶商也加入了要求恢复老可口可乐品牌与配方的行动。

让老可口可乐配方退休的决策失误，在于可口可乐公司没有对消费者的态度进行深入了解。经理们认为他们做了充分的前期调查，特别是在口味方面，公司花费 400 万美元来试验新配方，涉及 25 个城市的 20 万消费者。测试反映多数人喜欢新的、更甜的可乐，占比为 55%。但这些测试并未包括所有的内容，它忽略了一个重要的因素——成百上千万的消费者与传统的可口可乐有着很强的"感情连接"。他们从小就喝传统的可口可乐，成年后还是喝传统的可口可乐。许

项目 2
消费者的心理活动分析

多消费者对传统的可口可乐有一种个人依赖感,所有投入消费者研究的金钱、时间和技术都不能反映或显示人们对传统可口可乐的深厚持久的感情。原可口可乐公司董事会主席 Donald Keough 后来说道。公司发言人这样表示:"我们带走的不仅是可口可乐,还有他们和他们的过去的一部分。他们说:'你们没有权力这样做,快把它拿回来。'"

同年 7 月,公司改变了原来的决定,宣布原来的品牌和配方以"经典可口可乐"的品牌名称重新被启用。

(资料来源:施密特著,周兆晴译. 体验营销. 广西民族出版社,2003. 原文经过改写。)

想一想

结合案例,请分析可口可乐公司在针对新配方所进行的市场调查中忽略了什么问题?

参考答案

任务实施

2.2.1 情绪与情感的含义

消费者在从事消费活动时,通过感觉、知觉、注意、记忆等对商品各种特性进行由表及里的全面了解后,往往会衡量该商品是否能满足自己的需要,进而对其采取肯定或否定的态度,这时认知过程就会过渡到情感过程。

【营销视野】三只松鼠的"卖萌"营销

情绪与情感是人们对客观事物是否符合自己的需要、愿望而产生的态度体验。情绪与情感反映的不是客观事物本身的属性,而是客观事物属性与人们的需要之间的关系。例如,消费者买到价格优惠的商品往往会十分高兴,而买到有质量问题的商品会非常生气。

具体来讲,情绪一般指短时间内与生理需要和较低级的心理过程相联系的一种体验,如喜欢、气愤、忧愁等,带有很大的情境性、激动性和短暂性,不太稳定;情感则指在相当长的时间内与社交需要、精神需要等相联系的一种稳定的体验,如道德感、理智感、美感等,具有稳定性和长期性,外部表现很不明显。

虽然情绪与情感有着明显区别,但两者往往是紧密相连的,只是从不同的角度来表达感情的一种复杂心理现象。在心理学中,常常把情绪与情感统称为感情。在实际生活中,情绪与情感往往交织在一起,难以截然分开,情绪是情感的外在表现,情感是情绪的本质内容;情绪长期积累会转化为情感,而情感反过来制约情绪的各种变化。例如,某企业的商品质量好、信誉高,在消费者心目中树立了良好品牌的形象,消费者对它产生了信任感、亲切感,当消费者买到这种商品,并在实际使用中得到满足时,就会产生喜悦的情绪。

039

需要指出的是，虽然情绪与情感是人对客观世界的一种特殊的反映形式，但在现实生活中，并不是所有事物都可以使人产生情绪与情感。

【营销视野】情感营销

2.2.2 情绪与情感的类型

情绪与情感的表现形式是多种多样的。

1. 情绪的类型

根据情绪的性质、强度、时间和复杂程度，情绪可分为心境、激情和应激。

（1）心境

心境是一种比较微弱、持续时间可长可短，并具有渲染性的情绪状态。它没有特定的对象，不是关于某一事物特点的体验，而是人们在一般情况下的一种总体的情绪表现。心境的好坏，对消费行为具有很重要的影响。良好的心境能使消费者发挥主动性和积极性，容易引起消费者对商品的美好想象，促使其购买商品或服务；不良的心境则会使消费者心灰意懒，抑制消费者的购买欲望。

（2）激情

激情是指人们在一定场合爆发出来的强烈情绪，如狂喜、暴怒、绝望等。激情出现的时候，可以对消费者的行为造成巨大的影响，甚至可以改变消费者的状态。消费者在购物场所受到强烈刺激而发怒的时候，就有可能不会购买商品。消费者在抢购商品时也会出现类似激情状态的情绪。

（3）应激

应激是出乎意料的紧张情况所引起的情绪状态。当人遇到紧急情况时，会把体内的潜能都调动起来，以应付紧张的局面，这时人的心绪、血压、激素分泌及肌肉的紧张度等都发生了显著的变化，处于应激状态。一般来说，在应激状态下人们会因手忙脚乱而不利于工作和思考。

2. 情感的类型

根据情感的社会内容，情感可分为道德感、理智感、美感等。

（1）道德感

道德感是一个人对自己或他人的动机、言行是否符合社会道德行为准则而产生的一种内心体验，是一种高级形式的社会情感，直接体现了客观事物与主体的道德需要之间的关系。如果自己的思想意图和言行举止符合社会道德准则，就会产生肯定、积极的情感，反之则坐立不安。在消费活动中，消费者受到营销人员热情、礼貌的接待，就会产生满足感，展现出愉悦等情绪。

（2）理智感

理智感是人在智力活动中认识和评价事物时所产生的情感，与人的求知欲、认识兴趣、解决问题等社会需要相联系，它不是满足人们低级的本能的需要，而是满足人们高级的社会性的需要。例如，消费者对一些高技术产品进行认知时，有时会产生好奇、求知、自信、疑虑等情感，从而产生购买并使用这些产品的兴趣。

（3）美感

美感是人们从美的需求出发，对客观事物及它们在艺术上的反映进行评价时所产生的情感。美感是对事物的美的体验，是客观事物与人对美的需求之间关系的反映。由于消费者的社会地位、经济条件、文化修养及社会实践方面的差异，其审美标准也各不相同。消费者在感知商品的过程中，对商品美的体验也存在差异性。但在同一群体中，往往持有基本相同的审美标准。例如，消费者对时尚、新潮商品的普遍追求，说明同一群体的成员有着相近的美感。企业在进行产品定位前，一定要把握消费者的审美标准，做到商品的外在美与内在美相统一，以使商品赢得更多消费者的青睐。

2.2.3 情绪与情感的主要影响因素

1. 商品因素

在对商品进行感知的过程中，消费者会格外关注商品的品牌、包装、款式、性能、质量、价格等因素，消费者的情绪与情感也经常受到这些因素的直接影响，进而左右其消费行为的发生。

2. 环境因素

购物环境的硬件条件及其所营造出来的购物氛围，对于调动消费者的消费情绪起着重要的作用，尤其在消费者将单纯的购物场所变成了休闲场所的今天，对购物环境的精心设计和布置，能有效吸引消费者前来消费。

【营销视野】消费场所为何爱放音乐

3. 人员因素

人员因素主要是指购物场所中的营业人员的服务态度，以及营业员与消费者的交往状态，这些都会对消费者的情绪与情感产生一定的影响。一般来说，营业员饱满的热情和优质的服务会使消费者顺畅、高效地完成每一笔消费。

【营销视野】服务态度对消费者的影响有多大

4. 心态因素

消费者的心态直接影响和激发其情绪与情感，这种情绪与情感反过来又影响消费者的心理状态，二者相互影响，共同推动消费者购买行为的发生。一般来说，消费者的兴趣越浓，需求水平越高，购买心情就越佳，购买动机就越强，购买目标就越明确。相反地，购买心情越差，购买动机就越弱，购买目标也就越不明确。

消费心理与行为学

想一想

回忆一下，在你的购物经历中，是否有不愉快的经历，原因是什么？

2.2.4 情绪与情感的作用

情绪与情感对于消费行为的作用既有积极的一面，也有消极的一面。

首先，消费者的情绪与情感可以影响消费者的认知能力，积极的情绪与情感对认知能力有促进作用，消极的情绪与情感对认知能力起阻碍作用。

其次，消费者的情绪与情感可以影响消费者的记忆效果。一般来说，积极的情绪与情感可以显著增强消费其记忆效果；反之，消极的情绪与情感则会削弱其记忆效果。

最后，消费者的情绪与情感可以影响消费者的选择。一般来说，愉快的情绪及对商品的美好体验，都会对消费行为产生积极的促进作用；愉快的情绪还会增加消费者的勇气，克服购买行为中可能出现的各种困难；而不愉快的情绪及对商品的不良体验，只能对消费行为产生消极的阻碍作用。如果不愉快的情绪来源于商品，消费者就会拒绝购买这种商品；如果不愉快的情绪来源于购物场所，消费者就会尽快离开这种购物场所；如果不愉快的情绪来源于营业人员，有的顾客甚至可能会同营业员发生冲突。积极的情绪与情感有助于消费者尽快做出购买决策；消极的情绪与情感则会阻碍消费者做出购买决策。

不过，消费者的心理和行为不能一概而论，也有一些消费者会因为情绪不好而疯狂消费，以此来释放自己的情绪。

【营销视野】

富有情感的广告才能打动人

众所周知，广告策划的最终目的就是实现预定的广告目标，而对于大多数广告而言，其目的就是促使消费者做出对广告企业有利的行为——或是购买商品增加销售量，或是对企业品牌产生好感而加深消费者对品牌的印象，而人类的一切行为都是受意识支配的，当消费者在评价一件商品时夹杂了感性因素，就可以打破价格的桎梏。因此商家在广告策划的每一个环节中都要注重对消费者心理的分析、利用。在广告传播和品牌运营中多打"情感牌"。

亲情、爱情、友情等情感在广告中的有机融入，不仅仅是让广告和产品拥有了生命力，更重要的是它让消费者从中找到了自己过去或现在的影子，激起了消费者对产品的共鸣，使消费者对产品产生了价值认同，并由此提高了消费者对产品或品牌的忠诚度。

麦当劳的广告就是一个成功的例子。

麦当劳请富有才华的广告经纪人雷哈德负责为它制作广告。雷哈德本想从汉堡包的品质入手，但调查结果显示，麦当劳的汉堡包与其他商家制作的汉堡包在品质、口味上并无显著差别。于是，雷哈德决定不以"麦当劳汉堡包好味道"作为广告的主题，而以麦当劳可以带给消费者一段家庭欢聚的快乐时光为切入点。

其中一则广告是这样的：一位在沙土和灰尘中忙了一天的建筑工人，在夕阳西下时，迈着疲倦的脚步回到家中，他的小女儿等在门前的台阶上，仰起头来要求爸爸带她去麦当劳吃汉堡包。爸爸怎么忍心拒绝天真可爱的女儿呢？他不顾身体的疲劳，带着全家向麦当劳餐厅走去。当他尝到汉堡包时，疲劳全然消失了，望着孩子们满足地吃着炸薯条，他的脸上露出了愉快轻松的笑容。

一个品牌或产品能深深地打动消费者，就能将消费者的心动变成行动，让消费者心甘情愿地掏出自己的钱包，购买让他（她）心动的产品或服务。

（资料来源：贺建华. 你不知道的消费心理. 沈阳：万卷出版公司，2014.）

任务 2.3　把握消费者的意志过程

学习目的

学习任务	把握消费者的意志过程	
要　　求	1. 能对消费者的意志过程进行充分的体察和分析 2. 能准确地把握消费者的意志过程 3. 能将消费者情感过程的分析结果制作成 PPT，并进行 PPT 演示	
应具备的知识	意志的含义、特征、意志过程以及品质的分析等知识	
应具备的能力	收集信息的能力、从众多信息中准确抽取所需信息的能力、准确把握消费者意志过程的能力、制作 PPT 的能力	
质量标准	评价项目	分值（分）
	1. 信息真实可靠	20
	2. 以事实为依据，高效筛选、分析、整理信息	20
	3. 对消费者的意志过程把握准确	40
	4. PPT 制作完整	20

案例导入

购买"雪花"冰箱

小张大学毕业后被分到风景如画的江南名城——扬州。不久，便组建了家庭。夫妻俩一个在研究所搞研究工作，一个在机关供职，由于两人工作都很忙，不可能为一日三餐花很多时间。此外，两人吃得不多，可常常做的饭过多，炎夏之时剩饭剩菜不得不经常倒掉。两人便合计着买一台冰箱。为此，他们到处打听行情，并跑了好几家商店，掌握了大量有关冰箱的信息，并对各种信息进行了分析、比较、综合和归纳。最后决定买北京冰箱厂生产的"雪花"牌冰箱。他们为什么要买"雪花"牌冰箱呢？据小张讲，他是北京出生、北京长大的北京人，大学毕业后，他远离家乡、亲人，对家乡的人、物就有了特殊的感情。买"雪花"牌冰箱也算对这种思念与感情的补偿。同时，"雪花"牌冰箱是全国最早的品牌冰箱，物美价廉，虽然有一段时间"雪花"的质量有些下降，但改进后质量又上去了。

小张在浓重的主观情感的支配下决定购买"雪花"牌冰箱，并立即行动起来。他们先去了离家较近的几家商店了解销售服务情况，并选中了一家能提供送货服务的大型电器商店，高高兴兴地买回一台"雪花"牌冰箱。

想一想

运用消费心理学有关原理，分析小张购买"雪花"牌冰箱的心理过程。

参考答案

2.3.1 意志的含义及特征

在购物活动中，消费者除了对商品要进行认识活动、情绪与情感活动，还伴随着意志活动。因为消费者在购买商品时需要心理机能的保证，使消费者能够自觉地为实现既定的消费目的而排除各种干扰，保证消费活动的顺利进行，这就是意志努力的过程。

消费者的意志过程就是指消费者在消费实践中，自觉地确定目的，并据此支配和调节自己的行动、克服各种困难、实现消费目标的心理过程。

1. 意志的含义

意志是人有意识、决定达到某种目的、有计划地调节和支配自己行为的心理状态，是人类大脑特有的产物，是人的意识的能动作用的表现。人们在进行某种活动之前，活动的结果通常已经作为意志行动的目的而存在于人的头脑中。而要把观念转变为现实，必须以预定的目的来指导和激励自己的行动，排除干扰，克服困难，从而达到行动的目的。因此，意志过程是人的内部意识向外部行为转化的过程。

消费者在复杂的消费活动中，不仅要通过感知、记忆、想象、思维等活动来认识商品，伴随着认识产生一定的情绪体验，而且依赖于意志过程来确定购买目标，并排除各种主观因素和客观因素的影响，采取行动，以实现消费目标。例如，很多家庭想在城市中购买一套房子，不仅要省吃俭用，攒足一定钱，还要多方了解市场行情，不辞辛苦地跑遍各售楼中心，具体了解房屋的户型等。在消费活动中，消费者的意志具有十分关键的作用。

2. 意志过程的特征

（1）目的性

意志和目的是分不开的。离开了目的，就没有意志可言，所以盲目的行动是缺乏意志的行动。消费者为了满足自己的需要，要经过思考而明确购买目的，然后有意识、自觉地调节消费行为。为了实现消费目的，消费者还要结合自己的主观条件加以确定。例如，同样是购买彩电，是购买大屏的，还是购买小屏的呢？这就需要消费者根据自己的需求做出决定。

（2）选择性

人的意志行动是由一定的动机引起的，但由动机过渡到行动的过程可以是不同的。在简单的意志行动中，动机可以直接过渡到行动；但在较复杂的意志行动中，人的动机常常是非常复杂的，在许多场合会同时出现引导行动的不同动机。

在现实生活中，人们常常会遇到这种情况，在同一时期内同时面临多种需要，这就会产生多种购买动机。对于多数消费者来说，不可能在一个时期内同时满足所有需要，否则就会产生动机冲突。因此，意志就可以排除干扰，解决这些冲突。消费者必须面对许多商品进行选择，根据自己的经济条件和需求的轻重缓急，在比较的基础上做出理智的购买决定。消费者在购物的选择上有时还要承担很大风险，发生激烈的思想冲突，能否克服这种压力和困难，取决于消费者的意志。

（3）行动性

把购买决定变为行动是真正表现出意志的重要环节，它不仅要求消费者克服内部困难，而且要排除外部的干扰，通过意志的努力，实现既定的购买目的。在消费者的消费过程中，如果能得到营业员的热情接待和帮助，就会强化消费者的购买决定，使消费者满意地买下商品。经营者精心布置购物环境，也能强化消费者的意志。

2.3.2 意志过程分析

在实际消费活动中，消费者意志过程表现为一个复杂的影响消费行为的过程。为了便于了解和理解这一过程，可将消费心理的意志过程分为购买决定、执行决定和效果体验三个阶段。

1. 购买决定阶段

这是消费者决定购物之前的准备阶段，是消费活动的初始阶段。在内部刺激和外部刺激的共同作用下，消费者会产生对商品的消费需求和购买动机。有时消费者的购买动机是多样的，必须搜集相关信息，根据主观和客观的实际情况来权衡各种购买动机，对需求目标进行取舍。消费需求可能是具体的，如对商品的价格、样式、质量有一个具体的印象；但也可能不够具体。再加上消费者还要在制订购物计划时考虑购买时机、购买方式、购买价格等问题，使得这一决策过程中的一系列活动必须依靠意志来支配和调节。否则，消费者就很难理性地做出消费决策，从而会影响其消费活动的质量。

2. 执行决定阶段

意志过程的这一阶段是消费者做出购买决定后实施购买行为的阶段。在这个阶段里，人的主观目的转化为客观结果，观念转化为实际的行动，最终实现人对客观世界的改造。决定的执行是意志行动实现的关键，因为再好的决定，如果不付诸实施，都不可能构成意志行动。这是因为消费者对所需商品进行分析、比较和选择后，一旦决定购买，就会为了实现消费目的，按照消费决策选购具体的商品。然而，消费者从决定到行动，并不都是十分顺利的，可能会遇到各种干扰因素的影响，如商品价格的上涨、商品型号的变化、商品数量的减少、抢购人员的增多、等候结账时间的延长等，还可能产生新的动机和目的，干扰既定行为的进程，这使得消费者必须要用意志来调控自己的认知、情绪和行为反应，克服这些因素的不良影响，重新调整消费决策，以理性的行为保障消费目的和权益的实现。

3. 效果体验阶段

消费者在完成购买行为后，通过自身的体验和他人的评价，消费者往往会对自己的消费决策进行反省，如商品的功能是否良好，使用是否方便，外观设计与使用环境是否协调，实际效果与预期效果是否一致等，以形成购后感受。这一阶段往往决定了消费者以后是否继续购买该商品或服务，是增加该商品的购买量，还是减少该商品的购买量。

2.3.3 意志品质分析

意志品质是指构成人意志的诸因素的总和，主要包括自觉性、果断性、自制性和坚韧性。意志品质也是消费者性格特征的一部分，它使消费者的行为具有独特的个人色彩。

1. 自觉性

意志的自觉性是指消费者对自己的消费需求有着明确的认识，主动制订消费计划，并以消费计划调节和支配行动的意志品质。自觉性是意志的首要品质，贯穿意志行动的始终。自觉性强的人，能够广泛听取意见并独立自主地确立合乎实际的目标，自觉地克服困难、执行决定。如果遇到干扰因素，也会自觉调整计划，调控自身行为，使消费活动始终在理性思维的指导下进行。与自觉性品质相对立的是盲从性，表现为消费者缺乏主见，易受他人和营销手段的影响，易发生冲动的购买行为。

2. 果断性

意志的果断性是指消费者具有丰富的消费知识和消费经验，在消费决策的过程中能够快速而合理地做出决定和执行决定的意志品质。即使是面对消费计划外的商品，也总能随机应变，准确判断商品的效能和性价比，及时把握消费的好时机。与果断性相对立的是优柔寡断，表现为消费者缺乏决断力，在做消费决策时犹豫不决。

3. 自制性

意志的自制性是消费者能善于控制和支配自己消费行为方面的意志品质。自制性强的人，在意志行动中，能够不受无关因素的干扰，能控制自己的情绪，坚持完成意志行动。与自制性相对立的是任性，表现为自我约束差，不能有效地调节自己的消费需求和行为，消费行为常常为自己的情绪所支配。

4. 坚韧性

意志的坚韧性是指消费者在购物活动过程中表现出持久的耐力和顽强的毅力，在消费信念和决心的指引下，保持较高的购物热情，能够克服各种困难，直到实现消费目的的意志品质。与坚韧性品质相对立的是脆弱性，表现为消费者缺乏足够的耐力和对品牌的忠诚，在遇到困难时容易改变或中止自身的购买行为。

【营销视野】意志过程与认知过程和情感过程的关系

【营销视野】买了一辆从没想到的车

项目 2
消费者的心理活动分析

项目总结

1. 消费心理活动包括认知过程、情感过程和意志过程，认知过程主要包括感觉、知觉、注意、记忆、想象、思维等；情感过程包括情绪和情感，意志过程主要指意志品质。

2. 感觉，是人脑对直接作用于感觉器官的事物个别属性的反映，它具有感受性、适应性、联觉性等特征。知觉，是人脑对直接作用于感觉器官的客观事物整体的反映，是消费者对外界事物各个属性之间的联系性进行综合、形成整体性认识的心理过程；知觉具有整体性、理解性、选择性、恒常性等活动特征。

3. 注意，是指人们将心理活动指向并集中于特定对象的现象；注意具有稳定性、有限性、分配性、转移性等特征。记忆，是过去经历过的事情在大脑中的反映。

4. 思维，是人脑对客观事物的本质属性、内在联系和发展规律进行自觉的、间接的和概括的反映。想象，是已经形成的表象，经过人脑的加工、改造，并创造出没有感知过的新形象的过程。

5. 影响情绪与情感的主要因素有：商品因素、环境因素、人员因素及心态因素。情绪与情感影响消费者的认知能力、记忆效果及其消费选择。

6. 所谓意志，是人有意识、决定达到某种目的、有计划地调节和支配自己行为的心理状态，是人大脑特有的产物，是人的意识的能动作用的表现。消费心理的意志过程分为购买决定、执行决定和效果体验三个阶段。

项目实训

【知识挑战训练】

一、单项选择题

1. （　　）不是根据知觉产生时所起主导作用的感官特性进行划分的知觉类型。
   A. 视觉　　　　　　　　　　　　　B. 时间知觉
   C. 听觉　　　　　　　　　　　　　D. 触觉
2. "一心二用"属于注意的（　　）。
   A. 转移性　　　　　　　　　　　　B. 有限性
   C. 分配性　　　　　　　　　　　　D. 稳定性
3. 消费心理活动不包括哪个过程（　　）。
   A. 认知过程　　　　　　　　　　　B. 情感过程
   C. 意志过程　　　　　　　　　　　D. 决策过程
4. 感觉的（　　）是指人们的感觉随着时间的延长，感觉的敏感性逐渐下降的现象。
   A. 敏感性　　　　　　　　　　　　B. 适应性
   C. 对比性　　　　　　　　　　　　D. 舒适性

二、多项选择题

1. 下列属于感觉基本特征的是（　　）。
   A. 适应性　　　　　　　　　　B. 想象性
   C. 感受性　　　　　　　　　　D. 联觉性
2. 情绪与情感的主要影响因素包括（　　）。
   A. 商品因素　　　　　　　　　B. 环境因素
   C. 意志因素　　　　　　　　　D. 心态因素
3. 记忆的过程主要包括（　　）。
   A. 识记　　　　　　　　　　　B. 回忆
   C. 确认　　　　　　　　　　　D. 再认
4. 注意的类型主要有（　　）。
   A. 有意注意　　　　　　　　　B. 有心注意
   C. 无意注意　　　　　　　　　D. 无心注意
5. 意志过程主要有下列哪三个阶段（　　）。
   A. 购买想法　　　　　　　　　B. 购买决定
   C. 执行决定　　　　　　　　　D. 效果体验

三、简答题

1. 何谓感觉？简述其在消费心理与行为分析中的意义。
2. 思维的基本过程包括哪些？
3. 简述情感与情绪的联系与区别。
4. 注意的含义、类型及其特征。
5. 简述意志过程与认知过程和情感过程的关系。

四、案例分析题

拉尔夫·劳伦和他的服装世界

拉尔夫·劳伦是美国最成功的服装设计师之一，他有一种独特的处理问题的方式。当其他的设计师还在设计产品系列时，劳伦开始设计生活格调，然后通过设计一系列的产品来反映这种格调。他创造了一个浪漫的世界，在那里，英俊、强健的一家人骑马狩猎，用木制球拍在草地上打网球，或是在狩猎途中为进餐而整装。他们穿着有饰章的宽松外衣（休闲装），软麻制作的长裤，在棕榈树海滩观看马球比赛。他们啜饮着法国上等白兰地，舒适地坐在营地小屋火炉旁的新地毯上。他创造了一个拉尔夫·劳伦的世界，比其他人都做得更好！

劳伦从很小的时候就开始留意服装。22岁时，他在波士顿一家生产领带的工厂工作。他的第一个设计是用4英寸宽的领带来取代当时正流行的2.5英寸宽的窄领带。劳伦选Polo（马球）作为他产品系列的名称，因为他觉察到这个世界正在流行的生活方式是男人们穿着做工精细的古典服装进行优雅的体育运动，并谨慎地保持优雅的姿态。他采用意大利的丝绸面料，标价是15美元（是当时普通服装价格的两倍）。他设计的服装在1967年的销售额达到了500000美元，那是他的起点。

第二年，劳伦开始生产完整的男性系列产品，包括宽领衬衫和大翻领套装。他只使用最好的丝绸来打造"劳伦"形象——独特的、创新的，但同时又是古典的和精细的。他的套装结合

项目 2
消费者的心理活动分析

了常青藤联盟的看起来符合肩部自然曲线的造型和欧洲最讲究的群体所用的昂贵的丝绸。他的衬衫是全棉的而且样式也很丰富。

过了几年，劳伦针对新的细分市场又设计了一些产品系列。1971年，他推出了一系列女性服装，设计的女装表达了一种含蓄的典雅的女性魅力。随后，他设计出了 Chaps 男性服装系列，该系列专为那些想以较低价格表现传统美国形象的企业经理设计。他为大学生和那些刚开始为自己准备职业装的年轻男性引入了 Polo University Club 系列运动服。1983 年，他设计了一系列家庭陈设品，包括床上用品、毛巾、地毯和墙纸。这个系列在 1986 年扩展到了家具。劳伦设计的所有家具都反映了一种生活方式，并通过在广告中展示完整而和谐的房间，将家具推向市场。例如，新娘的服装都用乳白色的丝织品，房间里用了典雅美丽的白色亚麻和桃木雕刻的家具、编织的柳条、弯曲的藤条。另外，劳伦还生产了两种香水——Polo（针对男人）、Lauren（针对女人）。他还销售了一系列手工制作的鞋、长筒靴和鹿皮鞋。

到 20 世纪 80 年代末，劳伦在服装界已经享有了国际性的声誉，他的 Polo 服装销往意大利、日本、加拿大、新加坡、马来西亚、韩国、巴拿马、墨西哥、德国、澳大利亚、比利时、巴西、乌拉圭、新西兰、卢森堡、斯堪的纳维亚半岛、瑞典、西班牙、英国、法国，他在全世界有独立的商店，并在百货公司里拥有销售流行服饰的专柜。1987 年，劳伦将麦迪逊大街上的 Rhinelander 大厦完全改为 "劳伦" 生活方式的陈列室。他改造这栋五层楼的石灰建筑花了 1400 万美元，并安装了手工雕刻的桃木门窗、搭配了东方的地毯和精美古朴的家具。房间里陈列着衣服，以及马鞍、狩猎纪念品、高顶帽和台球球杆，这个地方使人觉得更像是伦敦的某个俱乐部而不是一个零售商店。

劳伦设计的产品用来反映一种生活方式的主题。他开始设计时就像做游戏似的去设想生活方式，包括描绘其特征，人们在什么地方，如何生活，他们穿什么类型的服装。在这些想象的基础上，他的设计师就为最新的梦幻世界去设计服装（服装产品）、布置环境（商店的陈设）。

"我只是做我喜爱的事" 劳伦反复强调，"许多人有很好的品位，我则有很多梦想"。为了使梦想成真，他花了极大的心思在广告和商店陈列上。从家具到支架，再到呈现这些特征的模特，每件东西都被精心地选择以使人产生一种非常特殊的视觉效果，每个广告和商店陈列品都使人产生一种情绪并唤醒一种生活方式。每个广告都邀请观众来分享并进入劳伦的梦幻世界。

在商店里，劳伦在产品的周围放置了许多迷人的、有创造力的饰物，许多饰物是用来促销的。他不会只陈列一件休闲衣或衬衫，而是同时陈列一些商品，如古代的抽烟管和镶嵌好的家庭相框，以此构成一幅完整的图画来使人产生创造某种生活方式的情绪。

通过在他的商店和广告中描绘的这些情绪、梦想和奇妙的幻想，劳伦提供给消费者一个机会来分享他的梦想：通过购买他仔细装点的产品或许能获取新的身份。没有其他的美国设计师像劳伦一样创造了这么多产品、如此庞大的零售网络和如此精准定位的市场形象。到 20 世纪 90 年代初，劳伦的时装帝国的零售额达到了 15 亿美元，是 1981 年销售额的四倍。

（资料来源：http://www.bamaol.com．消费心理活动过程分析．2011．）

【问题】

1．此案例反映了消费者心理活动过程有哪些？
2．本案例给了你什么启发？

技能实训

技能实训 2.1　学生购买手机的消费心理调研

1. 实训目的

通过本次实训，使学生明确消费心理活动的三个过程，能运用消费者心理活动过程指导企业营销活动实践。

2. 实训要求

对学生购买手机的消费心理进行调研，写一份消费心理活动过程报告，内容要求包括认知过程分析、情感过程分析和意志过程分析等基本框架，字数不少于 1000 字。

3. 实训材料

相关图书、教辅、计算机、纸张、笔、打印机、投影仪等。

4. 实训步骤

① 全班学生自由分组，每组 6~8 人。
② 各组分别进行集体讨论，明确组内分工。
③ 按照分工进行调研。
④ 整理数据并形成报告。
⑤ 各组将调研资料制作成一个 PPT，选一名代表展示工作成果。

5. 成果与检验

学生购买手机的消费心理调研的效果评价参考表，见表 2-1。

表 2-1　学生购买手机的消费心理调研的效果评价参考

序号	评价内容		分值（分）	实际得分（分）
1	实际操作	明确记录具体的调研时间、地点、对象	20	
		调研访谈记录详细	30	
2	分析报告	能够对记录的内容进行恰当整理与分析，形成调研报告	20	
		制作成 PPT，PPT 图文并茂，内容翔实	10	
		汇报大方从容，内容全面	20	

评价说明如下。

① 考评满分为 100 分，60~74 分为及格，75~84 分为良好，85 分以上为优秀。
② 每组学生的成绩由两部分组成：实际操作（50%）和分析报告（50%）。
③ 实际操作主要考查学生调研的过程以及收集资料、整理资料的能力。
④ 分析报告主要考查学生根据信息资料分析得出的结论与建议的合理性，并将分析报告制作成 PPT 的能力。

技能实训

技能实训 2.2　注意和记忆在商标设计、商品陈列中的运用

1. 实训目的

通过本次实训，使学生掌握注意和记忆在商标设计、商品陈列中的运用，并指导企业营销

项目 2
消费者的心理活动分析

活动实践。

2．实训内容

商标是用来区分一个经营者的品牌或服务和其他经营者的品牌或服务的标记，由文字、图形、字母、数字、三维标志、声音、颜色等组成，一般包括商标名称和标志。根据消费者的认知规律，商标名称要易认、易读、易懂、易记，要有寓意；商标标志要醒目，易于识别，富于联想。

（1）注意和记忆在商标设计中的运用

① 在众多消费品品牌（或商标）中，找出你认为最容易记的三个商品商标的名称，分析最容易记的原因主要是什么。

② 在众多消费品品牌（或商标）中，找出你认为最容易识别的三个商品商标的标志，分析最容易识别的原因主要是什么。

③ 如果你要在校园内或学校附近开一家便利店，分析目前便利店的类型、店名、规模、店面设计，为你的便利店设计一个店名（商标名称）和店面标志（商标标志），并说出理由。

（2）注意和记忆在商品陈列中的运用

① 观察超市的促销（有优惠或推广活动的）商品，为了吸引消费者注意该促销商品，商家采用了什么方法。

② 九寨沟旅游中心最近亮出新招，把蚕丝被制作"车间"搬进了商场。这个蚕丝被制作"车间"有30平方米，透过全封闭铝合金玻璃窗，3位工人拉丝、制作、缝纫的一举一动，顾客一目了然。重量有350g、500g、1000g、1500g、2000g，重量可多可少，蚕丝被的被面有八种颜色和图案可供选择，"车间"外面挤满了观摩的顾客。有的人说："这家旅游中心真会做生意！"也有的人说："生意就该这么做！"实践证明，蚕丝被的日销售额比原来翻了 5 倍。九寨沟旅游中心是依靠什么来吸引消费者注意的？这一思维还可以运用到哪些商品的布局和陈列中？

3．实训材料

相关图书、教辅、纸张、笔等。

4．实训步骤

① 全班学生自由分组，每组 6～8 人。

② 各组分别进行集体讨论并记录讨论结果。

③ 选一名代表汇报讨论成果。

5．成果与检验

注意和记忆在商标设计、商品陈列中的运用的效果评价参考表，见表 2-2。

表 2-2　注意和记忆在商标设计、商品陈列中的运用的效果评价参考表

序号	项目	分值（分）	实际得分（分）
1	小组分工具体	20	
2	小组讨论认真	30	
3	小组讨论记录详细	20	
4	汇报大方从容，内容全面	20	

说明：考评满分为 100 分，60～74 分为及格，75～84 分为良好，85 分以上为优秀。

项目 3

消费者的个性心理与行为特征

营销名言

销售专业中最重要的字就是"问"。

——博恩·崔西

学习目标

专业能力目标

- 了解消费者个性特征中气质、性格、能力、兴趣的定义。
- 熟悉消费者气质、性格、能力、兴趣的类型及其特征。
- 理解不同消费者气质、性格、能力表现出的消费行为特点。
- 把握消费者的气质、性格、能力、兴趣对营销的指导意义。

方法能力目标

- 能根据消费者不同气质、性格、能力的类型特征,识别特定消费者主导的气质、性格、能力类型,采用合适的沟通方法,影响消费者的购买行为。
- 能通过消费者的言行举止辨识其气质、性格、能力和兴趣,并开展相应的营销活动。

社会能力目标

- 培养学生的观察能力和分析能力,提高其与消费者沟通的能力。

项目 3
消费者的个性心理与行为特征

感受营销

视频（认知兴趣）

（资料来源：https://www.icve.com.cn/.）

项目实施

任务 3.1 消费者的个性特征分析

学习目的

学习任务	分析关于消费者个性特征的案例
要　　求	1. 能通过各种渠道收集关于消费者个性特征的案例 2. 能通过对消费者个性特征案例的分析，推断营销成功或失败的原因 3. 能根据案例结果的分析，提出个人建议 4. 能将消费者个性特征案例分析的结果制作成 PPT，并进行 PPT 演示
应具备的知识	消费者个性的含义、特征及个性在消费中的作用等知识
应具备的能力	收集信息的能力、整理信息的能力、案例分析的能力、制作 PPT 的能力
质量标准	评价项目	分值（分）
	1. 信息真实可靠	20
	2. 以事实为依据，高效筛选、分析、整理信息	20
	3. 分析案例时要有逻辑，思路清晰	40
	4. PPT 制作完整	20

案例导入

消费流行与个性

据《香港市场》杂志报道，现北美洲非常盛行一种"坏孩子装"，这是一些著名时装设计师的杰作。他们创作原则是：打破一切穿衣规则，不仅错配衣裤，而且不考虑服装的质地、面料、花纹和颜色，总之穿上后一切会显得杂乱无章，不修边幅，越看不上眼，越能突显"坏孩子装"的特色。这种服装虽然价格昂贵，却备受人们青睐，尤其在年轻人中更是一种潮流。

在日本，随着出口主导型经济向内需主导型经济的转变，消费时尚也出现了一些变化。例如，以前那种崇尚节俭、量入为出的消费观念正在淡化，突发性、随意性消费不断上升。又如，

消费心理与行为学

都市少年穿肥大宽松的衣裤，踩着滑板滑行于街头也成为一种时尚的追求。图 3-1 为街头滑板少年的图片。

图 3-1　街头滑板少年

（资料来源：王水清，杨扬．消费心理与行为分析．北京大学出版社，2012．原文经过改写。）

想一想

杂乱无章，不修边幅的"坏孩子装"为何能在年轻人中成为时尚潮流？请结合本节知识阐述案例背后的含义。

参考答案

任务实施

3.1.1　消费者个性的含义

消费者个性是指消费者在社会实践中形成的相对稳定的心理特征的总和。它包括消费者个性心理特征和个性倾向。其中，消费者的个性心理特征体现在消费者的气质、性格、能力特征等方面；消费者的个性倾向主要体现在消费者的兴趣等方面，而兴趣通常又受制于消费者的需要、动机和态度。消费者的个性心理特征和个性倾向相互联系、相互制约，从而构成了消费者的个性，使每个消费者具有了不同的个性心理特征，从而使其购买行为复杂多样。

3.1.2　消费者的个性特征

消费者的个性具有整体性、稳定性、独特性、可塑性和社会性。

项目 3
消费者的个性心理与行为特征

1. 消费者个性的整体性

消费者个性的整体性是指消费者的各种个性倾向、个性心理特征及心理活动过程,它们彼此协调、有机地联系在一起,形成个性的整体结构,以整体形式表现在具体的消费者身上而不是彼此分割,相互独立。例如,一个处事谨慎的消费者,其在购买商品或服务时,将会认真仔细,绝不草率从事。因此,企业在进行营销活动时,首先要认真鉴别消费者个性的整体性,并结合具体情况采取不同的对待和处理方式。

2. 消费者个性的稳定性

消费者个性的稳定性是指消费者经常表现出来的个人精神面貌的心理倾向和心理特点。偶尔的、一时的心理现象,不能说明消费者的全部个性特征和面貌。这种稳定性是在家庭、社会和学校潜移默化的影响下及消费者个人的消费实践活动中逐渐形成的。消费者的这种稳定性将促使消费者形成消费习惯。

消费者个性的稳定性决定着消费者对某些商品和服务的需求在一定时间内的依恋和忠诚,有的甚至一生不改变其钟爱。例如,约五成的烟民吸烟品牌不变,有的男士甚至几十年总是吸同一种品牌的烟;有的女士对化妆品的使用更是非常专一。因此,企业应认真培育市场,有目的、有计划、有地域性地供应商品,更好地满足消费者稳定的需要。

3. 消费者个性的可塑性

消费者的个性具有稳定性,但并不意味着它是一成不变的,随着环境的变化、年龄的增长、意外的重大事件、消费实践活动的改变等,消费者个性是可以改变的。消费者个性的可塑性是指消费者的需求可以通过环境的改变、外部诱因的刺激、主观认识的认同,引导、诱发消费者需求发生变化和转移。

消费者个性的可塑性为企业提供了巨大的市场潜力和市场机会。企业可通过卓有成效的市场营销策略和营销活动,使无需求转化为有需求,使潜在需求转变为现实需求,未来需求转化为近期的购买行为,从而使企业由被动地适应、迎合消费者的需求,转化为积极地引导、激发和创造需求。

4. 消费者个性的独特性

消费者个性的独特性是指在某一个具体的消费者身上,由独特的个性倾向性及个性心理特征组成的独有的、不同于他人的精神风貌。消费者在社会实践活动中,对现实事物都有自己的看法、态度和感情倾向,体现出人与人之间在能力、气质、性格等方面存在差异。

消费者个性的独特性,形成了其不同的购买动机、购买方式和购买习惯,使其购买行为复杂多样。有的人对商品有浓厚的怀旧心理,对日新月异的新产品难以接受;有的人对新潮流跃跃欲试,对新产品总是抢先一步,抢先消费,甚至超前消费;有的人为了攒钱,衣食住行等方面的消费总是处于最低生活水准,有的人则能科学地适度消费。企业应把握消费者个性的独特性,针对不同的消费者采取不同的营销策略。

5. 消费者个性的社会性

每个消费者都是社会中的一员,都处于一定的社会关系中,逐渐掌握了社会的风俗习惯和道德准则,从而也就形成了消费者个性的社会性。消费者个性的形成和发展是一个逐步的、长时间的过程，大致要经过儿童时期、学生时期、走向社会时期三大阶段。消费者个性在社会生活中形成和发展，最终定型。因此，企业在营销过程当中，应针对不同时期的消费群体，对其采取不同的营销策略。

【营销视野】

消费者退换商品策略

在中国质量万里行活动中，不少制造、销售伪劣商品的工商企业被曝光，消费者感到非常高兴。3月15日正值世界消费者权益日，某大型零售企业为了改善服务态度，提高服务质量，向消费者发出意见征询函，调查内容是"如果你去商场退换产品，销售员不予退换怎么办？"要求被调查者写出自己遇到这种情况时是怎么做的。其中有以下几种答案。

（1）耐心诉说。尽自己最大的努力，解释退换产品的原因，直到得到解决。

（2）自认倒霉。向店方申诉无果后，不了了之。

（3）灵活变通。找好说话的销售人员进行申诉，找营业组长或值班经理求情，只要有一人同意退换就有望解决问题。

（4）据理力争。脸红脖子粗地与销售人员争论到底，不行就消费者协会投诉。

我们发现，在面对退换商品这一问题时，不同的消费者会表现出不同的态度并采取不同的解决办法，其根本原因在于每个消费者的个性特征不同。

（资料来源：徐盈群.消费心理与行为分析.大连：东北财经大学出版社，2015．原文经过改写。）

想一想

如果自己遇到这种情况时，你会怎么做？

3.1.3 个性在消费中的作用

生活中大部分人的个性特性或特质都具有一种固定的生理基础，虽然每个人的生理结构及遗传现象不同，但与其双亲及其他亲属的结构却有相似之处，所以我们能在相同的家庭中看到个人表面特征的共同点。

个性在消费中的作用主要体现在对消费者购买行为的影响上。个性是在个人先天素质和社会条件的基础上，通过个人活动而形成的、稳定的心理特征的总和，它主要包括消费者的气质、性格、能力、兴趣和态度等。发达国家消费发展的历史及我国近几年来消费的发展历程说明：对消费中体现的独特个性的追求，是消费者越来越强烈的需要。由此可知，我们已进入一个崇尚个性消费的时代。从前，到裁缝店量体裁衣是为省钱，如今到专卖店定制服装虽然价格不菲，但人们追求的是那份独特。此外，如今体现个性的油画、挂历等也愈发流行。

项目 3
消费者的个性心理与行为特征

【营销视野】

订制个性

在深圳、上海等地,定制手表已成为时尚,在个人定制的手表上印上结婚照、本人的头像和姓名等。在上海,仍有一大批青年人青睐自行车,厂家为了吸引顾客,在一些商店开展了为客户量身定做自行车的业务,买主只要把身高、体重、年龄、职业、用车频率等资料告诉服务员,服务员将这些数据输入计算机后,便可告诉你应买哪种自行车,还可自定花型、用料甚至变速器、挡泥板等一系列装置,极大地方便了顾客,满足了消费者对个性的需求。此外,还有人模仿影视片中的片段,请摄影师为自己拍摄,圆自己的一个演员梦;还可自制贺年卡,自制陶艺品等。也许这些"艺术品"中有的难登大雅之堂,但它们的主人对这些作品却敝帚自珍,情有独钟,并将其当作一个具有独特意义的永久纪念,以此来实现个性消费的愿望。

由此可知,企业想要在激烈的市场竞争中脱颖而出,必须认识消费者的个性特点,满足消费者的个性需求,才能制定具有针对性的营销策略,赢得消费者的青睐。

(资料来源:李晓颖,黄晓羽.消费心理实务.北京:中国水利水电出版社,2013.原文经过改写。)

练一练

4~6 位学生一组,对以下问题进行讨论,并将讨论结果进行汇报。

1. 分析每名组员的其个性特征,推测其在购买商品时表现出怎样的个性特征?
2. 如果你是一名服装导购员,你将如何接待拥有不同个性特征的顾客?

任务 3.2 消费者的气质特征分析

学习目的

学习任务	分析关于消费者气质特征的案例
要　　求	1. 能通过各种渠道收集关于消费者气质特征的案例 2. 能通过对消费者气质特征案例的分析,推断营销成功或失败的原因 3. 能根据案例结果的分析,提出个人建议 4. 能将消费者气质特征案例分析的结果制作成 PPT,并进行 PPT 演示
应具备的知识	消费者气质的含义、特征、类型及不同气质特征消费者的表现等知识
应具备的能力	收集信息的能力、整理信息的能力、案例分析的能力、制作 PPT 的能力
质量标准	评价项目	分值(分)
	1. 信息真实可靠	20
	2. 以事实为依据,高效筛选、分析、整理信息	20
	3. 分析案例时要有逻辑,思路清晰	40
	4. PPT 制作完整	20

消费心理与行为学

案例导入

一杯饮品的"气质特征"

小豆是小芽的大学同学也是她同寝室好友。得知小豆来上海出差,小芽真是喜出望外。毕业之后,她们有好几年没有见面了。在约定的地点碰面后,小豆提议去酒吧。于是她们来到附近的一家小酒吧。因为是白天,酒吧里人不多,很安静。当服务员问她们要什么饮料时,小豆像往常一样要了一罐嘉士伯啤酒。小豆性格外向活泼,朋友很多,平时常和朋友一起去酒吧或打网球。小芽要了一杯果汁,她很少喝酒,也很少来这样的地方。她一向很文静,生活圈子很小,最喜欢看书、看电影和听音乐。有空的时候,小芽会在家里边看书边听音乐,或租影碟看,她觉得这样的生活简单而快乐。小芽和小豆具有截然不同的性格,兴趣爱好也很不相同,因此,在选择饮料时,她们会有不同的偏好,这就是消费者的个性心理特征不同所带来的消费需求的差异。

想一想

请准确分析并描述小豆和小芽各自不同的心理特征。

参考答案

3.2.1 气质的含义、特征及类型

1. 气质的含义

气质是与生俱来的,是由人的生理素质或身体特点反映出的人格特征。它与日常生活中所讲的气质是两个完全不同的概念。在日常生活中,我们评价某人气质优雅,指的是这个人的办事风格和风度;而本书中所讲的气质是心理学中的气质,指的是个体心理活动典型而稳定的动力特征,是一种人类高级神经活动类型。

气质是指一个人的秉性和脾气,是一个人心理活动过程的动力特征的总和。气质主要表现为心理活动过程的速度、强度、稳定性、灵活性和指向性等,这些是人们在各种场合中一贯的比较稳定的行为动力特征,一般不受个人活动的目的、动机、内容等影响。其中,心理活动过程的速度是指知觉的速度、情绪表现的快慢、语言的速度和节奏等;心理活动过程的强度是指情绪的强弱、意志努力的程度等;心理活动过程的稳定性是指注意力集中时间的长短;心理活动过程的灵活性是指思维的灵活程度、动作的灵敏与迟缓等;心理活动过程的指向性是指人们的心理活动经常倾向于外部世界还是内心世界。气质本身并不直接对个体的行为起推动作用,也不决定行为的发生和方向,它只是将心理活动表现于行为中,是外显的动力特征。

2. 气质的特征

气质既表现为心理过程的非指向性也表现为心理过程的指向性,前者包括两个方面:一是心理过程的速度、灵活性和稳定性,如知觉的速度、思维的灵敏程度、注意力集中时间的长短;二是心理过程的强度,如情绪的强弱、意志努力程度。心理过程的指向性是指一个人对事物的

项目 3
消费者的个性心理与行为特征

态度和行为选择性,主要包括需求、动机、兴趣、信念和世界观等,它是个性心理结构中最为活跃的因素,可以分为内倾和外倾。气质的具体特征如下。

① 气质的先天性。气质是与生俱来的,虽然会受后天影响,但主要由先天素质构成。
② 气质的差异性。每个人的气质表现不一样,不同气质又具有不同的表现特征。
③ 气质的稳定性。气质一经形成,受其他因素的影响不大,有一定的稳定性。
④ 气质的可塑性。气质的稳定性并非不发生变化,受后天环境和教育等因素的影响,气质也会发生某些变化,但变化缓慢且渐进。

3. 气质的类型

长期以来,心理学家对气质这一心理特征进行了多方面的研究,对气质类型的划分,也有不同的见解,因而形成了不同的气质理论。其中,最具代表性的是公元前5世纪古希腊的学者兼医生希波克拉底提出的气质"体液说"。"体液说"认为人体内有四种体液,即生于心脏的血液,生于脑的黏液,生于肝的黄胆汁,生于胃的黑胆汁。根据这四种体液在人体内的不同比例,将其分为胆汁质、多血质、黏液质和抑郁质四种典型的气质类型,每种气质类型都有各自的特征。

(1) 胆汁质

胆汁质气质的人,其高级神经活动类型属于兴奋型,其典型特征为:精力充沛,做事果断;为人热情,说话直率,愿意与他人交流内心想法;但情绪的发生快而强,性情急躁,易于冲动;心境变化剧烈,爱发怒;言语和动作急速而难以自制;缺乏耐性,固执等。在生活中,胆汁质的人常常带有一种强烈而迅速燃烧的热情,在克服困难上有坚忍不拔的劲头;但不善于考虑事情能否被做到,在工作中有明显的周期性,能以极大的热情投身于事业,也准备克服且正在克服通向目标的重重困难和障碍,但当精力消耗殆尽时,便会失去信心,情绪顿时转为沮丧。胆汁质的典型代表人物有《水浒传》中的李逵和《三国演义》中的张飞。

(2) 多血质

多血质气质的人,其高级神经活动类型属于活泼型,其典型特征为:情绪的发生快且多变,乐观亲切,表情丰富;内心外露,善于交际;思维、言语和动作敏捷,活泼好动,富有朝气;注意力和兴趣容易被转移;浮躁、轻率等。在生活中,多血质的人对环境的适应性强,善于交际,在工作和学习中精力充沛而且效率高;有些则投机取巧,易骄傲,受不了一成不变的生活。多血质的典型代表人物有《红楼梦》中的王熙凤和《三国演义》中的曹操。

(3) 黏液质

黏液质气质的人,其高级神经活动类型属于安静型,其典型特征为:情绪的发生慢而弱,表情淡漠,沉默寡言,内心不外露;思维、言语和动作缓慢,沉着稳定;遇事谨慎,反应迟缓;注意力稳定,忍耐力强,执拗等。在生活中,黏液质的人对待工作坚持而稳健,能严格恪守既定的工作制度和生活秩序;内敛且不爱显露自己的才能;固定性有余但灵活性不足。黏液质的典型代表人物有《水浒传》中的林冲和《西游记》中的沙和尚。

(4) 抑郁质

抑郁质气质的人,其高级神经活动类型属于抑制型,其典型特征为:情绪的发生慢而强,内心体验深刻,多愁善感;对事物反应敏感,观察细致;胆小、腼腆、孤僻;做事多疑,优柔寡断;注意力与兴趣不容易转移等。在生活中,抑郁质气质的人敏感多情,常为微不足道的小事而感动,且有力持久;遇到困难时优柔寡断,面临危险时极度恐惧。抑郁质的典型代表人物有《红楼梦》中的林黛玉。

消费心理与行为学

【营销视野】

《西游记》中人物气质类型分析

《西游记》是我国古典文学四大名著之一,其中四位主要人物也表现出上述四种气质类型。唐僧在任何时候都没有说过放弃,不管遇到什么艰难险阻,也不管遇到什么诱惑。他是一个非常自律的人,对自己要求十分严格,自我控制和自我约束能力极强。

孙悟空武艺高强,如果没有孙悟空,很多事情将无法办成。但是,孙悟空是一个比较任性的人,容易情绪化。他能力强,敢作敢为,富有创造力、闯劲和冲劲。

猪八戒人很丑,但脾气好,天生的乐观派。他总是给团队带来乐趣。猪八戒还是一个处理人际关系的高手。例如,孙悟空闯祸了,唐僧一气之下把孙悟空赶走了,但在真正遇到困难时,唐僧又想起了孙悟空。此时,猪八戒出现了。他善解人意,知道唐僧需要他来周旋。猪八戒还善于与外界打交道,不少外部力量的支持都是八戒争取来的。

沙和尚则是一个老黄牛式的人物,本事不是很大,不爱多说话,却勤勤恳恳、任劳任怨、勤奋、忠诚、可靠。通过对《西游记》中四个主要角色的分析,可以得出如下结论。

① 执着、自律的唐僧倾向于抑郁质气质类型。
② 冲动、冒进的孙悟空倾向于胆汁质气质类型。
③ 活力、幽默、善于处理人际关系的猪八戒倾向于多血质气质类型。
④ 不爱交际、性格稍内向的沙和尚倾向于黏液质气质类型。

(资料来源:于惠川. 消费者心理与行为. 北京:清华大学出版社,2012. 原文经过改写。)

想一想

在团队中为什么需要不同气质类型的成员?

3.2.2 不同气质类型消费者的行为表现

气质是典型而稳定的个性心理特征,对人的行为活动方式影响较为深远。通常一个具有某种特定气质的消费者无论购买什么产品,也无论出于什么样的动机,或出现在什么样的场合,都会表现出类似的行为特点。这些特点会在购买活动中充分表现出来,使得消费者的购买行为丰富多样且各具特色。下面就以"体液说"中的四种类型来分析消费者的行为表现。

1. 胆汁质类型消费者的行为表现

这类消费者的神经过程呈现稳定性、均衡性,往往产生冲动型购买,在购物中喜欢标新立异,追求新款奇特、具有刺激性的流行商品;感受性弱而耐受性高,情绪变化剧烈而抑制力差,对外界事物反应速度快但不灵活,可塑性差,外倾性明显,表现为直率、热情、易冲动、暴躁;一旦决定购买就不会动摇,只要见到合适的商品,就会毫不犹豫地迅速要求成交,而不善于比较和思考,缺乏深思熟虑;如果购物时需要等待或者服务人员言行怠慢,就会激起其烦躁的情绪甚至产生激烈的反应,体现出冲动型的购物行为特点。

项目 3
消费者的个性心理与行为特征

2. 多血质类型消费者的行为表现

这类消费者对购物环境及周围人和物的适应能力强,并乐于向服务人员咨询所要购买的商品,甚至言及他事,他们一般谈吐风趣,并不会使对方反感;感受性较低而耐受性较高,情绪兴奋性高,外部表露明显,对外界事物反应快,灵活性、可塑性强,表现为活泼、好动、开朗、善交际、注意力易分散、兴趣和感情变化快;他们的购买目标往往容易转移,富于想象,体现出想象型和不定性的购物行为特点。

3. 黏液质类型消费者的行为表现

这类消费者的神经过程呈现均衡性,自制力较强;感受性差而耐受性强,情绪兴奋性低而抑制性较强,内倾性明显,反应速度慢且不够灵活,具有稳定性,表现为行动迟缓、少言、细致、固执而有惰性;他们在购买活动中表现得心中有数,对商品比较了解,不屑于过多地询问,更不会与对方谈论与商品无关的话题;在挑选商品时,该类型消费者表情不明显,态度、动作比较认真,很少受外界的影响,对自己喜欢和熟悉的商品会产生连续购买的行为,体现出理智型的购物行为特点。

4. 抑郁质类型消费者的行为表现

这类消费者在购买行为中的心理状态比较复杂、矛盾,对周围事件很敏感,哪怕是对方无意的动作或眼神,都会在其内心有所体验;感受性高而耐受性低,严重内向,反应速度慢且不灵活,情绪兴奋性高,内心体验深刻,表现为刻板、羞涩、敏感、孤僻、防御性强;他们的购买动作拘谨,有时对服务人员的介绍表示过多的附和与信赖,有时则对服务人员的介绍犹豫不决,甚至不信任,体现出谨慎、敏感的购物行为特点。

在现实生活中,消费者具体的购买行为表现远不止上述四种类型这样简单,因为在生活中很少有单一气质类型的人,因此消费者的气质也多数介于各种类型之间,再加上多种外界条件的影响,使得气质特征显露出的机会各不相同。因此,我们在研究消费者的气质时,还需通过认真细致的观察,来判定消费者具有哪些气质特征,找出其购买活动规律,从而有针对性地为其提供各种服务,更好地满足消费者的需求,高效实现营销的目的。如图 3-3 所示为一幅四种典型气质类型的漫画,描述的是一位中年人对其他人坐到他帽子上的反应。

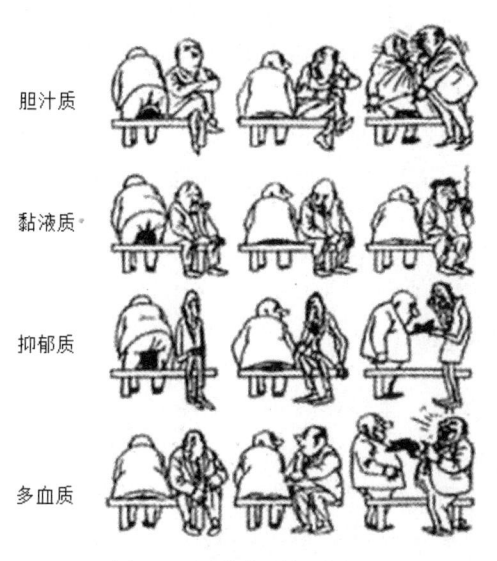

图 3-3 四种典型气质类型

消费心理与行为学

想一想

你属于哪种气质类型？具体的行为表现是什么？

【营销视野】

看戏迟到

苏联心理学家巧妙设计了"看戏迟到"的特定问题情境，对四种典型气质类型的人进行观察研究，结果发现，四种基本气质类型的观众，在面临同一情境时有截然不同的行为表现，气质使其心理活动染上了一种独特的色彩。

胆汁质的人面红耳赤地与检票员争吵起来，甚至企图推开检票员，冲过检票口，径直跑到自己的座位上去，并且还会埋怨，戏院的时钟走得太快了。

多血质的人明白检票员不会放他进去，他不会与检票员发生争吵，而是悄悄跑到楼上另寻一个合适的地方观看戏剧表演。

黏液质的人看到检票员不让他从检票口进去，便想反正第一场戏不太精彩，还是暂且到小卖部待一会儿，待幕间休息再进去。

抑郁质的人对此情景会说自己老是不走运，偶尔来一次戏院，就这样倒霉，接着就垂头丧气地回家了。

（资料来源：李晓颖，黄晓羽．消费心理实务．北京：中国水利水电出版社，2013．）

3.2.3 气质与营销

在营销实践中，营销人员所面对的消费者的情况是复杂多样的，消费者具体的购买行为表现也远不止上述四种情况那样简单，所以营销人员要通过认真观察来准确判定构成消费者的气质类型的各种心理特征，并努力找出构成消费者气质生理基础的高级神经活动的基本特征。

研究消费者的气质类型及其特征，目的在于提供理论的指导，帮助营销人员学会怎样根据消费者在购买活动中的行为表现，发现和识别他们在气质方面的特点，从而揭示他们的购买活动规律，利用气质的积极方面，有针对性地为消费者提供各种服务，更好地满足消费者的需求，使营销做得更加有效。此外，营销人员在重视消费者气质的同时，也要有意识地提高自身心理素质，从而有意识地对自己的气质加以调节与控制，以形成良好的个性，最终提高营销活动的质量和效果。

练一练

4～6位学生一组，对以下问题进行讨论，并将讨论结果进行汇报。

1．分析每名组员的气质属于哪种类型，其在购买商品时的行为表现如何？
2．如果你是一名导游，你将如何接待不同气质的游客？

项目 3
消费者的个性心理与行为特征

任务 3.3 消费者的性格特征分析

学习目的

学习任务	分析关于消费者性格特征的案例
要求	1. 能通过各种渠道收集关于消费者性格特征的案例 2. 能通过对消费者性格特征案例的分析，推断营销成功或失败的原因 3. 能根据案例结果的分析，提出个人建议 4. 能将消费者性格特征案例分析的结果制作成 PPT，并进行 PPT 演示
应具备的知识	消费者性格的含义、特征、类型及不同性格特征消费者的表现等知识
应具备的能力	收集信息的能力、整理信息的能力、案例分析的能力、制作 PPT 的能力

质量标准	评价项目	分值（分）
	1. 信息真实可靠	20
	2. 以事实为依据，高效筛选、分析、整理信息	20
	3. 分析案例时要有逻辑，思路清晰	40
	4. PPT 制作完整	20

案例导入

砍价反映出的性格特征

一位大学生发现几位舍友的消费行为与自己全然不同，对此她评论到："她们常常在上街之前已经打算好要买一些生活用品，结果拎回一袋又一袋的东西，那些必需品却总是没买成。"她还说："她们买的东西总是比我的贵，面对商铺老板开出的高价，要么不砍价，要么只砍一点点，结果东西买得很吃亏。问她们为什么不狠狠地砍价，她们说怕压得太低被店主骂而难堪，不砍价就可以让别人认为自己很有钱。"

想一想

此案例说明了什么？请结合消费者的性格特征进行分析。

参考答案

3.3.1 性格的含义、特征及类型

1. 性格的含义

"性格"一词源于希腊语，是印记、特点、标记的意思，主要用来表示事物的特征。性格并不是天生的，是客观环境的作用和主体自我教育要求相结合的产物。在现代心理学中，性格指

个人对现实的稳定态度及与之相适应的、习惯化的行为方式。由于性格在某种程度上是以道德观点为基础进行评价的，所以是人的个性中的核心，是一个人区别于他人的主要的心理标志，同时也是个性特征中最重要、最显著的心理特征。

生活中人们显现出的某些一贯性的态度倾向和行为方式，反映的就是自身的性格特点，如勤劳、勇敢、自私、懒惰、懦弱、沉默等。性格是一个人本质属性独特的、稳定的结合，比气质更能反映出一个人的心理面貌。性格和气质都是以高级神经活动类型为生理学基础，两者相互渗透、相互作用、相互联系，气质可以影响性格，性格也能在一定程度上掩盖和改造气质。两者的主要区别在于存在的客观基础条件不同：气质的形成直接取决于人的高级神经活动类型；而性格的生理基础是神经类型特征和后天因素所引起的各种变化的"合金"，即性格更多地受社会生活环境的制约。气质为先天禀赋，其稳定性在相当长的时间内，甚至在人的一生中都不变动；性格为后天养成，虽具有相对稳定性，但可能由于生活中的突发事件、重大挫折而变化。

2. 性格的特征

性格是在生理素质和后天的社会实践活动共同作用下形成的，是十分复杂的心理构成；它有多个侧面，且包含着多种多样的特征。一个人的性格通过不同方面的特征表现出来，各种特征有机结合，形成独具特色的性格统一体。具体来说，性格的特征包括态度特征、认知特征、情感特征、意志特征四个方面，其中态度特征和意志特征尤为重要，它们对人的行为性质和行为结果有着重大影响。

（1）态度特征

态度特征是指人对现实的态度和行为倾向，是人的价值观和世界观的反映。主要表为四个方面：一是对社会、集体、他人的态度特征，包括爱祖国、乐于助人、正直、善良等积极方面的特征和自私自利、损人利己、虚伪、凶恶等消极方面的特征；二是对劳动、工作、学习的态度特征，包括勤劳、认真、严谨，有责任心等积极方面的特征和懒惰、马虎、不负责任、因循守旧等消极方面的特征；三是对事物的态度特征，包括勤俭节约、适度占有、实事求是等积极方面的特征和奢侈浪费、贪婪占有、无中生有等消极方面的特征；四是对自己的态度特征，包括自信、自爱、自尊、谦虚等积极方面的特征和自卑、自馁、轻浮、自大等消极方面的特征。

（2）认知特征

认知特征是指人在感知、记忆、思维、想象等心理活动中表现出来的特点。具体包括主动观察型和被动观察型，记录型和解释型等感知方面的特征；主动记忆型和被动记忆型，直观形象记忆和逻辑抽象记忆等记忆方面的特征；系统思维和线性思维，独立思维和惰性思维，分析型和综合型等思维方面的特征；主动想象和被动想象，创造想象和再造想象，现实型和幻想型方面的特征。

（3）情绪特征

情绪特征是指情绪对人的行为的影响特点。主要表现在稳定性、持久性及主导性三个方面，具体包括自控稳定型和失控波动型；短暂型和持续型；积极型和消极型。

（4）意志特征

意志特征是指意志对人的行为进行调节的特点。主要表现在自觉性、自制性、果断性及坚韧性四个方面，具体包括目标性和盲目性，主动性和被动性；自律和任性；当机立断和优柔寡断；坚韧不拔和半途而废。

项目 3
消费者的个性心理与行为特征

【营销视野】

家传宝箭

春秋战国时代，一位父亲和他的儿子出征打仗。父亲已做了将军，儿子还只是马前卒。又一阵号角吹响，战鼓雷鸣了，父亲庄严地托起一个箭囊，其中插着一支箭。父亲郑重地对儿子说："这是家传宝箭，佩带身边，力量无穷，但千万不可抽出来。"

那是一个极其精美的箭囊，是由厚牛皮打制的，镶着幽幽泛光的铜边儿，再看露出的箭尾。一眼便能认定是用上等的孔雀羽毛制作的。儿子喜上眉梢，贪婪地推想着箭杆、箭头的模样，耳旁仿佛嗖嗖的箭声掠过，敌方的主帅应声折马而毙。

果然，佩戴宝箭的儿子英勇非凡，所向披靡。当快要鸣金收兵时，儿子再也禁不住得胜的豪气，完全背弃了父亲的叮嘱，强烈的欲望驱赶着他呼一声就拔出宝箭，试图看个究竟。骤然间他惊呆了。

一只断箭，箭囊里装着一只折断的箭。我一直挎着一只断箭打仗呢！儿子吓出了一身冷汗，仿佛顷刻间失去支柱的房子，意志轰然坍塌了。结果不言自明，儿子后来惨死于乱军之中。拂开蒙蒙的硝烟，父亲拣起那柄断箭老泪纵横，沉重地叹息道："不相信自己的意志，永远也做不成将军。"

（资料来源：李晓颖，黄晓羽．消费心理实务．北京：中国水利水电出版社，2013．）

3. 性格的类型

人们身上所共有的性格特征的独特结合即为性格的类型。在企业的营销活动中，消费者通过他们习惯化的购买行为方式表现出千差万别的性格特点，然而，性格作为在社会实践中形成并随环境变化而变化的个性心理特征，具有极其复杂的特质构成与表征，若单以个别因素加以分类，难以涵盖其全部类型，且消费活动与其他社会活动相比更为复杂多变，因此，对消费者性格类型的界定只能在消费实践中加以研究和划分。本书通过对消费者购买态度、购买情绪、购买方式的观察、分析和判断，按一定原则和标准把性格加以分类，来认识和大体区分消费者的性格类型。

（1）按心理机能的优势分类

英国培因和法国的李波特根据理智、情绪、意志三种心理机能在性格中所占优势的不同，将人的性格划分为理智型、情绪型、意志型、中间型四类。其中，理智型的人处世冷静，通常能理性地评价周围发生的一切，并以理智支配和控制自己的行动；情绪型的人言谈举止易受情绪左右，通常用情绪化的态度评估一切，不能三思而后行；意志型的人行动目标明确，主动、积极、果敢、坚定，有较强的自制力；中间型的人表现出的特征，如理智-意志型，同时带有多种性格类型的特征，生活中大多数人的性格特征是中间型的。

（2）按心理活动的倾向分类

美国心理学家艾克森提出按照个体心理活动的倾向来划分性格类型，并据此把性格分为内向型和外向型两类。内倾型的人沉默寡言、心理内倾、情感深沉、待人接物小心谨慎、性情孤僻、不善交际、适应环境能力差；外倾型的人心理外倾、对外部事物比较关心、活泼开朗、情感容易流露、容易适应环境的变化、待人接物比较随和、不拘小节，但比较轻率。

（3）按个体独立性程度分类

按个体活动独立性的程度，将性格划分为顺从型和独立型两种。其中，顺从型的人倾向于以外在参照物作为信息加工的依据，他们易受环境或附加物的干扰，常不加批评地接受别人的意见，应激能力差；独立型的人不易受外来事物的干扰，习惯于更多地利用内在参照即自己的认识，他们具有独立判断事物、发现问题、解决问题的能力，而且应激能力强。

3.3.2 不同性格类型消费者的行为表现

性格影响着消费者的购买行为，不同性格特点的消费者在消费活动中会形成截然不同的消费行为。从消费者的态度划分，可将其分为保守型、节俭型及随意型三种；从消费者的购买行为方式划分，可将其分为被动型、习惯型、慎重型及挑剔型四种。

（1）保守型消费者的购买行为表现

保守型的消费者态度严谨，生活方式刻板；性格内向，有较强的怀旧心理；习惯于传统的消费方式，对新产品、新观念持怀疑、抵制态度；在选购商品时，该类型的消费者喜欢购买传统的和有过多次使用经验的商品，而不愿冒险尝试新产品。

（2）节俭型消费者的购买行为表现

节俭型消费者在消费观念和态度上崇尚节俭，讲究实用。

（3）随意型消费者的购买行为表现

随意型的消费者的消费态度随意，没有长久、稳定的看法；生活方式自由而无固定的模式；在选购商品方面表现出较大的随意性；且其选择商品的标准也往往多样化，经常根据实际需要和商品种类不同，采取不同的选择标准；同时受外界环境及广告宣传的影响较大。

（4）被动型消费者的购买行为表现

被动型消费者缺乏自信和主见，在选购商品的过程中往往犹豫不决；对商品的品牌及款式等没有固定的偏好；希望得到别人的意见和建议，常处于消极被动状态。

（5）习惯型消费者的购买行为表现

习惯型消费者在购买商品时习惯参照以往的购买和使用经验，受社会时尚、潮流的影响较小，不轻易改变自己的观念和行为。

（6）挑剔型消费者的购买行为表现

挑剔型消费者意志坚定、独立性强、不依赖他人；在选购商品时强调主观意愿、自信果断，很少征询或听从他人的意见；对营业员的解释说明常常持怀疑和戒备心理；观察商品细致深入，有时甚至过于挑剔。

（7）慎重型消费者的购买行为表现

慎重型消费者沉稳、持重，做事冷静，情绪不外露；在选购商品时，常能根据自己的实际需要并参照以往购买经验，进行仔细比较、慎重权衡，然后做出购买决定；在购买过程中，受外界影响小，不易冲动，具有较强自控力。

【营销视野】

性格影响购买倾向

许多消费者常常固定地购买某种品牌的商品，甚至一生中只买这种品牌的商品。习惯购买某一品牌的商品要比在许多个品牌的商品中选择更容易做出购买决策。消费者对某种品牌的商品的执着使得其他品牌的推销商很难赢得这些消费者，这些消费者不易受广告的影响。那么为什么广告会在这些人身上失去效果呢？这事实上跟消费者性格有关。心理学家进行大量研究来

项目 3
消费者的个性心理与行为特征

揭示消费者性格差异表现在购买行为上的不同,主要分为以下几类。

兴奋型消费者——这类消费者在购物过程中情绪变化激烈、面部表情丰富,如果购物时需要等待或者导购人员的言行怠慢,会激起这类顾客烦躁的情绪甚至激烈的反应。他们喜欢购买新颖奇特、标新立异的商品,一旦被商品的某一特点所吸引,往往会果断地做出购买决定,并立即交易,不愿花费太多的时间进行比较和思考,而事后又往往后悔不迭。

活泼型消费者——这类消费者的购买行为表现为对广告、导购人员等外界刺激反应灵敏、接受能力强,对购物环境和周围的人适应能力强,但情绪也容易波动,往往随着环境的改变而转变自己的观点。他们通常表达能力强,表情丰富,善于交际,乐于主动与导购人员进行接触,积极提出问题并寻求帮助。有时,还会征询在场的其他消费者的意见,表现活跃。因此,对这类消费者施加影响比较容易。

抑制型消费者这类消费者在购物过程中情绪变化缓慢,观察商品仔细、认真,而且体验深刻,购买行为拘谨,不愿与人沟通,决策过程较长,既不相信自己的判断,又对导购人员的推荐心存戒备,甚至买后还会疑心自己是否吃亏上当。

总之,在购买活动中,消费者的言谈举止、反应速度、精神状态等都会不同程度地反映出其个性特征。当然,在现实生活中典型类型的人很少,多数人是混合型的。

心理学家们对这项内容的研究,显然对产品的生产厂家很有价值。例如,如果一个广告商知道了喜爱某种品牌洗发水的人与喜欢另一种品牌的洗发水的人的差别,他就可以针对不同特征的人设计不同的广告。如图 3-4 所示为性格影响购买倾向的漫画。

图 3-4 性格影响购买倾向

(资料来源:贺建华. 你不知道的消费心理. 沈阳:万卷出版公司,2014.)

消费心理与行为学

想一想

漫画中的兔先生和兔小姐分别属于什么性格类型消费者？

3.3.3 性格与营销

研究消费者的性格特征及类型，有利于更好地开展营销和服务工作，但由于受周围环境的影响，消费者的性格经常难以按照原有面貌表现出来；并且与气质一样，现实生活中消费者的性格往往也不是单一的，而是中间型或混合型。所以，在观察和判断消费者的性格特征时，应特别注意其稳定性，而不能以其一时的购买行为表现来判断其性格类型。针对不同性格的消费者采取不同的营销策略并为其提供不同的营销服务。

（1）慢性子、急性子、较敏感的消费者

对待慢性子的消费者，营销人员不能因为他们选购商品时间长而沉不住气，更不能急躁，显现出不耐烦的表情；对待急性子的消费者，营销人员对他们没有经过充分思考而匆忙做出的决定应谨慎对待，防止他们因后悔而退货；对待较敏感的消费者，营销人员应根据他们的要求，需要买什么就拿什么，不要过多介绍商品的性能和特点，因为这类消费者对需要购买的商品的性能和特点早已心中有数。

（2）爱说话、沉默寡言的消费者

对待爱说话的消费者，营销人员应掌握分寸，多用纯业务性语言，多讲营销行话；对待沉默寡言的消费者，营销人员要根据其不明显的举动、面部表情和目光注视方向等因素，摸清他们挑选商品的重点是在商品质量上，还是在商品价格上，或是在商品的花色和外观上，用客观的语言来介绍商品。这样，就会使营销人员和消费者很快找到共同语言，促使购买行为尽快实现。

（3）轻信型、多疑型的消费者

对待轻信型的消费者，如果其对商品的性能不太了解、熟悉，营销人员应主动帮助他们出主意，检验和查证商品的质量，不要弄虚作假；对待多疑型的消费者，营销人员应让他们自己去观察和选定商品。

（4）购买行为积极、购买行为消极的消费者

对待购买行为积极的消费者，因其深知自己要买什么，购买意图明确，行为举止和语言表达毫不费力，营销人员应主动和他们配合，促使购买行为迅速实现；而面对购买行为消极的消费者，因其没有明确的购买目标，进店以后能否成交，在很大程度上取决于营销人员的推销，因此需要营销人员积极、主动、热情地接待他们，激发他们购买商品的积极性，从而促使他们实施购买行为。

（5）不爱交际、温厚的消费者

对待不爱交际的消费者，营销人员应注意对他们使用的语言、语气，不能随便开玩笑，否则他们会难以接受；对待温厚的消费者，营销人员应主动向他们介绍商品，为他们选择符合需要的商品。

项目 3
消费者的个性心理与行为特征

【营销视野】

性格在消费心理的表现

女性花钱爱算计。女性中花钱特别仔细的占 12.4%，比较仔细的占 49.8%，花钱不大仔细的占 20.7%，花钱很不仔细的占 2.9%，不一定的占 14.2%。

年龄越大手越紧。40 岁以上的消费者花钱都比较仔细，并且表现为年龄越大越仔细，其中 60 岁以上的消费者近乎特别仔细。相对而言，20~29 岁年龄段的消费者花钱最不仔细。

学历越高，职位越高，花钱越不仔细。一般来说，大专以上学历的人花钱比较大方，而高中文化程度及以下的群体花钱比较仔细。从消费者职业和身份特征上分析，花钱最仔细的要数离休、退休人员，其次依次是农民、军人、企业职工、科教文卫人员。花钱相对不仔细的是私营业主、个体劳动者、企业管理人员、高校学生。

（资料来源：李晓颖，黄晓羽. 消费心理实务. 北京：中国水利水电出版社，2013.）

练一练

4~6 位学生一组，对以下问题进行讨论，并将讨论结果进行汇报。

1．分析每名组员的性格特征，识别其性格特征的依据是什么？
2．如果你是 4S 店的一名汽车销售顾问，你将如何接待不同性格的顾客？

任务 3.4 消费者的能力特征分析

学习目的

学习任务	分析关于消费者能力特征的案例	
要求	1．能通过各种渠道收集关于消费者能力特征的案例 2．能通过对消费者能力特征案例的分析，推断营销成功或失败的原因 3．能根据案例结果的分析，提出个人建议 4．能将消费者能力特征案例分析的结果制作成 PPT，并进行 PPT 演示	
应具备的知识	消费者能力的含义、类型、构成及不同能力特征的消费者的表现等知识	
应具备的能力	收集信息的能力、整理信息的能力、案例分析的能力、制作 PPT 的能力	
质量标准	评价项目	分值（分）
	1．信息真实可靠	20
	2．以事实为依据，高效筛选、分析、整理信息	20
	3．分析案例时要有逻辑，思路清晰	40
	4．PPT 制作完整	20

消费心理与行为学

案例导入

"定制式"服务瞄准的是什么

上海通用汽车制造公司与上海名流汽车销售有限公司联合推出了"定制式"营销模式，一辆车按客户的要求量身定做，先"预定，后制作，再提货"。这一营销模式将个性化服务放在了重要位置，企业充分利用消费者能力来制定营销策略主要从以下几个方面考虑。

首先，将消费者能力作为目标市场的构成要素。如果确定目标市场不考虑消费者能力因素，那么相应的营销模式的基调就是：请从这些比较适合您的产品中选择一款您满意的产品；而目标市场中引入了消费者能力因素后，其营销模式的基调就变为：请把您的要求告诉我，我一定给您提供一款您满意的产品。后者使消费者变被动为主动，为其能力，尤其是创造力的发挥提供了广阔的空间。图3-5为汽车私人订制的漫画。

图3-5　汽车的私人订制

其次，制定产品策略时应充分考虑消费者能力因素。一般情况下，消费者不是设计者或生产者，其设计和制造能力达不到专业水准，像汽车消费者一般没有能力介入操作系统、行驶系统等核心产品的设计，然而车型、颜色、内饰等却完全可以留给消费者做主，售后服务方式也可给消费者足够的选择空间。

最后，促销策略应瞄准消费者的能力特征。对于摩托罗拉的标志及"飞越无限"的广告语，显然理解力差的人就难以领会其深刻的寓意，但与其目标顾客的能力特征及其产品定位是一致的。

（资料来源：李晓霞，刘剑．消费心理学．北京：清华大学出版社，2010．原文经过改写．）

想一想

企业制定该营销策略的依据是什么？并分析其原因。

参考答案

3.4.1 能力的含义及类型

1. 能力的含义

能力是指直接影响消费活动的效率，并使消费活动得以顺利完成的个性心理特征。能力总是同一定的消费活动相联系，并表现在消费活动中。人们进行任何一种消费活动，都需要一定的能力，也只有在消费活动中才能体现一个人的消费能力。有时完成某种复杂的消费活动，需要几种能力的有机结合，当多种能力相结合时我们称之为才能。能力虽是保证消费活动取得成功的基本条件，但并不是唯一的条件，消费活动能否顺利进行并取得成功，还取决于知识、技能、气质、性格、物质条件及人际关系等因素。

2. 能力的类型

人的能力是由多种具体能力构成的有机结构体。有关能力的分类，有多种划分方式。本书主要介绍常见的两种：一是按不同倾向和作用方式划分，能力可分为一般能力和特殊能力；二是按创造力程度划分，能力可分为再造能力和创造能力。

（1）一般能力和特殊能力

一般能力是指完成各种消费活动所必须具备的基本能力。在实践中，消费者无论购买何种商品或进行何种消费活动都必须具备某些基本能力。这些基本能力是消费者实施消费活动的必要条件。一般能力主要有观察力、记忆力、注意力三种。观察力是人通过事物的表面现象认识其本质的能力；记忆力是一个人记住其经历过的事物，并在一定条件下重现或在这个事物重新出现时能确认曾感知过它的能力；注意力是指个人具有对外界一定事物的指向和集中的能力。特殊能力是指消费者购买和使用某些专业性较强的商品应具有的能力，通常表现为以专业知识为基础的消费技能。如对古玩字画、珍贵毛皮、专业器材等商品的购买和使用，这就需要相应的专业知识及鉴赏能力、分辨能力等特殊的消费能力。

【知识链接】

能力水平的等级划分

在心理学的研究中，有人把能力水平的差异分为四个等级：①能力低下，轻者只能进行一些较简单的活动，重者即为残障人士，丧失活动能力，甚至生活不能自理；②能力一般，即有一定的专长，但是只限于完成一般的活动；③有才能，即具有较高水平的某种专长，具有一定的创造力，能较好地完成活动；④天才，即具有高水平的专长，善于在活动中进行创造性思维，取得突出而优异的活动成果，达到常人难以达到的程度和水平。据调查，能力水平在人群中的分布是：能力低下者和天才极少，能力一般者占绝大多数，有才能者较少。

（2）再造能力和创造能力

再造能力是指能够掌握所学的知识，并善于按照所提供的样式进行重复制造活动的能力。即根据别人的指导或积累的经验、知识和技能进行一系列活动的能力，如幼儿咿呀学语的过程。创造能力是指超出现有模式而进行创新的能力，它是智力的最高表现。即根据一定的目的，创造出有社会价值的、新的独特的东西的能力。这两种能力互相联系。

消费心理与行为学

【营销视野】博士落水记

3.4.2 消费能力的基本构成

在市场营销实践活动中,消费者无论购买何种商品或进行何种消费活动,都必须具备某些基本能力,如购买过程中的选择、决策能力、记忆力及想象力等,这些基本能力是消费者进行消费活动的必备条件。而基本能力的强弱,则会直接导致消费行为方式和效果的差异。此外,由于人们面对着不同的环境条件和目标任务,人们会采用不同的方式和手段,以显示其面对现实客观世界的各种能力,也就是说,不同类型的活动所需要的能力结构各不相同,不同的消费者有着不同的购买类型,只有各种能力相结合,共同发挥作用时,才能完成各种类型的购买活动。一般消费者的消费能力由以下几个部分构成。

1. 观察能力

观察能力是指个体对事物进行准确而又迅速地感知的能力,它属于知觉品质的范畴。观察能力比较强的消费者往往一进商店,就能在琳琅满目的商品中迅速找到他们所要购买的商品,或者迅速发现他们感兴趣的商品;而观察力差的人却不能。在购买活动中,两个人具有同样购买目的,先后到同一家商场进行购物,前者容易买到可心的商品,后者则不容易买到可心的商品。

2. 感知辨别能力

感知辨别能力是指消费者识别、辨认商品的能力。消费者在生理机能、心理机能和生活环境等方面的不同及其所具有的购买经验和掌握商品知识方面的差异,导致他们对商品的感知辨别能力存在较大的差异。如果消费者的知识渊博,购买经验丰富,那么其感知辨别能力就比较强,特别是对于一些特殊用途商品的购买。消费者识别能力的差别,可以体现在识别方法上。一些重传统经验的消费者的识别方法比较单调,他们习惯用手摸、嘴尝、耳听;而受教育水平较高、接受新事物较快的消费者的识别方法比较灵活、科学,他们不仅靠自己的感官感知商品,而且会利用各种形式收集相关商品的信息,鉴别商品的性能和质量,如阅读商品说明书或商品质量、性能鉴定书,注意商品生产日期或有效日期等。

3. 分析评价能力

分析评价能力是指消费者依据一定的科学标准,分析判断商品性能、质量、价值等方面优劣的能力。分析评价能力主要反映在对商品信息的收集能力、对商品信息来源的分析评价能力、对购物场所的评价能力、对商品本质特点的认识和评价能力等,甚至对他人消费行为的评价能力也包括在内。其能力的高低主要受其消费知识、经验、审美观、价值观和思维方式等方面的综合影响。

4. 决策能力

决策能力是指消费者在对商品进行分析评价的基础上,在多种备选方案中果断做出最优抉择的能力。决策能力主要反映在消费者在选择商品时能否正确地做出决策,购买到让自己满意的商品。消费者运用观察能力、感知辨别能力、分析评价能力和鉴赏能力等对商品进行综合分析后,便进入了购买决策阶段。其能力的高低直接受其自信心、性格、气质及对商品的认知程度、购买习惯和消费经验等因素的影响。图3-6是一幅消费者的消费能力的漫画。

5. 消费维权能力

消费维权能力是指消费者运用法律保障自己合法消费权益的能力。它直接受消费者对相关法律知识掌握的程度、维权意识的强弱及自身性格等方面的影响。消费者保护自己消费利益的能力,是消费者能力中很重要的一种能力,需要消费者不断增强。在各种侵犯消费者的问题即将或已经发生的时候,消费者能够设法维护自己的合法权益。

图3-6 消费者的消费能力

(资料来源:汪建根. 中国文化报. http://www.comicyu.com/html2012/139/2013/104385_2.html.)

? 想一想

你的消费能力如何?平时具体的行为表现是什么?

3.4.3 不同消费能力的消费者的行为表现

1. 感知辨别能力强的消费者的行为表现

在消费实践活动中,感知辨别能力强的消费者,能够迅速地注意到自己所需商品的相关信息,在琳琅满目的商品中可以很快找到自己感兴趣和需要购买的商品,并且对商品观察仔细。

此外，他们还善于了解和熟知某种商品的外观、商标型号、包装等外部标志和特征，能够根据自己掌握的专业知识和实践经验来识别这种商品。

2．分析评价能力强的消费者的行为表现

在购买某种商品时，分析评价能力强的消费者，善于清醒地回忆起曾经购买、使用过的同类商品的优点和缺点，相互进行比较、鉴别，并根据自己的审美观点和情趣来发现商品美的价值，以此来指导自己的购买行为。

3．决策能力强的消费者的行为表现

决策能力是指消费者经过一定的观察、识别以后，做出购买决策的能力。消费者的决策力受多种因素的制约和影响，一个决策能力强的消费者在对商品进行观察和识别后，通过比较，常常会运用其良好的意志品质，迅速、果断地做出是否购买的决定。

4．使用能力强的消费者的行为表现

使用能力是指消费者正确使用和简单维修商品的能力。一个消费者如果对商品缺乏必要的使用能力，就很难真正享受现代社会所提供的种种方便。在现实社会中，相当多的消费者只会使用其所拥有商品的功能的一部分，尤其是一些高档且复杂的商品，这样既影响了消费水平的提高，也给消费者带来了生活上的不便和烦恼，影响其生活质量。

5．鉴赏力强的消费者的行为表现

鉴赏力是指消费者对商品评价和审美的能力。鉴赏力是一种较高的能力，它建立在后天学习和自我修养的基础上。一个人审美和鉴赏能力的强弱将直接影响其生活质量的高低。审美和鉴赏能力强的消费者善于从美学角度出发，发现商品美的价值，并根据自己的审美观点和情趣选择所需商品来美化自己周围的环境。

6．记忆力强的消费者的行为表现

记忆力是指消费者在头脑中保持商品印象的能力。在购买某种商品时，记忆力强的消费者善于清醒地回忆起曾经购买、使用过的同类商品的优缺点，并将其与现实商品进行比较和鉴别，以此来指导自己的购买行为。

3.4.4 能力与营销

消费者的消费能力通过消费实践表现出来，而消费实践活动又制约和决定着消费能力发展的性质与水平。在实际购买活动中，消费者能力的强弱除以自身素质为基础外，还受许多其他因素的影响。如销售者如何向消费者传递商品信息、讲解商品知识、示范使用操作技术及保养维修方法等，也决定了消费者的消费能力。

在消费活动中，消费者购买行为的多样性或差异性，也会在购买活动中表现出来，这为企业搞好营销、引导消费提供了依据。但值得注意的是，企业的营销人员应讲究职业道德，切不可有意利用顾客的能力弱点去推销伪劣商品，欺诈顾客。此外，企业营销人员的营销能力与服务效果有着密切的联系，所以企业营销人员也要通过实践和加强理论学习，来不断提高自己的营销能力。

项目 3
消费者的个性心理与行为特征

【营销视野】

营销人员应具备的能力

营销经理人崔自三先生认为,以下五种能力可打造出营销高手。

① 适应能力。从企业的内部环境来说,营销人员首先要能够适应公司,适应公司的企业文化、运营理念、营销方针、人文环境等。从企业的外部环境来讲,营销人员还应能适应市场的需要、经销商的发展需求、当地的风土人情等。营销人员只有适应了营销职业、营销生活、企业的内外部环境,才能更好地给自己准确定位,找到适合自己发展的方向。

② 学习能力。营销人员要更快地成长,就必须具备学习的能力。包括学习国家的方针政策、相关的经济法规、国家的宏观经济政策、微观经济政策,从"战略"方面武装自己。更要学习经营管理学、营销学、心理学、公关学等方面的知识,完善自己的知识结构,达到从专才、通才到复合型人才的转变。

③ 领悟能力。任何一个具有一定市场营销实战经验的人,都知道"悟性"的重要性。优秀的营销人员能够发现机会、分析问题,从而利用机会,为销量"锦上添花";或是把问题变成提升销量的机会。有的营销人员面对问题不知所措,让机会从身边白白溜走。

④ 应变能力。时代和市场永远在变,营销人员的思路和方法必须跟着变。

⑤ 创新能力。市场形势千变万化,而营销模式却日趋雷同,营销人员要想在市场上立于不败之地,就必须具有创新能力。

(资料来源:于惠川. 消费者心理与行为. 北京:清华大学出版社,2012.)

练一练

4~6位学生一组,对以下问题进行讨论,并将讨论结果进行汇报。
1. 分析每名组员的消费能力,描述其消费能力的行为表现。
2. 如果你是一名房地产公司的销售顾问,你将如何接待不同消费能力的消费者?

任务 3.5 消费者的兴趣特征分析

学习目的

学习任务	分析关于消费者兴趣特征的案例
要 求	1. 能通过各种渠道收集关于消费者兴趣特征的案例 2. 能通过对消费者兴趣特征案例的分析,推断营销成功或失败的原因 3. 能根据案例结果的分析,提出个人建议 4. 能将消费者兴趣特征案例分析的结果制作成 PPT,并进行 PPT 演示

消费心理与行为学

续表

学习任务	分析关于消费者兴趣特征的案例	
应具备的知识	消费者兴趣的含义、特征、类型及不同兴趣特征消费者的表现等知识	
应具备的能力	收集信息的能力、整理信息的能力、案例分析的能力、制作PPT的能力	
质量标准	评价项目	分值（分）
	1. 信息真实可靠	20
	2. 以事实为依据，高效筛选、分析、整理信息	20
	3. 分析案例时要有逻辑，思路清晰	40
	4. PPT制作完整	20

案例导入

"珍珠大王"的"礼物"

世界闻名的"珍珠大王"御木本吉，在营销上有他自己的一套。他身穿"羽织田"（日本传统长裙），头戴高帽，手中握着手杖，出现在消费者面前。

在几个载满珠贝的箱子上，他用手杖指指点点、敲敲打打地对客人说："哈！请大家动手将它剖开吧，挖到的珍珠就算是我与各位初次见面的礼物，不成敬意。"

说着，就叫人将剖珠刀分给客人。

客人非常高兴，争先恐后地抢着剖挖。挖到珍珠的那一刻，真是欢声雷动。

如此这样，就创造了无数的"御木珍珠"的信徒。继而"御木珍珠"也就名扬海外了。

（资料来源：李晓颖，黄晓羽. 消费心理实务. 北京：中国水利水电出版社，2013. 原文经过改写。）

想一想

结合本节知识，分析案例中的成功之处，并思考其成功背后的原因和启示。

参考答案

3.5.1 兴趣的含义、特征及类型

1. 兴趣的含义

兴趣是指人们力求探究某种事物或从事某种活动时的心理倾向。它表现为个体对某种事物或某项活动的选择态度和积极的情绪反应。兴趣在人们的学习、工作等一切活动中起着促进作用，它是人们认识事物和进行活动的巨大动力，是推动人们寻求知识和进行活动的心理因素；同时它也是引起和保持注意的重要因素，人们对感兴趣的事物，总是愉快地去探究它。兴趣可使人集中注意力，产生愉快、紧张的情绪，对认知过程产生积极的影响。

2. 兴趣的特征

兴趣具有比较明显的特征，一般而言主要有广泛性、倾向性、效能性、差异性及稳定性，但除了这五种显著特征外，消费者兴趣还表现出一定的关联性和偶然性。关联性是指消费者对有需求的事物更为关注，更容易产生兴趣；偶然性是指消费者不是基于迫切需求，而是在特殊环境或特殊氛围下实施的购买行为。

项目 3
消费者的个性心理与行为特征

（1）兴趣的倾向性

兴趣的倾向性是指消费者的兴趣所指向的客观事物的具体内容和对象。例如，在对车的偏好上，有些消费者喜欢动力性能强、大型的吉普车；而有些消费者则关注车的内饰及性价比等。再如，在购买活动中，消费者总是对某一牌号或某一类型的商品感兴趣。兴趣倾向性与人的生活实践和所受的教育有关，并且受社会历史条件所制约。

（2）兴趣的效能性

兴趣的效能性是指消费者的兴趣对其行动的推动作用，即个体兴趣推动活动的力量。根据个体兴趣的效能水平，我们一般把兴趣分为有效的兴趣和无效的兴趣。有效的兴趣能够成为推动工作和学习的动力，把工作和学习引向深入，促进个体能力和性格的发展；无效的兴趣无法产生实际效果。

（3）兴趣的差异性

兴趣的差异性是指消费者的兴趣因人而异，差别极大。兴趣的中心、广度和稳定性与消费者的年龄、性别、职业和文化水平有着直接的联系，影响着消费者行为的倾向性与积极性。有的人兴趣范围广泛，而有的人对什么事情都提不起兴趣。有的人对某种事物的兴趣相当稳定，甚至着迷；有的人则很难有一个稳定的兴趣对象。这些都很好地体现了兴趣的差异性。

（4）兴趣的迁移性

兴趣的迁移性是指个体兴趣的稳定程度。在人的一生中兴趣必然会变化、迁移，但在一定时期内，保持基本兴趣的稳定性，则是个体拥有良好心理品质的表现。根据兴趣持续时间的长短，兴趣可分为短暂兴趣和稳定兴趣。人有了稳定的兴趣，才能把工作持续地进行下去，从而把工作做好，取得创造性的成就。

3. 兴趣的分类

一个人的兴趣多种多样，按照不同的标准可以对兴趣进行不同类型的划分。根据兴趣的内容，可以把兴趣分为物质兴趣和精神兴趣；根据兴趣的来源，又可以将兴趣分为直接兴趣和间接兴趣。

（1）物质兴趣和精神兴趣

兴趣是以需求为基础的，需求包括物质需求和精神需求，在物质需求和精神需求的基础上形成了人的物质兴趣和精神兴趣。其中，物质兴趣表现为对食物、衣服和舒适的生活环境和生活条件等的追求，对个人的物质兴趣必须加以正确的引导和适当的控制。精神兴趣主要指认识的兴趣，如对学习和研究文学、艺术等的兴趣。

（2）直接兴趣和间接兴趣

直接兴趣是对活动过程本身的兴趣，例如，对逛街的兴趣，对学习知识的兴趣。间接兴趣是指对活动结果的兴趣，例如，对逛街购买商品产生的兴趣，由学习知识进而获得对职业技能的兴趣。在实践过程中，直接兴趣和间接兴趣都是不可缺少的。如果没有直接兴趣的支持，活动将变得枯燥无味；如果没有间接兴趣的支持，活动也不可能长久地持续下去。只有直接兴趣和间接兴趣相结合、共同发挥作用，才能充分发挥一个人的积极性。

4. 消费者的兴趣类型

消费者的兴趣是指人们对某种商品的情绪倾向，是消费者对于客观事物特殊的认识倾向。这种特殊的认识倾向在认识过程中带有稳定的指向、趋向、偏好，并且持续时间较长。消费者的兴趣可分为以下几种类型。

（1）品牌型

这类消费者看重商品的品牌，特别是名牌，因为名牌不仅代表较高的商品质量，而且代表商品拥有者的身份和地位。这类消费者走进商场，认准品牌，买了就走，很少左顾右盼挑选其他品牌的商品。追求时尚的年轻人多属于这一类型。

（2）质量型

质量型消费者在选择商品时注重的是商品的质量，要求商品经久耐用、质量第一，他们不太重视商品的外包装、色彩、样式。这类消费者往往为中老年人。

（3）时髦型

时髦型消费者对于社会上流行或时新的商品感兴趣，特别是在服装和化妆品等方面表现得尤为突出。女性消费者在这一类型中占大多数。

（4）色彩型

色彩型消费者的兴趣表现为对某种色彩的商品的偏好，商品及其包装的色彩对这类消费者有很大的影响，如少年儿童。

（5）综合型

综合型消费者在购买商品时，往往不是对商品的单一方面感兴趣，而是在多方面权衡后才会做出购买决定。这类消费者往往属于理智型顾客。

想一想

你的消费兴趣类型是什么？什么样的商品、包装、促销方式等最容易引起你的兴趣？

3.5.2 兴趣对消费者行为表现的影响

通常消费者对某种事物产生兴趣时，总会表现出愉悦、高兴等情绪。兴趣是促使人们实施某种行为的动力之一，实践表明，兴趣与认知、情感相联系。对事物没有认知就不会产生兴趣，兴趣产生的过程也会伴随这样或那样的情感，并且对事物的认知越深刻、感情越强烈，兴趣也越深厚。所以，兴趣不仅能反映人的心理特点，还会对主体的行为产生重要影响。具体表现为以下几个方面。

1. 影响消费者的购买活动

兴趣对消费者的购买活动产生影响，兴趣与注意密切相关。凡是人们感兴趣的事物，必然会引起对它的注意，并容易对其产生深刻印象。消费者如果对某种商品产生兴趣，往往会在其生活中主动地收集这种商品的相关信息，积累相关的知识，有计划地储蓄资金，进而为未来的购买活动做准备。

2. 缩短消费者的购买过程

兴趣能使消费者缩短购买过程，促使其尽快做出购买决定并实施购买行为。消费者在选购某种自己感兴趣的商品时，一般总是心情愉快、精神集中，以积极认真的态度去进行的。而且在购买前，消费者对该商品已经有了相当的了解，从而会缩短对该商品的认识过程，在兴趣倾向性的支配下，做出购买决策，完成购买活动。

3. 刺激消费者对商品的重复购买或长期使用

兴趣可以刺激消费者对某种商品重复购买或长期使用。消费者由于兴趣使然会形成对某种商品的偏好，养成某种习惯，从而促使他们在生活中长期使用某种商品，形成重复性、长期性的购买行为。

在消费实践活动中，有的消费者受情感的影响，对商品的喜爱常受某些外在因素的影响，但一般这种兴趣来得快去得也快，容易发生转换；有的消费者受意志支配，对某些符合其目的的商品有极大的偏好，形成较浓厚的兴趣，这种兴趣往往能持久地影响其购买行为。可见，消费者兴趣的倾向性不同，兴趣的范围与深度就不同，消费者对商品的造型、式样、颜色、用途、性价比等方面的爱好和追求也会有所不同。

3.5.3 兴趣与营销

消费者的兴趣既能让消费者快速做出购买决策，促成购买行为，又能刺激其重复购买或长期使用某种商品。因此，利用消费者的兴趣进行营销，其作用不言而喻。兴趣营销就是企业在营销过程中围绕消费者的精神需求与物质需求，寻求消费者的兴趣所在，企业通过采取针对性措施激发消费者的兴趣而进行的活动。营销的过程具体可分为吸引客户注意力和促成交易两个环节，前者是把客户吸引到企业指定的场所，后者是通过营销策略使客户完成交易。

【营销视野】营销要抓住消费者的兴趣点

在企业经营活动中，企业营销人员应善于察觉消费者对客体特殊的认知倾向，包括他们对企业经营活动中哪些事物产生兴趣或不感兴趣，揣摩消费者的心理，提高企业营销水平。营销人员若要通过广告宣传激发消费者的兴趣，就得考虑广大消费者的实际情况，对消费者进行性别、年龄、文化程度、职业等方面的细分，研究特定群体的需求，最大限度地满足特定群体的消费需求。此外，由于兴趣存在着积极和消极两种倾向，研究消费者的兴趣，还有利于企业在商业服务工作中鼓励与引导消费者的积极兴趣，改造消费者的消极兴趣，从而营造良好的社会消费风气。

练一练

4~6位学生一组，对以下问题进行讨论，并将讨论结果进行汇报。

1．分析每名组员的消费兴趣，其消费的兴趣点是什么？
2．如果你是一名商场形象设计兼导购师，你如何迅速发现顾客的兴趣点并促成销售？

项目总结

1. 消费者个性是指消费者在社会实践中形成的相对稳定的心理特征的总和。消费者的个性具有整体性、稳定性、独特性、可塑性和社会性。

2. 气质是与生俱来的,是由人的生理素质或身体特点反映出的人格特征。气质具有先天性、差异性、稳定性和可塑性。气质分为胆汁质、多血质、黏液质和抑郁质四种类型,每种气质类型都有各自的特征。

3. 性格是客观环境的作用和主体自我教育要求相结合的产物,性格的特征包括态度特征、认知特征、情感特征、意志特征四个方面。性格影响着消费者的购买行为,不同性格特点的消费者在消费活动中会形成截然不同的消费行为。

4. 能力是指直接影响消费活动的效率,并使消费活动得以顺利完成的个性心理特征。一般消费者的消费能力由观察能力、感知辨别能力、分析评价能力、决策能力及消费维权能力五个部分构成。

5. 兴趣是指人们力求探究某种事物或从事某种活动时的心理倾向,兴趣具有广泛性、倾向性、效能性、差异性、稳定性。

6. 消费者的个性、气质、性格、能力及兴趣影响消费者的购买决策和行为,一方面既能让消费者快速做出购买决策,实施购买行为,另一方面也会刺激消费者重复购买或长期使用某种商品。因此,在营销过程中需准确分析消费者的个性、气质、性格、能力及兴趣特征,进而促使其消费。

项目实训

【知识挑战训练】

一、单项选择题

1. 人的气质、性格、能力、兴趣等构成其( )。
   A. 个性心理特征　　　　　　　　B. 心理活动过程
   C. 性格特点　　　　　　　　　　D. 兴趣爱好
2. 消费者个性心理特征的差异主要表现在( )。
   A. 心理活动　　　　　　　　　　B. 组织能力
   C. 购买行为　　　　　　　　　　D. 分析能力
3. 决定人的气质的主要因素是( )。
   A. 职业因素　　　　　　　　　　B. 性别因素
   C. 先天因素　　　　　　　　　　D. 社会因素
4. 个性心理特征的核心是( )。
   A. 气质　　　　　　　　　　　　B. 性格
   C. 能力　　　　　　　　　　　　D. 兴趣

项目 3
消费者的个性心理与行为特征

5. 性格对气质具有重要的（　　）作用，它可以在一定程度上掩盖或改造气质，使气质的消极因素受到抑制、积极因素得到发挥。
   - A．改变
   - B．调控
   - C．参与
   - D．操纵

二、多项选择题

1. 消费者能力的可划分为哪几种类型（　　）。
   - A．一般能力
   - B．再造能力
   - C．特殊能力
   - D．创造能力
2. 气质是指个体心理活动的（　　）动力特征。
   - A．典型的
   - B．稳定的
   - C．特殊的
   - D．变化的
3. 兴趣的特征主要有（　　）。
   - A．倾向性
   - B．效能型
   - C．差异性
   - D．广泛性
4. 下面不属于胆汁质型消费者的特征有（　　）。
   - A．不愿意反复选择比较，快速地甚至是草率地做出购买决定
   - B．注意力容易转移，兴趣忽高忽低，行为易受感情的影响
   - C．挑选商品比较认真、冷静、慎重，善于控制自己的感情
   - D．优柔寡断，显得千思万虑，从不仓促地做出决定
5. 气质的类型有（　　）。
   - A．胆汁质
   - B．黏液质
   - C．抑郁质
   - D．多血质

三、简答题

1. 消费者的个性特征有哪些？
2. 简述四种气质类型的典型特征及相应消费者的行为表现。
3. 何谓消费能力？其类型划分如何？
4. 简述性格与营销的关系。
5. 简述兴趣与营销的关系。

四、案例选择题

精于购物的王小姐

王小姐是一位在读的女大学生，以下是她对自己一次购物经历的描述。

我周六早上八点出发，带着愉悦的心情，要在早晨人较少的时机让店老板做开门生意，以优惠的价格买到自己满意的衣服。

到了商店后，销售人员热情的服务态度实在让我不忍拒绝。但是，我还是不时地提醒自己，不要被他们的热情服务和销售手段所迷惑。

突然我的目光锁定在一件白色新款毛衣上，我便走了过去。销售人员马上过来："这件毛衣是新款式，你穿了一定好看。"确实，我也这么觉得，但为了防止销售人员识破我的心理，我还是假装满不在乎的样子。销售人员马上接着说："不信你可以试穿一下，保你喜欢。"

我说不用，我知道自己要穿的号码，紧接着又问了价钱。销售人员开价说 200 元，还说我想要的话优惠到 150 元。为了先试探一下行情，给自己心里打个底，我便说先到别处看看，等会儿过来买。

继续逛下去，当我在其他商店看到同样的一件衣服时，便以同样的方法进入价格讨论阶段。最后我要求销售人员以 100 元的价格卖给我，并坚持不让步，当销售人员也坚持不让步时，我便假装要走，心里想着销售人员一定会再叫我回来。如果他真的不叫我回头，说明那件衣服确实不止我说的那个价，那我打算按 110 元买下。

果然不出我所料，我还没走几步，销售人员便追了出来："算了，卖给你好了，你这个美女真会买东西。这件衣服真的是亏本卖给你的啊，早上刚开张，做开门生意啦。以后可要常来哦！"于是我便以低价买下了心仪的毛衣。

【问题】

1. 根据王小姐的消费行为，分析其气质属于（　　）
   A．胆汁质　　　　　　　　B．多血质
   C．黏液质　　　　　　　　D．抑郁质
2. 根据王小姐的消费行为，分析其性格特征属于（　　）
   A．保守型　　　　　　　　B．节俭型
   C．随意型　　　　　　　　D．习惯型
   E．慎重型　　　　　　　　F．挑剔型
3. 根据王小姐的消费行为，评价其消费能力属于（　　）
   A．很弱　　　　　　　　　B．弱
   C．一般　　　　　　　　　D．强

五、案例分析题

【案例】

全聚德前门老店的服务特色

北京前门全聚德烤鸭店是中国北京全聚德烤鸭集团的起源店，创建于 1864 年，以经营传统的挂炉烤鸭闻名海内外，是京城著名的老字号。1993 年，全聚德成立股份公司，前门店为公司直营店，当年的营业收入是 4000 万元，截至 2001 年 12 月 16 日，前门店的年营业额已达 9000 万元。企业用了 8 年时间，在硬件没有太多变化的情况下，营业收入翻了一番。对于新兴产业来说这算不了什么，但是对于一个受诸多限制的公有制餐饮企业来说，这是一个巨大的进步。究其经验，全聚德针对不同个性心理特征的消费者，采取有主动性的和针对性的特色服务当列为成功的重要法宝。

1．全聚德的主动性服务

主动性服务是指促使顾客在餐厅消费时提高消费额。该店经理沈放认为，在餐厅不能扩大营业面积，对外不能增加店面的情况下，提高顾客的消费额是增加营业收入的有效方式，而实现这个目标的手段只能是推销，服务员是推销的具体实施者。在管理上，沈放将"主动性服务"

项目 3
消费者的个性心理与行为特征

作为对服务员的一个考核标准。

在业务培训上,要求服务员熟悉全聚德的菜品和文化,能够熟练地向顾客介绍每道菜的特色、原料构成及菜品背后的故事。

定期让厨师给服务员介绍菜品,详细到每道工序的制作过程,成品口味等。

提高服务员的外语水平,常年聘请外语教师对服务员进行外语培训。沈放强调说,"主动性服务"并不是要求服务员一味地向顾客推销高价位的菜品,而是根据顾客的特点进行有礼貌的、适当的推销,其中服务员揣摩消费者心理的能力就变得非常重要,不能不顾顾客的实际情况进行硬性推销。"主动性服务"实施以后,大大提高了餐厅的销售额,服务员的服务由被动到主动,练就了其判断顾客消费水准和揣摩顾客心理的能力。

2. 全聚德的针对性服务

对不同类型的顾客采取不同类型的服务策略,前门店按照顾客的四种不同的气质类型总结了不同的服务对策。

① 多血质——活泼型。这一类型的顾客一般表现为活泼好动、反应迅速、善于交际,但兴趣易变。他们常常主动与餐厅服务员攀谈,并很快与之熟悉,或交上朋友;他们在点菜时,往往过于匆忙,过后可能因改变主意而退菜;他们喜欢尝新鲜,但又很快厌倦;他们想象力丰富,受菜名、菜肴的造型、器皿及就餐环境影响较大,但有时注意力不集中,表情外露。

服务对策:服务员在可能的情况下,要主动地同这一类型的消费者交谈,但不要有过多重复,否则他们会不耐烦;要多向他们提供新菜信息,但要让他们进行主动选择,遇到他们要求退菜时应尽量满足其要求。

② 黏液质——安静型。这一类型的顾客一般表现为安静、稳定、克制力强、沉默寡言。他们不够灵活,不善于转移注意力,喜欢清静熟悉的就餐环境,不易受服务员现场促销的影响,对各类菜肴喜欢细心比较,缓慢决定。

服务对策:领位服务时,应尽量安排他们坐在较为僻静的地方;在进行点菜服务时,尽量向他们提供一些熟悉的菜肴,还要顺其心意,不要过早地提供自己的建议,给他们足够的时间选择,不要过多催促,不要同他们进行过多的交谈,或表现出过多热情,要把握好服务的态度。

③ 胆汁质——兴奋型。这一类型的顾客一般表现为热情、开朗、直率、精力旺盛、容易冲动、性情急躁,具有很强的外向性。他们点菜迅速,很少过多考虑,容易接受服务员的意见,喜欢品尝新菜;但较粗心,容易丢失所带物品。

服务对策:在进行点菜服务时,尽量推荐新菜,要主动进行现场推销,但不要与他们争执,万一出现矛盾,应避其锋芒;上菜或结账时,尽量迅速,就餐后提醒他们不要遗忘所带物品。

④ 抑郁质——敏感型。这一类型的顾客一般沉默寡言,不善交际。他们对新环境、新事物难以适应;缺乏活力,情绪不够稳定;遇事敏感多疑,言行谨小慎微;内心复杂,较少外露。

服务对策:领位时尽量安排僻静处,如果临时需要调整座位,一定要讲清原因,以免引起他们的猜测和不满;服务时要尊重他们,服务语言要清楚明了,与他们谈话要恰到好处,在他们需要服务时,要热情相待。

分析讨论：

（1）分析自己的个性特征与案例中陈述的哪一种气质类型比较接近？假如你是全聚德前门老店的顾客，他们的服务对策是否符合你的心意？

（2）试分析全聚德的服务对策是如何影响消费者的心理的，推断消费者是否会产生期望中的消费行为？

技能实训

技能实训 3.1　认识消费气质、性格、能力

1. 实训目的

通过本次实训，使学生能根据消费者不同的气质、性格、能力的类型特征，识别特定消费者主要的气质、性格、能力类型；能通过消费者的言行举止辨识其气质、性格、能力和兴趣，并提出有针对性的服务对策建议。

2. 实训内容

选择本市一家商场进行现场观察，注意不同顾客购买产品时的不同特点，以此推测他们在兴趣、气质、性格、能力等方面的差异，并提出有针对性的服务对策。

3. 实训材料

相关图书、教辅、计算机、纸张、笔、投影仪等。

4. 实训步骤

① 全班学生自由分组，每组 6～8 人。
② 各组分别进行集体讨论，明确组内分工。
③ 按照分工进行资料收集、整理、讨论并记录讨论结果。
④ 整理观察记录，形成报告。
⑤ 各组将资料制作成 PPT，选一名代表展示工作成果。

5. 成果与检验

认识消费气质、性格、能力的效果评价参考表，见表 3-1。

表 3-1　认识消费气质、性格、能力的效果评价参考表

序号	评价内容		分值（分）	实际得分（分）
1	实际操作	明确记录具体的购物时间、地点、对象	20	
		购买过程翔实，购买行为、对话记录详细	30	
2	分析报告	能够对记录的内容进行恰当的整理与分析，形成分析报告	20	
		制作 PPT，图文并茂，内容翔实	10	
		汇报大方从容，内容全面	20	
	合计		100	

评价说明如下。

① 每组学生的成绩由两部分组成：实际操作（50%）和分析报告（50%）。
② 实际操作主要考查学生观察的过程以及收集资料、整理资料的能力。
③ 分析报告主要考查学生根据信息资料分析得出的结论与建议的合理性，并将分析报告制作成 PPT 的能力。

项目 4

消费需求与购买动机

营销名言

在购买时，你可以用任何语言；但在销售时，你必须使用购买者的语言。

——玛格丽特·斯佩林斯

学习目标

专业能力目标

➢ 熟悉消费需求的分类及特征。
➢ 正确理解马斯洛需要层次理论。
➢ 了解消费者购买动机的作用。
➢ 掌握各种类型消费者购买动机的特征。

方法能力目标

➢ 能识别和分析特定消费者的需要和动机，以便提出有针对性的解决方案。

社会能力目标

➢ 培养学生的洞察力，提高其语言沟通能力。

消费心理与行为学

感受营销

视频（认知消费心理）

（资料来源：https://www.icve.com.cn/.）

项目实施

任务4.1 识别消费者的需求

学习目的

学习任务	准确识别消费者的需求	
要 求	1. 能对消费者的需求进行充分的调查和分析 2. 能准确地识别消费者的需求 3. 能将消费者的需求分析结果制作成PPT，并进行PPT演示	
应具备的知识	消费者需求的概念、特征、作用、分类及马斯洛需要层次理论等知识	
应具备的能力	收集信息的能力、从众多信息中准确抽取所需信息的能力、准确识别消费者需求的能力、制作PPT的能力	
质量标准	评价项目	分值（分）
	1. 信息真实	20
	2. 以事实为依据，高效筛选、分析、整理信息	20
	3. 准确识别消费者的需求	40
	4. PPT制作完整	20

案例导入

把冰箱"推销"给因纽特人

高宏2004年听一个经常旅游的客户说因纽特人储存食品很简单，他们随手将食品扔到地上，食用的时候用热水解冻，那里应该有冰箱，不是用来冷冻食品而是用来给食品保温。高宏听来不错，便带了两台冰箱去了北极，准备将两台冰箱赠送给因纽特人。在赠送活动中教会因纽特人使用冰箱，一起体会冷藏食品的兴奋。随后高宏继续考察发现北极是有冰箱的，但由于当地电压不稳定，冰箱都坏了，并且没有人会修理冰箱。高宏随后带上修理工和60台配了温控器和稳压器的冰箱及部分零部件再次来到了北极。在销售中，高宏把冰箱的使用方法拍成DV，

项目 4
消费需求与购买动机

并向顾客赠送中国的特色调味料,教会因纽特人使用冰箱融水清洗食物,用冰箱暖手避免皮肤开裂,并向因纽特人传授特色的中国厨艺……随后高宏将冰箱卖给当地的旅馆,并在当地开了几家冰箱修理公司,解决了因纽特人使用冰箱的后顾之忧。最终中国小伙成了百万富翁。高宏能把冰箱卖到北极去,并使冰箱融入因纽特人的生活中,这一切用了不到两年的时间。如图 4-1 所示为把冰箱"推销"给因纽特人的漫画。

图 4-1 把冰箱"推销"给因纽特人

(资料来源:徐盈群. 消费心理与行为分析. 大连:东北财经大学出版社,2015. 原文经过改写。)

想一想

请结合本节知识分析高宏成功原因。

参考答案

任务实施

4.1.1 消费需求的概念、特征与作用

1. 消费需求的概念

需求本意是人的某种需要或者欲望,不同学科对于需求有着不同的定义。例如,在经济学中,需求是指人们在某一特定的时期内,在各种可能的价格下愿意并且能够购买某个具体商品的数量。在心理学中,需求是指人体内部一种不平衡的状态,是对维持生命发展所必需的客观条件的反映。因此,我们可以将消费需求定义为:人们为了满足生理或心理体验的需要,而对物质产品或服务具有货币支付能力的要求和欲望的总和,其可以用一个公式来表示:消费需求=人+购买欲望+购买能力。

在营销学中,需求不同于需要。当我们谈到消费者的需要时,更多的是指消费者的心理活

动，这种心理活动会推动消费者去实现自己的消费行为，满足自己的需要。但这仅局限于心理范畴，消费者能否实现自己的消费行为，还取决于各种内部因素和外部因素的共同作用，尤其是在外部因素中，是否具备满足消费者需要的条件。例如，是否存在这样的商品，是否能在购物场所买到这种商品，消费者是否具备相应的购买力等。而消费者的需求，一般是从经济学的角度来讲的，即假定市场上已经出现该商品，或厂商已经注意到消费者的这种需要正准备去满足它，消费者一般也具备足够的购买力，或厂商已经注意到消费者的购买力等。在这样的条件下，消费者购买这种商品的迫切性、商品的价格、消费者购买力等决定该商品需要的总量和结构，这时我们更多地以需求这个词来表达。

【营销视野】资生堂满足"岁月"需求

2. 消费需求的特性

消费者的需求具有多样性和差异性、层次性和发展性、伸缩性和周期性、关联性和可诱导性、习惯性和从众性等特征。

（1）多样性和差异性

多样性和差异性是消费需求最基本的特性，它既表现在同一消费者多元化的需求上，也体现在不同消费者之间需求的差异上。就同一消费者而言，不仅有生理的、物质的需求，还有精神上的需求；不仅要满足衣、食、住、行等方面的基本要求，也希望娱乐、审美、文化修养、社会交往等高层次需求得到满足。对某一特定消费对象而言，这些需求常常需要同时兼顾。例如，很多人购买名牌产品的原因通常包括质量可靠、外形美观、时尚及售后服务有保障，表明了消费者对所购买商品具有质量、外观设计和服务等方面的多样化需求。同时，对不同消费者而言，由于在年龄、性别、民族、宗教、生活方式、文化水平、经济条件和所处社会环境等主观、客观条件的千差万别，使之形成多种多样的消费需求。而每个消费者都按照自身的需求选择、购买和评价商品。例如，有人以经济实用作为选择标准，有人以审美流行作为选择标准，从而鲜明地显示出不同消费者之间消费需求的差异性。

（2）层次性和发展性

在不同的时代、经济条件和文化背景下，消费者的需求通常会表现出由低到高的层次顺序。例如，人们在消费行为中往往先满足低层次的需求，在低层次需求满足的基础上，再追求高层次需求的满足。但在特殊情况下，消费者也可能跨越低层次需求，先去满足高层次需求，在高层次需求被满足之后，转而寻求低层次需求的满足。

消费者的需求还会随着社会经济的发展、生活水平的提高及技术进步等环境的变化而不断地发展变化。现代社会，消费者不仅把吃得营养、穿得漂亮、住得舒适、用得高档作为必须满足的基本需要，而且希望通过对某种商品和服务的消费满足社交、尊重、情感、审美、求知、实现自我价值等多方面的高层次需要。例如，随着环境问题的日益突出和消费者社会意识的不断提高，很多家用汽车的购买者已经不再局限于关注汽车的价格、配置、外观、舒适性、油耗等，其需求开始向绿色化方向升级。

（3）伸缩性和周期性

消费需求的伸缩性是指由于内因或者外因的变化，消费者的需求可能扩大、增加和延伸，也可能减少、抑制或收缩。其中内因是指消费者个人的个性、收入的变化、生活环境的变化、

项目 4
消费需求与购买动机

社会阶层的改变等因素。比如，刚刚毕业参加工作的大学生由于生活环境的变化、社会角色的转换及有了独立的收入，在服装方面的消费往往有较大的提高。外因主要是指企业的市场和营销行为，如市场供应量的增加或减少，企业的产品、定价、促销、宣传等活动。一般来说，价格是引起消费需求伸缩性的主要因素。价格与消费需求弹性成反比，即价格上升，需求减少；价格下降，需求增加。

受消费者的生理运行机制及某些心理特性的影响，或受自然环境变化周期、商品生命周期和社会时尚变化周期等的影响，消费者的需求还会呈现出周期性的变化。典型的具有周期性需求的有服装、空调、旅游、交通运输等季节性产品或服务。例如，每逢节假日、学生放假及开学期间，尤其是春运期间，我国的交通运输需求都是陡然增加的。在不同的情形下，消费者需求的周期性呈现出不同的表现形式。

【营销视野】需求伸缩性的表现

（4）关联性和可诱导性

消费需求的关联性是指消费者对某种商品的消费会连带产生对其他相关产品的消费。例如，消费者购买一套西装，可能会顺便购买衬衫、领带、皮鞋等，而购买皮鞋，又可能顺便购买鞋带、鞋油、鞋刷等。因此，经营互有联系或互补的商品不仅大大方便了消费者，还能增加商家的销售额。而可诱导性指可以通过人为地、有意识地给予外部诱因或改变环境状况，诱使和引导消费者的需求按照预期目标发生变化和转移。例如，企业可以通过大量的广告宣传、店面刺激及销售促进等手段，使消费者的需求意识由弱变强，将潜在需求转变为现实需求，从而成功地引导消费者购买产品。

【营销视野】

创意引导需求

粽子一直以来是一种时令性非常强的传统食品，随着现代速冻保鲜技术的不断进步，速冻粽子开始作为一种商品出现在市场上，目前主要品牌有"思念""五芳斋""龙凤""三全"等。在粽子市场中，"思念"是一个后来居上的品牌，这种状况的改善主要源于"思念"年轻的高层领导的战略决策，即对粽子产品属性的差异化改观和对消费观念的创新性引导。

他们通过几个月的市场调研发现了两大市场空白点：一是粽子的直观属性直接影响消费者的购买决策，二是粽子完全可以作为一种日常快速消费品来经营。针对这两大空白，"思念"高层领导凭着多年对市场需求的敏感性把握，创新性的采用了特殊的竹叶，确保了粽子的长久新鲜与清香。改变该现状的最大挑战在于，采取何种有效的创意手法将如此新鲜与清香的粽子展现在消费者面前，让他们知道"思念"粽子比其他品牌的粽子更值得购买，以此来扩大产品知名度并提升产品销量；而针对如何逐渐打破消费者在特定节日食用粽子的习惯是他们面临的第二个市场挑战。

由此可知，消费者的需求具有可诱导性，是可以通过商家的一些有效的营销方法和手段加以改变的。

（资料来源：王水清，杨扬．消费心理与行为分析．北京大学出版社，2012．原文经过改写。）

(5) 习惯性和从众性

消费需求的习惯性是指消费者在日常消费活动中，受文化、历史、心理、经验等的影响，会保存下来一种消费偏好和倾向。例如，人们在长期使用某一品牌的手机后，因操作使用等方面的习惯性，在更换手机时，通常会选择继续选择该品牌的产品。此外，在消费活动中，消费者还经常会或主动或被动地与明星人物或大众群体保持一致，即呈现出一种从众的特征，具体表现为三种基本形式：消费流行或消费时尚；消费活动中的攀比现象；由于环境或心理预期的变化而形成的"抢购"风潮。

3. 消费需求的作用

消费需求的作用可以从消费者和企业两个方面来分析。对于消费者来说，消费需求催生了消费动机，从而进一步促使消费者实施消费行为；对于企业来说，满足"消费需求"是市场营销活动的核心。虽然消费者的需求多样、易变、难以琢磨，但正确地认识消费者的需求，却是营销活动能否成功的关键。消费需求研究对于整个企业市场营销管理过程具有十分重要的作用。企业的市场营销管理过程包括分析市场机会，研究和选择目标市场，制定营销战略、设计部署营销策略，以及管理市场活动等阶段。消费需求研究的作用主要体现在以下三个方面。

（1）研究消费需求有利于企业识别市场机会、开拓市场

市场机会即市场中未被满足的需求，企业只有把握住市场中的需求变化及其趋势，才能够抓住市场机遇、开拓市场。调查显示，随着我国经济社会不断发展，人们特别是城镇居民消费需求结构不断升级，突出表现在消费者用于"吃"方面的支出比重逐年减少，服务性消费需求快速增长，消费需求阶段不断升级，正在由满足吃和穿为主的生存型消费需求，向发展型消费需求和享受型消费需求阶段过渡。现实生活中，新功能、新作用或款式新颖的商品层出不穷，这些商品既源于消费者的需求，又高于消费者的需求，不断改变着人们的生活方式，并为企业开辟新的市场和发展空间。

【营销视野】

为什么退休后反而买大房子

一般来说，上了年纪的人在退休之后，依然会住在自己原先的房子里，如果生活不能自理，则会搬到养老院。倘若人们退休之后要搬家，一般会在附近或其他气候适宜的地方买一个比较小的住处。

几十年来，人们一般都会做出这样的选择。但是近期一项对退休人士的调查却显示，越来越多的退休人员，会选择把自己原先的房子卖掉，然后在附近买一处更大的房子。

这种现象在中国有，在欧美国家更加流行。他们为什么会这样做呢？

也许有人会说，现在人们经济收入都比较高，有购买新房子的财力。当然，这样的解释有一定的合理性，但是既然孩子们都已经长大搬出去住了，退休人员为什么还要买大房子呢？而且还是在原先居住地的附近？其实，这个问题，我们不能以简单的供求关系来解释了，因为这里面包含着较复杂的心理因素。

（资料来源：贺建华．你不知道的消费心理．万卷出版公司，2014．原文经过改写。）

想一想

为什么老人退休后反而买大房子?

参考答案

（2）正确识别消费者的需求，有利于营销人员选择目标市场，确立企业竞争优势

消费者对于同种商品的购买行为背后潜藏着不同的需求。同样是购买服装，年轻人注重的是款式新颖、流行和时尚，老年人则注重舒适和实用。在竞争激烈的市场环境里，只有比竞争对手更快地、更好地识别并满足目标消费者的需求，才能够投其所好，在强手如林的行业竞争中立于不败之地。

（3）正确识别消费者的需求有利于企业制定相应的营销战略和策略

营销战略是企业期望达到它的各种营销目标的营销筹划活动，它阐明了实现企业目标的活动计划。营销策略是指如何达到基本战略目标的具体措施，主要是指市场营销组合，即对产品、价格、渠道和促销手段的安排。要实现企业的各项目标，必须以消费者的需求为出发点，以消费者需求为目标制定的依据。

另外，值得注意的是，很多的时候，消费者自身也不明确自己的需要是什么，企业可以通过深入调查和分析来确定消费者的需求及影响消费者需求的因素，从而制定有效的营销策略刺激消费者的潜在消费需求。

4.1.2 马斯洛的需要层次理论

马斯洛需要层次理论是人本主义科学的理论之一，由美国心理学家亚伯拉罕·马斯洛在1943年《人类激励理论》一文中提出，该理论对探索刺激消费者的购买行为、调动消费者的购买积极性具有极其重要的指导意义。

1. 马斯洛需要层次理论的五个需要层次

马斯洛把需要分为生理需要、安全需要、社交需要、尊重需要和自我实现需要五个层次。在自我实现需要之后，还有自我超越的需要，但通常不作为马斯洛需要层次理论中必要的层次，而是将自我超越的需要与自我实现的需要合并。

（1）生理需要

它是指维持个体生存和人类繁衍而产生的需要，包括对食物、氧气、水、睡眠等方面的要求。例如，经常处于饥饿状态的人，首先需要的是食物，此时生活的目的就是填饱肚子。生理需求是驱使人们进行各种行为的强大动力，当基本的生活需求得到一定程度的满足之后，人们才会产生更高层次的需要。

（2）安全需要

它是指在生理及心理方面免受伤害，获得保护、照顾和安全感的需要。这种需要体现在社会生活中的方方面面，如身体健康、生活有保障、社会稳定等。

（3）社交需要

它是包括友谊、爱情、归属、信任与接纳的需求。马斯洛认为，人是一种社会动物，人们的生活和工作都不是独立进行的，经常会与他人接触，因此，人们需要有社会交往、良好的人

际关系、人与人之间的感情和爱，在组织中得到他人的接纳和信任。在这种需要的驱使下，人们会主动地去交朋友，寻找自己所爱的人和喜欢自己的人。

（4）尊重需要

它包括自尊和受到别人尊重两方面。自尊是指自己工作努力不甘落后，有充分的自信心，获得成就后的自豪感。受人尊重是指自己的工作成绩、社会地位能得到他人的认可。这一需要可概括为自尊心、自信心、威望、地位等方面的需要。

（5）自我实现需求

自我实现的需要是指希望充分发挥自己的潜能，实现自己的理想和抱负的需要。在这种需要的驱使下，人们会尽最大努力去发挥自己的潜力，实现自己的目标，追求自身价值的最佳体现。自我实现的需要是人类最高级的需要，它涉及求知、审美、创造、成就等。如图4-3所示为马斯洛需要层次理论图。

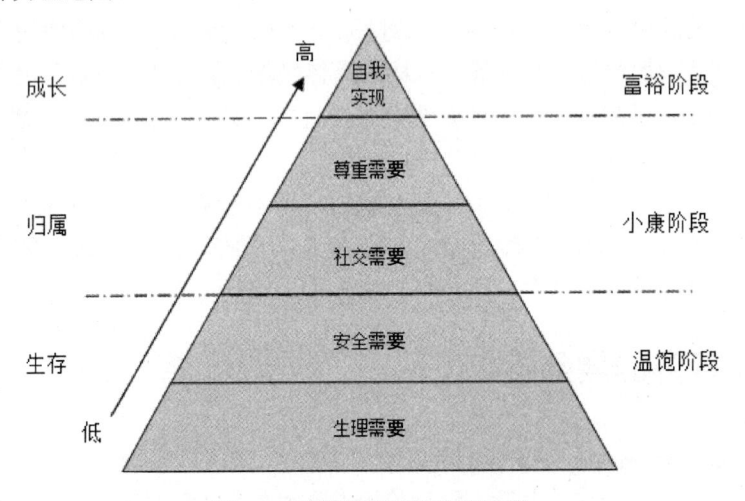

图 4-3　马斯洛需要层次理论图

【营销视野】

为什么人们喜欢买房而不喜欢租房呢

日益攀升的房价、不断上涨的房租和银行的频繁加息，令一部分购房者徘徊在买房与租房之间。尽管存在多重顾虑，但大部分消费者还是更多地表达出买房的意愿。为什么人们这么喜欢买房甚至不惜当"房奴"，而不喜欢租房呢？

心理学家分析认为，作为人类，我们在潜意识中都本能地对安全感有着很强烈的需求，如食物、温暖等。而房子就像母亲的子宫，能为我们这些本能需要提供相对安全的场所。从这个意义上来说，对于房子的需求也是人们本能的需求被满足的一种依托。

此外，我们与自己的父母、孩子、爱人、朋友等的重要关系也大多在我们居住的房子里产生、建立与发展，从这个意义上来说房子满足了我们归属感的需求。因此，独立拥有的居住空间对于人最基本的心理安全来说是非常重要的。

而相反，如果你租过房，肯定会有这样的深刻体会：无数次的搬家、不敢轻易购置物品、面临合租伙伴的随时更换……这些状况的发生会让你无比烦恼，无法安心地工作和生活。相比之下，买房就安稳多了，哪怕只有小小的几十平方米，也是属于自己的，再也不用担心房东随

项目 4
消费需求与购买动机

时会撑人,这样生活起来更踏实。

(资料来源:贺建华. 你不知道的消费心理. 沈阳:万卷出版公司,2014. 原文经过改写。)

想一想

人们喜欢买房而不喜欢租房,是因为人们需要满足什么需求?它属于哪个层次的需要?

2. 马斯洛需要层次理论的基本思想

在上述五个层次的需要中,马斯洛明确指出,低层次的需要应该首先被满足,在低层次的需求得到相对满足以后,高层次的需要才可能出现。不过马斯洛也认为,任何一种特定需要的强烈程度取决于它在需要层次中的地位,以及它和所有其他低层次需要的满足程度。这是因为人们通常同时存在多种需要,而需要什么取决于人已经拥有了什么,各种同时存在的需要中有优势需要,已经获得满足的需要,就不再是优势需要,也不再是行为的决定性力量,只有未被满足的需要才对人的行为具有强大的驱动力。

马斯洛的需要层次理论阐明了人们会重视哪些目标,也说明了哪些类型的行为将影响不同需要的满足,但是对人为什么会产生需要涉及得很少。马斯洛也指出,大多数人都存在着较高层次的需要,而且只要环境不妨碍这些较高层次需要的出现,这些需要就能激励大多数人。马斯洛还认为,一个国家多数人的需要层次结构,是与这个国家的经济发展水平、科技发展水平、文化和受教育的程度直接相关的。在欠发达国家里,生理需要和安全需要占主导的人数比例较大,而高层次需要占主导的人数比例较小;而在发达国家里则刚好相反。

3. 马斯洛需要层次理论对消费者心理与行为研究的启示

从消费者心理与行为分析的角度看,马斯洛需要层次理论对于营销人员理解、激发消费者的深层次需求,对于企业针对消费者需求特点制定行之有效的营销策略具有重要意义。

首先,马斯洛的需要层次理论告诉我们,消费者的需求结构很复杂,无论何时都有许多需求影响消费者的消费心理与行为。但由于消费者的消费能力的有限性,消费者只能满足有限的需求。因而,企业应该以一种更开阔的眼光来识别竞争者,竞争不仅是那些满足消费者同种需求的企业。同时,企业应认识到,产品、服务与消费者的需求之间并不存在一一对应的关系,顾客到商店购物,可能不仅仅是为了购买满足生活所需的产品。

其次,由于消费者同时存在多种需求,并且在各种同时存在的需求中有优势需求,因此,企业在开发、设计产品时,既应重视产品的核心价值,也应该重视产品的附加价值,因为前者大多与消费者的某些基本需求相联系,后者更多地与消费者较高层次的需要相联系。例如,饭店除了能够保证其所提供的食物的质量安全、味道鲜美,还应该为消费者提供清洁优雅的就餐环境。

最后,满足较高层次需要的途径往往多于满足较低层次需要的途径。越涉及低层次需要,人们对需要的满足方式及程度就越明确;越涉及高层次需要,人们对需要的满足方式及程度就越不确定。因而,那些满足消费者高层次需要的企业,就有机会通过差异化获得打开市场的途径,产品的差异化战略对企业就越重要。

【营销视野】令人着迷的"偷菜"游戏

想一想

"偷菜"游戏会爆火,是因为其充分满足了用户的什么需求?

4.1.3 其他需求分类法

1. 奥尔德弗的 ERG 理论

美国耶鲁大学克雷顿·奥尔德弗在马斯洛提出的需要层次理论的基础上,进行了更接近实际经验的研究,提出了一种新的人本主义需求理论。奥尔德弗认为,人们存在三种核心的需求,即生存需求(Existence)、相互关系需求(Relatedness)和成长发展需求(Growth),因而这一理论被称为 ERG 理论。

在 ERG 理论中,生存需求是指与人们基本的物质生存需要有关,包括衣、食、住及获得能满足这些需求的生存手段,这种需求在内涵上与马斯洛理论的生理需要和安全需要相类似。相互关系需求是指人们对于发展人际关系的需求。要想满足这种需求,需要人们在工作中或工作以外与他人接触和交往,并获得一定的社会地位,其与马斯洛尊重需要分类中的外在部分有一定的共通性。成长发展需求表示个人谋求发展的内在愿望,是一种个人自我发展和自我完善的需要。只有发挥出个人的潜力和才干,并获得别人的认可,成长或发展需求才能获得满足。这类需求的内容包括马斯洛的自尊需要分类中的内在部分,并具有自我实现层次中所包含的特征。

在这一理论中,奥尔德弗还提出了一种"需求满足—需求加强—需求受挫"的思想,其中需求满足是指人们在同一层次的需求中,当某个需求只得到少量满足时,会强烈地希望得到更多的满足,这里消费需求不会指向更高层次,而是停留在原有的层次上,向量和质的方面发展。需求加强是指低层次的需求满足得越充分,高层次的需求就越强烈,消费需求将指向更高层次。需求受挫是指高层次的需求满足得越少,越会导致低层次需求的膨胀,消费支出会更多地用于满足低层次需求。

2. 成就激励需求理论

成就激励需求理论由美国哈佛大学教授戴维·麦克利兰提出,他从二十世纪四五十年代开始对人的需求和动机进行研究,提出了著名的"三种需求理论",并得出了一系列重要的研究结论。

与马斯洛需要层次理论不同,成就激励需求理论侧重分析环境或社会学习对需求的影响,认为人类的很多需求是社会性的,而且这些社会性需求不是天生的,而是后天产生的。麦克利兰认为,在人的生存需求得到满足的前提下,人们主要有三个方面的需求,包括成就需求、权力需求和归属需求。成就需求是指人们追求卓越、实现目标、争取成功的驱动力。该需求使人

项目 4
消费需求与购买动机

们愿意承担责任，解决问题或完成任务。成就需求者往往会为自己设计具有挑战性的目标，喜欢通过自己的努力来解决问题并希望获得行为绩效的反馈，以确定自己努力的效果。权力需求是指个体希望获得权力、权威，试图强烈地影响别人或支配别人的倾向。麦克利兰发现，凡是工作成就动机高的人均无领袖欲。换言之，成就需求和权力需求是不同的两种需求。归属需求是指个体在社会情境中，要求与其他人交往和亲近的需求。归属需求较强的人更倾向于与他人交往，而且愿意为他人着想，并且可以在人际交往中获得快乐。因此，他们喜欢合作而不是竞争性的工作环境，渴望人与人之间的沟通与理解，对人际关系比较敏感。归属需求还可能表现为对失去某些亲密关系的恐惧和对人际冲突的回避。从实质上看，麦克利兰的归属需求和马斯洛的社交需要基本相同。

4.1.4 现代消费者需求的发展趋势

综合我国消费者现阶段的需求动态及当今世界的消费发展潮流，预计"十三五"及以后，消费将迎来新的转型发展期，呈现出六大变化和特征。

1. 消费率迎来上升拐点

改革开放尤其是近十几年来，我国居民消费能力不断提升，但是最终消费率却一直徘徊不前。这与我国加入 WTO 后出口较快增长、固定资产投资居高不下、居民收入差距扩大等多种因素密切相关。欧美等发达国家也经历了类似的下降过程，又在人均 GDP 达到 3000 美元时迎来上升拐点，亚洲国家由于高储蓄率等因素的影响，这一过程来得稍晚一些。综合研究表明，我国大约在人均 GDP 达到 5000 美元以后迎来上升拐点。2012 年，我国人均 GDP 接近 5000 美元，最终消费率为 48.2%，之后逐年提高到 49.1%、49.5% 和 49.8%，上升拐点进一步确立。2012 年我国人均 GDP 达到 6000 美元，消费率缓慢提升。"十三五"时期，我国将进入人均 GDP 1 万美元的发展新阶段，经济社会发展将带动消费率显著上升。

2. 消费增速将进入平稳期

一般而言，消费增速与 GDP 增速保持同步。今后一个时期内，我国仍处于重要的战略机遇期，但也面临不少调整和压力，经济增速放缓为调整结构和深化改革提供了空间，但同时也势必带来收入和消费增速放缓。预计今后一个阶段，扩大消费的动力主要源于两个方面：一是人们对物质文化生活改善的迫切要求；二是老龄化社会到来和生育政策放宽所带来的新增消费需求。

3. 消费热点趋于多元化。

传统消费热点增势趋稳，信息消费、健康消费、体验式消费等正在成为新的消费热点。

（1）信息消费

4G 通信技术为经济社会发展注入了前所未有的活力，5G 通信技术带动信息领域消费迅猛增长，6G 通信技术正在研发，并将促进物联网的发展。

【知识链接】

5G 的应用

5G 即第五代移动电话行动通信标准，也称第五代移动通信技术。根据 IMT-2020 网络对 5G

的设计理念，5G关键技术以SDN、NFV和云为基础，向着自动、智能、灵活、高效、稳定的方向发展。5G峰值网络速率将达到10Gbps、网络传输速度比4G快10~100倍、网络时延从4G的50毫秒缩短到1毫秒、满足1000亿量级的网络连接。

① 加速普及物联网。从4G开始，物联网在智能家居行业已经兴起，但只是处于初级阶段。未来数年，5G技术的更高速率、更短时延、更大规模、更低功耗，将能够有效满足物联网的特殊应用需求，从而实现自动化和交通运输等领域的"万物互联"，加快物联网的落地和普及，如智慧医疗、车联网、智能家居、环境监测等。

② 普及云端化生活。5G时代到来时，4K视频甚至是8K视频将能够流畅地实时播放；云技术将会更好地被利用，生活、工作、娱乐等领域都将有"云"的身影；极高的网络速率也意味着硬盘将被云盘所取缔；用户随时随地可以将大文件上传到云端。

③ 提升智能交互。VR直播、无人机阵列、无人驾驶汽车、人工智能、远程医疗等的数据交换，都需要运用到5G技术庞大的数据吞吐量和极短的延迟时间。城市交通、市民生活、医疗健康等将迈入新的时代，未来全新的、多方位的用户体验将呈现在使用者面前，例如，虚拟导航将通过超高速数据用户体验实时访问城市街道及大型场景建筑地图数据库；移动远程医疗的用户可以在没有医疗室高速行驶的列车上通过视频通信获得医生的协助，及时运用人工智能手段解决用户医疗难题。

（2）体验式消费

长隆欢乐世界、迪斯尼乐园等融合了购物、休闲、娱乐、餐饮等多种消费元素，更能够为人们带来精神愉悦和文化享受，越来越受到消费者青睐。

（3）健康消费

随着人们对健康的重视，健康服务业的市场潜力巨大；老龄化社会到来，将会拉动医疗器械、健康护理、养生保健等产品和服务需求的增长。

（4）汽车、住房及相关产品消费

房产市场逐渐回归理性，由快速发展阶段向平稳发展阶段过渡；新能源汽车的生产和销售呈爆发式增长，2014年生产销售分别比上年增长3.5倍和3.2倍。

（5）游艇、私人飞机、个人定制等奢侈品将保持较快增长

近些年，我国奢侈品消费占全球奢侈品消费份额的50%左右。据中央党校周天勇教授测算，我国每年旅游和教育服务贸易逆差各为1000亿美元。随着中高收入群体的人数增加及各种因素的影响，加之人口基数庞大，预计未来几年奢侈品消费额仍可保持较快增长。

4. 服务性消费将快速增长

近年来服务业占GDP比重不断上升。服务业发展水平的不断提升，使居民消费需求得到不断释放，服务消费将逐渐赶上甚至超过商品消费。

5. 消费层次将不断提高

随着居民生活水平不断提高，消费需求及层次不断提升，根据美国心理学家马斯洛的需要层次理论，人类需要总体上由较低层次到较高层次依次为：生理需要、安全需要、社交需要、尊重需要和自我实现需要，当较低层次的需要被基本满足后，较高层次的需要将会涌现。目前，我国居民生存性消费需求基本满足，大众消费者更加注重绿色安全消费；高收入消费群体则开始注重社交需要，能够带来身份象征、身心愉悦的高端品质消费将逐渐增多。

项目 4
消费需求与购买动机

6. 消费新模式不断涌现

① 网络消费。以其操作便捷、产品丰富、价格大众,实现了全国市场的平等和统一,极大地刺激了消费需求的扩张,根据中国经济网的相关统计,2018年全国网上零售额90065亿元,同比增长23.9%。

② 信用消费。信贷消费、分期付款等逐渐被大众接受,广大农村居民的信贷消费潜力巨大。

③ C2B(消费者到企业)模式。工业4.0时代的到来推动消费者参与到生产环节中,定制产品和服务,将更好地满足消费者的个性化需求。

④ O2O(线上线下)模式。大众点评网等网站在网上为商家寻找消费者,消费者到店消费,再上网进行分享评论,实现了线上线下互通互联。

⑤ 物联网与智慧城市。以物联网、大数据分析、云计算等技术为基础的智慧城市,通过在智能平台上整合城市资源、优化空间布局,连接消费供需双方,引领居民生活方式、消费方式的变革。

综上所述,今后消费发展将呈现"四个转型":消费结构向多层次、多样化转型;消费内容向发展型、享受型转型;消费方式向数字化、网络化转型;消费理念向低碳化、可持续化转型。

练一练

《西游记》中的5人团队与马斯洛需要层次理论如图4-4所示。请指出唐僧、孙悟空、猪八戒、沙僧与白龙马的主导需求是什么?为什么?

图4-4 《西游记》中的5人团队与马斯洛需要层次理论

任务 4.2 把握消费者的购买动机

学习目的 ◀

学习任务	准确把握消费者的购买动机	
要　　求	1. 能对消费者的购买动机进行充分的调查和分析 2. 能准确地把握消费者的购买动机 3. 能将消费者的购买动机分析结果制作成 PPT，并进行 PPT 演示	
应具备的知识	消费者购买动机的概念、特征、作用、类型及其对营销的影响等知识	
应具备的能力	收集信息的能力、从众多信息中准确抽取所需信息的能力、准确把握消费者购买动机的能力、制作 PPT 的能力	
质量标准	评价项目	分值（分）
	1. 信息真实	20
	2. 以事实为依据，高效筛选、分析、整理信息	20
	3. 准确把握消费者的购买动机	40
	4. PPT 制作完整	20

案例导入 ◀

如何选择休息室

在一次演讲盛会中，与会妇女有两间休息室可供选择。其中一间是舒适、方便的现代化套房，色调柔和，给人时尚、休闲的感觉。另一间是古朴典雅的装饰，陈列着古色古香的家具、东方色彩的地毯和昂贵的壁纸。

几乎所有的与会妇女，都不由自主地往现代化设备的房间走去，直到该房间内座无虚席之后，后来的人只好到另一间房去等候。

"两个房间之中，你喜欢哪一间？"主持人问其余的妇女们。

大家经过端详、比较之后，有 84% 的人表示喜欢那间古色古香的房间。

果真如此吗？其实当她们走进那间现代化套房时，她们的喜好已经一目了然。但是，她们为什么又会回答说自己喜欢那间古色古香的套房呢？这是因为，在和人交往的过程中，人们都希望给别人留下美好的印象，因而往往隐瞒真正的喜好。她们都希望让别人认为自己是有品位的、高雅的女性。

（资料来源：于惠川. 消费者心理与行为. 北京：清华大学出版社，2012. 原文经过改写。）

想一想

请结合消费者的购买动机来分析这则案例带来的营销启示。

参考答案

任务实施

4.2.1 消费者购买动机的含义、特征及作用

1. 消费者购买动机的含义

动机是引起个体活动，并促使活动朝某一目标进行的内在动力。动机的引发因素有两种：以人的需要为主的内在因素和外在诱因，前者主要包括需要、兴趣、信念、世界观等；后者主要包括目标、压力、责任及义务等。动机的产生既可能源于内在需要，也可能来自外部的诱因，或是二者共同作用的结果。

消费者的购买动机是指由消费者的需求形成的驱动力引发消费者购买行为的直接原因，即推动消费者进行购买活动的念头和愿望。需求是消费者产生购买行为的原动力，离开需求的动机是不存在的，但并不是所有的需求都能表现为购买动机，只有当需求的强度达到一定程度，且消费者有能够满足需求的对象和条件时才能引起动机。此外，不同的职业、年龄、身份、文化程度、经济收入和个性心理的消费者会有不同的购买行为，而这些不同的行为，是由不同的购买动机和购买心理决定的。

【营销视野】

中国绣花鞋畅销美国

据说近些年来，在美国西部的一些城市风行一种以中国绣花鞋作为生日礼物向女性长辈祝寿的潮流，而且经久不衰。第一个用绣花鞋做生日礼物的是一位名叫约翰·考必克的美国青年医师。当初，他在中国旅行，出于好奇，他将绣花鞋带回国，分别在母亲60岁寿辰、姑母70岁寿辰、外婆80岁寿辰的时候，为她们各献上一双精美、漂亮的中国绣花鞋作为祝寿的礼品。不想这三位长辈穿上这双珍贵的"生日鞋"时，都感到非常高兴，她们称赞约翰·考必克为她们送来的是"长寿鞋""防老鞋""防跌鞋"。

此事不胫而走，使得美国西部各地的人们纷纷效仿，争相购买绣花鞋。于是，中国绣花鞋便迅速成为当地市场的抢手货，绣花鞋上的花色图案更是千姿百态，煞是好看。

现在，中国绣花鞋似乎可以献给每一位女性，一些很小的孩子也常常在长辈的教诲下，将绣花鞋献给年轻的女性长辈。有一位6岁的美国小女孩，在她的姑姑17岁生日时，送上了一双绣有17朵花的绣花鞋。

（资料来源：徐盈群．消费心理与行为分析．大连：东北财经大学出版社，2015．）

2. 消费者购买动机的特征

在营销活动中，想要实现为消费者提供满足其购买动机的产品的目的，就必须了解消费者购买动机的特征。相比需要而言，消费者的动机更为具体和直接，有着明确的目的性和指向性，但同时也更具复杂性。具体表现在以下几个方面。

（1）消费者购买动机的内隐性

消费者的购买动机经常处于内隐状态，难以从外部直接观察到，只能通过对其某些外显行为的研究得出；同时，出于某种原因，消费者通常也不愿意让他人知道自己的真实动机。此外，动机的内隐性还可能由于消费者对自己的真实动机缺乏明确的意识，即动机处于潜意识状态。

这种情况在多种动机交织组合，共同驱动一种行为时经常发生。

（2）消费者购买动机的多重性

消费者对产品或品牌进行选择的购买行为往往包含着多种动机。例如，购房者的购房行为就是由多重动机引起的。根据房地产开发商调查发现，购房者的购房动机往往有五种：第一种是用于自住；第二种是用于投资购买后出租以获取收益；第三种是投机炒房的；第四种是为手中的货币保值增值；第五种是跟风购买。由此可见消费者的购买动机具有多重性。

（3）消费者购买动机的实践性

动机的实践性是指动机能够激发人的行为，使人的行为朝某一目标而进行。消费者购买动机包含行为能量和行为方向两方面的内容。行为能量主要由需要的强度决定，行为方向则主要受人的经验及其对环境、刺激物的在意程度的影响。

（4）消费者购买动机的复杂性

消费者的行为背后都隐藏着多种动机，同一动机会引发不同的行为，同一行为也可能由不同的动机引起。动机的复杂性主要表现在五个方面：其一，动机与行为不是简单的对应关系，有些行为具有明确的动机，而有些行为的动机不是很明确；其二，个体明确表示的动机很可能不真实，即消费者不愿披露某种动机；其三，实际起作用的动机与消费者本人意识到的动机往往不一致；其四，存在无意识动机，即很多时候消费者就其为什么会采取某一行为也不能给出清晰的解释；其五，个体同时存在的多种动机之间可能存在矛盾，当个体同时存在两种以上消费需求，且两种需求互相抵触，不可兼得时，内心就会出现矛盾。

3．消费者购买动机的作用

消费者购买动机的作用主要体现在对购买行为的影响上。购买动机是消费者需求与其购买行为的中间环节，具有承前启后的中介作用。具体来说，购买动机对购买行为起到以下四个方面的作用。

（1）始发作用

始发作用是指购买动机能够驱使消费者摆脱需求的紧张状态而实施购买行为。对于营销活动来说，如何刺激消费者产生购买动机，让消费者尽快进入动态的消费过程是十分重要的。因为消费者的任何购买行为都是由购买动机支配而实施的，具有明确购买动机的消费者比购买动机模糊的消费者能更快地发生购买行为。

（2）指向作用

消费者的购买动机能促使其购买行动朝既定的方向及预定的目标进行，具有明确的指向性。消费者购买动机的指向作用来自自身的需求，因为需求具有指向性。当消费者在购买行为过程中存在多种购买动机但又存在目标冲突时，购买动机冲突的结果是使购买行为朝着最强烈、最迫切的主导动机方向进行。

（3）维持作用

消费者在消费目的没有实现之前，购买动机会始终维持着消费者的积极行为状态，直到其完成购买行为，即消费购买动机的维持作用。在消费目的实现的过程中，动机将贯穿购买行为的始终，不断激励人们努力采取行动并排除各种因素的干扰，直至消费目的的最终实现。

（4）强化作用

强化作用是指购买动机引发的购买行为的结果对该购买行为的重复出现具有加强或减弱的作用。在一定动机的驱使下所产生的行为结果反过来对动机有着巨大影响，购买动机会因良

项目 4
消费需求与购买动机

好的购买行为结果而使该购买行为重复出现,使购买行为得到加强;购买动机也会因不好的购买行为结果,使购买行为受到削弱,减少乃至不再出现。在购买行为中,消费者常常因为产品的品牌知名度和营销人员的良好态度而重复购买同一商品。

【营销视野】

四瓶酒激发的购买动机

一位从美国归来的访问学者讲述了他在美国访问期间经历的一件事情。一天,他推着采购车在美国一家超级商场挑选货物时,不小心将货架上的四瓶酒碰落,酒洒了满地。他当时心想,这下麻烦了,肯定要赔款了,于是便主动找到销售人员道歉,并表示愿意赔偿损失。那位销售人员一边安慰他,一边用电话向经理通报事故,且检讨了因自己照顾不善而让顾客受惊的错误。更出乎他意料的是,经理出来满脸赔笑,说已经从监控录像里看到了。经理不仅毫无责怪之意,反而向他赔不是,还拿手帕为他拭去酒污。当他再次提到赔款时,经理谦恭地说:"是我的职员没把货架放稳,让您受惊了,责任应在我",并再度致歉,然后一直陪他将货物采购完,亲自送他走出商场。据这位学者说,他那次是倾其囊中所有,装了满满一车货物回家,并且以后每周一次的购物都要到该商场去。他粗估了一下,他花在该商场的钱较他弄翻酒瓶所造成的损失多出了不止百倍。

(资料来源:刘军,邵晓明. 消费心理学. 北京:机械工业出版社,2016.)

想一想

这位学者为什么会成为该超级商场最忠实的顾客?是什么激发了他的购买动机?

4.2.2 消费者购买动机的类型

消费者购买行为背后的心理动机是复杂多样的,且受到经济、社会、文化等多方面因素的影响,表现各不相同。常见的类型主要有以下几种。

1. 求实动机

求实动机是指消费者以追求商品或服务的使用价值为主导倾向的购买动机。这类顾客的哲学是"实用又实惠",在这种动机支配下,消费者在选购商品时,特别重视商品的质量、功效和实用价值,相对而言,对商品的品牌、包装,所显示的"个性"及商品的造型与款式等不是特别看重。

2. 求新动机

求新动机是指消费者以追求商品、服务的时尚、新颖、奇特为主导倾向的购买动机。具有这种倾向的消费者一般是经济条件较好的年轻消费者,他们一般都有较重的好奇心理。在这种动机的支配下,消费者在选择产品时,特别注重商品的款式、色泽、流行性、独特性与新颖性,相对而言,产品的耐用性、价格等会成为其次要的考虑因素。

3. 求美动机

求美动机是指消费者以追求商品欣赏价值和艺术价值为主要倾向的购买动机，一般以年轻女性消费者或文艺、美术等领域的消费者为主。在这种动机支配下的消费者，选购商品时特别重视商品的颜色、造型、外观、包装等因素，讲究商品的造型美和艺术美。求美动机的核心是追求赏心悦目，注重商品的美化作用和美化效果。

4. 求名动机

求名动机是指消费者以追求名牌、高档商品，借以显示或提高自己的身份、地位而形成的购买动机。求名动机形成的原因实际上是相当复杂的。购买名牌商品，除了有显示身份、地位、富有和表现自我等作用，还隐含着减少购买风险，简化决策程序和节省购买时间等多方面的考虑因素。持有这种动机的消费者，在购买商品时几乎不考虑商品的价格，只是想通过名牌来显示自己的身份和地位。

5. 求廉动机

求廉动机是指消费者以追求商品、服务的价格低廉为主导倾向的购买动机。在求廉动机的驱使下，消费者选择商品以价格为第一考虑因素。他们宁肯多花体力和精力，多方面了解、比较产品价格差异，最终选择价格便宜的产品。这类消费者对商品质量、花色、款式、包装、品牌等不是十分挑剔，相反对降价、折让等促销活动有较大兴趣。

6. 求便动机

求便动机是指消费者以追求商品购买和使用过程中的省时、便利为主导倾向的购买动机。这类消费者有着很强的时间和效率观念，他们对商品本身通常不会太挑剔，但绝对不能容忍烦琐的手续和长时间的等候，总是希望能够迅速完成交易，对购买的商品要求携带方便，便于使用和维修。通常成就感比较高，时间机会成本比较大，时间观念比较强的人，更倾向于持有求便的购买动机。

7. 从众动机

从众动机是指消费者在购买商品时会有从众心理。消费者在很多购买决策上会表现出从众倾向，例如，购物时喜欢到人多的门店；在选择品牌时偏向那些市场占有率高的品牌；在选择旅游点时，偏向热点城市和热点线路。从众现象发生的原因有很多：有的是出于仰慕、钦羡，有的是因为惧怕风险，有的是因为缺乏主见。持从众动机的消费者，其购买行为受他人的影响比较大。

【营销视野】

房价上涨时代买房要三思，盲目从众不可取

楼市供需不平衡，主要归咎于部分购房者的盲目追捧。其实，老百姓有买房的想法本没有错，可如果不根据自己的实际情况，打肿脸充胖子却是绝对不可行的。在楼市火爆期间，很多本不具备买房实力的人，也加入了买房行列，这种行为在一定程度上助推了房价的上涨。在跟风购房者当中，也许有一部分人有所收益，但是，更大一部分人因自己的购房行为背上了沉重的包袱，这就是非理性房屋消费观导致的恶果。

①"安居方乐业"并不是有房即可。中国人的传统是追求"居者有其屋，安居方乐业"的生活。随着时间的推移，人们对这句话的理解也发生了变化，当下许多购房者把这句话理解为

项目 4
消费需求与购买动机

"有房才能安心工作"。显然，这样的理解是错误的、片面的。"安居方乐业"并不是说每个人一定要有自己的房产才能去安心工作。事实上一纸房产证跟"乐业"并没有什么联系，而如今很多市民为了房产证而奋斗，那便是从一开始就定错了目标。买房要看个人需求，购房者不要误解传统理念，从而给自己增加不必要的负担。

② 不要为了"面子"买房。大多数中国人都讲究"面子"，并且这"面子"已经在许多人的日常生活中扎根。买房也不例外，许多人甚至把买房当作能力或者成功的象征。为了买房，为了在外人面前有"面子"，很多不理智的购房者沦为"房奴"，在外人面前光鲜亮丽，其风光背后是为了还贷而节衣缩食、超负荷工作、不敢参加正常的应酬、淡漠亲情甚至因个人信用问题失去亲友的信任等令自己陷入尴尬的窘境。

③ 不要为结婚而买房。如今，"有房才有家"的想法已经在"80后""90后"当中盛行，其实，婚姻与房产之间并没有直接关系，更不能将其作为婚姻的筹码和前提。两个人从相识、相知到恋爱、结婚，是一个感情累积的过程，能够走到结婚的地步说明男女双方愿意互相关爱、厮守今生，愿意甘苦与共、开创美好未来，这样的感情是不应该受到有房与否的影响的。此外，小两口与其为了婚房而承受巨大压力，不如结婚以后通过双方的努力，在条件许可的情况下来实现自己的购房理想。

④ 从众买房不可取。从众跟风这种现状在中国非常普遍，在买房这件事情上，跟风买房的人也不少。也许是因为情势所迫，也许是听信了外界的传言，也许是受身边朋友的感染……但这样的行为是不可取的。盲目跟风者不会理性分析自己的购买能力，"有条件要买房，没条件创造条件也要买房"的观念害了很多人，而理性的消费者是不会跟风盲从的。盲目地跟风买房也推动了房价进一步上涨。图4-5为一幅盲目从众跟风买房的漫画。

图 4-5 盲目从众跟风买房

⑤ 投资房产要慎重。房屋真能保值、增值吗？答案是肯定的，按照如今的楼市发展趋势，投资房地产已然成了最靠谱的投资方式。但人们需要注意的是，炒股不可轻易入市，投资房产更不能莽撞。房价会随市场供求关系的变化而有涨有跌，购房者便要认清局势，不要盲目行事。

当然，每个人在选择房屋消费方式时，都要有自己的想法，但根据自己的需求去买房才是硬道理，此外，买房必须要量力而行，在衡量了自身经济情况下三思之后再做决定，千万不要打肿脸充胖子，跟风买房是最不理智的做法。

（资料来源：佚名．湘潭房产网．http://365jia.cn/news/2016-04-30/A30449763C1CAB08.html 2016-04-30．）

消费心理与行为学

在现实的营销活动中，购买动机并不是彼此孤立的，而是互相影响、互相制约的。有时，当一种动机居于支配地位，其他动机则起辅助作用；有时，可能是几种动机共同起作用。因此，在调查研究过程中，营销人员对消费者购买动机切忌作静态和简单的分析，应综合地考虑其各种动机，全面探究分析其多种购买动机的可能性。

4.2.3 购买动机与营销

消费者的购买动机对企业营销活动的开展具有重要意义。企业通过深入了解和分析消费者的购买动机，更好地发现和掌握消费者购买某种商品的需求，针对消费者的不同动机制定相应的营销策略。

在消费活动中，消费者通常不愿透露其行为背后的真实动机，加之有时也许连消费者自己也无法说清楚其动机，因此，掌握消费者的行为动机是一项极具挑战性的工作。消费者意识到并承认的动机称为显性动机，消费者没有意识到或者不愿意承认的动机称为隐性动机。一般而言，与一个社会的主流价值观相一致的动机更容易被人们意识到并获得承认。对营销者而言，了解消费者的显性动机和隐性动机，对引导消费者的购买行为和策划营销活动有重要意义。有研究表明，女性消费者购买诸如高档首饰、名牌服装、手袋、手表及化妆品等奢侈品时具有多重动机，既包括宣泄情绪、缓解压力、炫耀身份、显示地位、攀比心理等方面的隐性动机，也包括彰显个性、追求时尚等方面的显性动机。

当我们发现并掌握消费者的真实动机后，则可以针对消费者的不同动机采取相应的营销策略。由于消费者购买某种产品往往具有多重动机，且每种动机并不一致，因此消费者在同时面临几种需求时往往必须做出取舍。然而，当消费者面临两个或两个以上购买动机，其对消费者行为的驱使力大致相当但方向相反时，就出现了动机冲突。具体包括双趋冲突、双避冲突及趋避冲突三种。双趋冲突是指消费者面临两个具有同样吸引力的选择，但必须从中选择其一时所产生的心理冲突，即我们常说的"鱼与熊掌不可兼得"的情况。针对这种动机冲突，企业可以通过在广告宣传中强化某一产品的价值与利益，或者通过降价、提供信贷、延期付款等方式加强某一产品的吸引力的方式来解决。双避冲突是指消费者同时面临两个或两个以上不喜欢、希望避免的情况，但想回避其一就必须接受另外一种情况时所产生的心理冲突，即所谓的"前有悬崖，后有追兵"的情况。趋避冲突是指一个人对同一目标具有矛盾的心理，既向往，又想避开的动机冲突。针对这种情况，企业可以通过开发新产品或通过提供售后保障来解决。

【营销视野】斑点苹果的"华丽转身"

练一练

学生在校期间经常会考很多的证照，如驾照。请调查你身边的同学，其考证照的动机是什么？针对大学生群体企业可采取哪些营销策略？

项目 4
消费需求与购买动机

项目总结

1. 消费者需求是指人们为了满足生理或心理体验的需要，而对物质产品或服务的具有货币支付能力的要求和欲望的总和。消费者需求具有多样性、差异性、层次性、发展性、伸缩性、周期性、关联性、可诱导性、习惯性和从众性等特征。

2. 消费者需求研究的作用主要有三个方面：发现消费者需求有利于企业识别市场机会、开拓市场；正确识别消费者需求有利于企业研究和选择目标市场，满足目标市场需求，确立竞争优势；正确识别消费者需求有利于企业制定相应的营销战略和策略。

3. 马斯洛需要层次理论把人的需要分为生理需要、安全需要、社交需要、尊重需要和自我实现需要五个层次，排在前面的需要应该首先被满足，在低层次的需要得以被相对满足以后，高层次的需要才可能出现。

4. 马斯洛需要层次理论对消费者心理与行为研究的启示：消费者的需求结构很复杂，无论何时都有许多需求同时影响消费者的心理与行为；由于消费者同时存在多种需求，并且在同时存在的需要中有优势需求；满足较高层次需求的途径往往多于满足较低层次需求的途径；在企业实施国际营销的过程中，一定要分析目标市场国与本国的需求差异，根据目标市场国的需求特点调整企业的营销策略。

5. ERG 理论：美国耶鲁大学克雷顿·奥尔德弗在马斯洛提出的需要层次理论的基础上，进行了更接近实际经验的研究，提出了一种新的人本主义需求理论。奥尔德弗认为，人们存在三种核心的需求，即生存需求（Existence）、相互关系需求（Relatedness）和成长发展需求（Growth），因而这一理论被称为 ERG 理论。

6. 成就激励需求理论：由美国哈佛大学教授戴维·麦克利兰提出，他从二十世纪四五十年代开始对人的需求和动机进行研究，提出了著名的成就需求、权力需求和归属需求"三种需求理论"。

7. 现代消费者需求的发展趋势呈现六大变化和特征：消费率迎来上升拐点、消费增速将进入平稳期、消费热点趋于多元化、服务性消费将快速增长、消费层次将不断提高、消费新模式不断涌现。

8. 消费者的购买动机是指由消费者的需求形成的驱动力引发消费者购买行为的直接原因，即推动消费者进行购买活动的念头和愿望。消费者购买动机的特征：消费者购买动机的内隐性、消费者购买动机的多重性、消费者购买动机的实践性、消费者购买动机的复杂性。

9. 消费者购买动机有始发、指向、维持以及强化四个作用。消费者购买动机的类型主要有：求实动机、求新动机、求美动机、求名动机、求廉动机、求便动机、从众动机。

消费心理与行为学

项目实训

【知识挑战训练】

一、单项选择题

1. 人们为了满足生理或心理的需要而对物质产品或服务的具有货币支付能力的欲望的总和是指（　　）。
   A．消费者的意向　　　　　　　　B．消费者的需要
   C．消费者的欲望　　　　　　　　D．消费者的需求

2. ERG 理论认为人们存在三种核心的需求，即生存需求、（　　）和成长发展需求。
   A．相互关系需求　　　　　　　　B．心理安全需求
   C．自我实现需求　　　　　　　　D．自尊的需求

3. 美国耶鲁大学克雷顿·奥尔德弗提出的一种新的人本主义需求理论为（　　）。
   A．马斯洛需要层次理论　　　　　B．ERG 理论
   C．成就激励需求理论　　　　　　D．归因理论

4. （　　）是马斯洛需要层次理论的最高层次需要。
   A．安全需要　　　　　　　　　　B．自尊需要
   C．社交需要　　　　　　　　　　D．自我实现需要

5. 同样是购买运动服饰，很多年轻人倾向于花高价购买耐克、阿迪达斯等品牌，这属于（　　）。
   A．求实心理动机　　　　　　　　B．求名心理动机
   C．求新心理动机　　　　　　　　D．惠顾和偏好动机

二、多项选择题

1. 传统消费热点增势趋稳，下列哪些（　　）正在成为新的消费热点。
   A．信息消费　　　　　　　　　　B．健康消费
   C．体验式消费　　　　　　　　　D．奢侈品消费

2. 购买动机具有以下几种特征（　　）。
   A．内隐性　　　　　　　　　　　B．多重性
   C．实践性　　　　　　　　　　　D．复杂性

3. 马斯洛需要层次理论的基本内容包括（　　）。
   A．心理、安全需要　　　　　　　B．自尊需要
   C．社交需要　　　　　　　　　　D．自我实现的需要

4. 消费者购买动机的作用有（　　）。
   A．始发作用　　　　　　　　　　B．指向作用
   C．维持作用　　　　　　　　　　D．强化作用

5. 下列属于成就激励需求理论内容的是（　　）。
   A．成就需求　　　　　　　　　　B．权利需求
   C．归属需求　　　　　　　　　　D．自尊需求

项目 4
消费需求与购买动机

三、简答题

1. 何谓消费者需求？其作用有哪些？
2. 简述现代消费者需求的发展趋势。
3. 马斯洛需要层次理论对消费者心理与行为研究有何启示？
4. 何谓消费者购买动机？其特征和类型有哪些？
5. 企业经营者在营销过程中应如何有效运用消费者的各种购买动机？

四、案例分析题

一位女大学生的购物经历

女大学生小敏与同伴逛街，一件休闲西装吸引了她的目光，于是让售货员将其取下并进行试穿，两个同伴均用赞赏的口气说："你穿上这件休闲西装给人耳目一新的感觉，而且有几分淡淡的高贵和成熟。"小敏也觉得这件衣服让她显得端庄和稳重，这正是她长久以来所希望和追求的形象，按捺住内心的兴奋与冲动，她向售货员询问价格，售货员给出的报价却超出她的预期，105元人民币，而她口袋里仅有70元，同伴凑在一起也只有80多元。就在小敏迟疑之时，售货员说：有会员卡可以享受九折优惠，小敏为难地说："打九折后我还是无法接受啊！"

小敏带着几分依恋和遗憾离开了这家商店，走了几步突然想起方才在路上曾遇到了几位同班同学，她心想：向他们借钱不就可以买下来了吗？遂征求同伴意见，她们说："的确贵了点，但如果真心喜欢就值。"于是小敏毅然拨通了同班同学的电话，几分钟后，大家一起来到店里，再一次的试穿坚定了小敏购买的念头。她用凑来的钱买下了这件休闲西装。

事后分享这次购物经验时，小敏说："当时有几分冲动，现在有点悔意，毕竟是贵了，超出了自己的经济能力。但知道这种职业便西装对今后参加工作仍有价值，便不再遗憾和抱怨了。"

（资料来源：唐赤华，戴克商．消费者心理与行为．北京交通大学出版社，2011．原文经过改写。）

思考讨论题：

（1）试对小敏同学的消费需求进行分析。
（2）小敏的购买动机是什么？该动机是如何产生的？

技能实训

技能实训 4.1　消费者需求分析

1. 实训目的

通过本次实训，使学生熟悉消费者需求的分类及特征，掌握各种类型消费者购买动机的特征，能识别和分析特定消费者的需求和动机，培养学生的洞察力，提高其语言沟通能力。

2. 实训内容

去大型商场鞋类专柜观察消费者购买鞋子的过程，记录营销人员与消费者的对话，并指出消费者的需求与购买的动机是什么。

3. 实训材料

相关图书、教辅、计算机、纸张、笔、投影仪等。

4．实训步骤

① 由全班同学自由分组，每组6~8人。
② 各组分别进行集体讨论，明确组内分工。
③ 按照分工进行资料收集、整理、讨论并记录讨论的结果。
④ 整理观察记录，形成报告。
⑤ 各组将资料制作成一个PPT，选一名代表展示工作成果。

5．成果与检验

消费者需求与购买的动机分析的效果评价参考表，见表4-1。

表4-1 消费者需求与购买的动机分析的效果评价参考表

序号	评价内容		分值（分）	实际得分（分）
1	实际操作	明确记录具体的购物时间、地点、对象	20	
		购买过程翔实，购买对话记录详细	30	
2	分析报告	能够对记录的内容进行恰当整理与分析，形成分析报告	20	
		制作成PPT，图文并茂，内容翔实	10	
		汇报大方从容，内容全面	20	
	合计		100	

评价说明如下。

① 每组学生的成绩由两部分组成：实际操作（50%）和分析报告（50%）。
② 实际操作主要考查学生观察的过程及收集资料、整理资料的能力。
③ 分析报告主要考查学生根据信息资料分析得出的结论与建议的合理性，并制作成PPT进行汇报的能力。

项目 5

群体消费者的消费心理与行为

营销名言

不要过度承诺,但要超值交付。

——戴尔

学习目标

专业能力目标

- 掌握消费者群体、消费流行的基本概念。
- 认识消费者群体、家庭生命周期的不同阶段和消费流行对消费者心理和行为的影响。

方法能力目标

- 掌握消费者群体、家庭生命周期的不同阶段和消费流行的相关知识在企业营销战略中的应用。
- 初步运用消群体消费心理知识分析企业的市场营销活动。

社会能力目标

- 具有运用消费者群体、家庭生命周期的不同阶段和消费流行的有关知识对消费者心理和行为进行分析的能力,并在此基础上具有为企业制定相应的营销战略的能力。

消费心理与行为学

感受营销

视频（什么是群体）

（资料来源：https://www.icve.com.cn/.）

项目实施

任务 5.1　消费者群体的概念及划分

学习目的

学习任务	能理解消费者群体的概念并对消费者群体进行划分
要　　求	1. 能理解消费者群体的概念 2. 能对消费者群体进行划分
应具备的知识	1. 掌握消费群体的基本概念 2. 掌握消费流行的基本概念 3. 认识消费者群体、家庭生命周期不同阶段和消费流行对消费者心理和行为的影响。
应具备的能力	收集信息的能力、从众多信息中准确抽取所需信息的能力、准确识别各个消费群体、家庭生命周期不同阶段和消费流行对消费者心理和行为的影响的能力、制作 PPT 的能力
质量标准	评价项目	分值（分）
	1. 信息真实可靠	20
	2. 以事实为依据，高效筛选、分析、整理信息	20
	3. 准确识别与划分消费者群体	40
	4. PPT 制作完整	20

案例导入

淘宝 24 小时生活数据

新浪科技讯 5 月 15 日下午消息，今日，淘宝公布了一组"24 小时生活数据"。数据显示，网上购物已经成为人们的新习惯，消费高峰出现了"多频次"的特点。睡前消费也成为一种新的购物潮流，在母婴用品方面，"妈妈"群体从凌晨四五点就已经开始用手机浏览婴幼儿用品了。

项目 5
群体消费者的消费心理与行为

1．国人女装消费高峰一天三次，购买化妆品男女比例 3∶1

根据淘宝今日公布的统计情况，上午 10 点，女装的销售就会出现第一波高峰。这种情况在周二、三尤为明显，一位服装店主分析说，这主要是因为此时下单的商品能够在本周内到货。

到了下午 2 点和晚上 8 点，女装购物高峰都会再次出现，并且一直持续到晚上 10 点，临睡前，消费者也形成拿着手机逛淘宝的习惯。

在美妆方面，每天的消费高峰也有两次，分别是晚上 9 点到 11 点，以及下午 2 点到 4 点。有趣的是，购买化妆品的男女比例现在已达到 3∶1。

2．网卡购物推动睡前消费，"妈妈团"逛街从凌晨开始

和"女人管家"的观念完全一致，"妈妈团"也是淘宝购物的主力。到了上午 11 点，准妈妈和妈妈们在工作之余，开始逛童装和尿不湿，以及孕、产妇用品。这个时间段同时也是买菜、买水果的黄金时间，主妇们开始选购生鲜、土鸡、大米、鲜笋、海产、樱桃……，数据显示，30 岁到 35 岁的女性正是采购生鲜的主力群体。

下午 4 点，妈妈们想起小宝宝的口粮，出现了奶粉采购的高峰；晚上 9 点，妈妈们又开逛起了玩具。淘宝母婴版块的数据显示，购买母婴用品的男女比例为 3∶7，看来，除了妈妈们关注孩子成长，爸爸们也在迎头赶上。

淘宝数据分析师也评价了越夜越逛的新趋势，从平台整体数据来看，在晚上 9 点到 10 点还是购物的高峰期，"在一天里，人们用手机消费的热情会比用电脑来逛淘宝的热情持续得更晚一些，甚至持续到次日凌晨 1 点，形成了'睡前消费'的独特现象"。

3．中老年人下午玩收藏，"90 后"晚间逛动漫

此前两年的支付宝对账单都揭示了中老年人在网购方面的消费实力，而最新的淘宝行为数据则表明，他们常常在下午购买收藏品。

以紫砂壶为例，购买紫砂壶的用户，年龄主要集中在 40 岁到 70 岁，购买时间也多集中在下午 2 点到 3 点，他们在晚上 8 点到 9 点还会再一次出现淘收藏品的高峰。

而"90 后"的活动时间则明显是夜晚，晚上 8 点，淘宝动漫频道就会热闹起来，在周末更是如此。数据显示，关注动漫的主要是 18~24 岁的群体，以学生、年轻白领为主。其中，对手办玩具感兴趣的男生更多，女孩子则很关心 Cosplay 的衣服。

4．"找阿姨"高峰周四开始，夜间选择家居用品

一般从周四晚上开始，在淘宝上寻找家政服务的人数就明显增加，这样看来，人们周末需要打扫房间，周四就开始预订了。

数据显示，人们更喜欢在晚上 10 点到 11 点寻找家政服务，其次是下午 1 点到 3 点，而这股消费潮会从周四一直持续到周六。

在 3 月 25 日，淘宝还正式推出了家政服务平台——生活家。首批开通北京、上海、广州、深圳、杭州等 15 个城市，有 7 万名家政服务人员实名认证入驻。打开手机淘宝，只需 30 秒，就能在平台上找到经过正规培训的家政服务人员。此外，平台还提供担保支付。

另外，晚上 9 点到 10 点也是人们选择家居用品的高峰时段，从数据来看，关注家居类商品的女性用户偏多；而在家装主材方面，则是男性关注得更多。

（数据来源：杨洋. 淘宝24小时生活数据：购化妆品男女比例3∶1，新浪科技，2014年5月15日.）

想一想

为什么不同性别、不同年龄的人逛淘宝的时间和需求不同？

参考答案

任务实施

5.1.1 消费者群体的概念

群体是指若干社会成员在长期接触交往的过程中，在相互作用与相互依存的基础上形成的集合体。一个群体内的成员之间通常存在着某种稳定的联系和心理影响。群体往往是由两人或两人以上通过一定的社会关系结合起来，进行共同活动而产生相互作用的集体。群体规模可以比较大，如几十人组成的班级；也可以比较小，如经常一起打球的球友。

消费者群体是指由具有某些共同消费特征的消费者所组成的群体。消费者群体的形成是内在因素与外在因素共同作用的结果。内在因素主要有性别、年龄、个性特征、生理方式、兴趣爱好等消费者生理、心理方面的因素，外在因素主要有生活环境、所属国家、民族、宗教信仰、文化传统、政治背景等社会文化方面的因素。一般来说，同一消费者群体中的消费者在消费心理、消费行为、消费习惯等方面具有明显的共同之处，而不同消费者群体的成员在消费方面存在着多种差异。消费者群体作为一种特殊的社会群体类型，有其自身的活动规律和活动方式。其中尤以群体的内部规范和内部信息沟通状况对成员及其群体的消费行为影响重大。

然而并非所有聚集在一起的人都可被称为群体。只有具备以下基本条件和特征的社会成员才能称为一个群体。

① 群体成员需以一定纽带联系起来。例如，以血缘为纽带的人员组成了家庭，以职业为纽带的人员组成了职业群体。

② 群体成员之间有共同的目标和持续的相互交往。电影院里的观众就不能被称为群体，因为他们是偶然和临时性地聚集在一起，缺乏持续的相互交往。

③ 群体成员有共同的群体意识和规范。具有某种共同特征的若干消费者组成的集合体就是消费者群体。因为同一群体成员之间一般有接触和互动，能够相互影响，因而凡是具有同一特征的消费者都会表现出相同或相近的消费心理与消费行为。

5.1.2 消费者群体的划分

对消费者群体按照不同标准分类，有以下几种类型。

项目 5
群体消费者的消费心理与行为

1. 正式群体与非正式群体

根据消费者群体组织的特点,消费者群体可以分为正式群体与非正式群体。正式群体是指具有明确的组织结构、完备的组织章程、确切的活动时间的消费者群体。正式群体中的消费者必须遵守群体的行为准则,严格保证群体活动的规范性。例如,职业协会、消费活动俱乐部、同业者联谊会等均属于正式的消费者群体。正式群体的规模比较大。与此相反,一般规模较小的或没有明确组织结构与章程的消费者群体统称为非正式群体。例如,几个相交较密的朋友、多年的邻居、某些共同兴趣的爱好者等,都属于非正式群体。

2. 首要群体与次要群体

根据群体的成员影响力的大小,消费者群体可分为首要群体与次要群体。首要群体也称作主要群体或主导群体,是指由关系极其密切的消费者所组成的群体。首要群体对其成员的消费心理和消费行为都有十分重要的制约作用。例如,家庭、亲朋好友、单位同事都属于首要群体。次要群体也称作次级群体或辅助群体,是指对成员的消费心理与行为的影响作用相对较小的消费者群体,通常是由某种共同兴趣、需要、追求的消费者组合而成的。

3. 所属群体与渴望群体

根据消费者与群体关系状况,消费者群体可以分为所属群体与渴望群体。所属群体是指消费者已加入其中的群体。渴望群体是指消费者渴望加入其中但实际尚未加入的群体。这两种群体对消费者的影响有很大的不同,前者对消费者的心理与行为都有重要的影响甚至是制约的作用,而后者则对消费者行为具有很强的示范作用,导致其模仿行为的产生。

4. 实际群体与假设群体

根据消费者群体的真实存在性,消费者群体可以分为实际群体与假设群体。实际群体是指现实生活中客观存在的群体,成员之间具有实际交往与相互间的影响与制约。假设群体也称作统计群体,是指具有某些共同特点的消费者群体,而成员之间并没有现实的联系,也没有任何的组织形式,只是具有统计意义或研究意义的群体。例如,不同年龄的、不同性别的、不同职业的、不同收入水平的、不同文化水平的、不同家庭规模的、不同所属文化的、不同宗教信仰的、不同居住地区的、不同居住环境的消费者群体,可划分为不同的假设群体。

5. 长期群体与临时群体

根据消费者与群体联系的时间长短,消费者群体可分为长期群体与临时群体。长期群体是指消费者加入时间较长久的群体。长期群体的规范与准则,对消费者行为具有重大且稳定的影响作用,甚至可能使群体成员形成一定的消费习惯。临时群体只是消费者暂时参与其中的群体。临时群体对消费者行为的影响也是暂时性的,但影响力可能很大。例如,参加某企业有奖销售的消费者群体,多数成员的参与热情会激发更多人的购买欲望,形成一时间的热潮。

6. 自觉群体与回避群体

根据消费者对群体的意识与态度不同,消费者群体可以分为自觉群体与回避群体。自觉群体是消费者根据自身条件在主观上把自己列为其成员的某个群体,如中年知识分子群体、"老三届"群体、传统型消费者群体等。自觉群体中的成员并无直接交往，但是其成员通常会自觉地约束自己的行为使之符合群体的规范。回避群体是指消费者认为与自己完全不符合并极力避免与之行为相似的群体。消费者对于回避群体的消费行为持坚决反对态度，并且也极力排斥其对自身行为的影响。

【营销视野】

兰蔻——整合搜索、精准锁定目标群体

作为全球知名的高端化妆品品牌，兰蔻的产品涉及护肤、彩妆、香水等多个领域，主要面向受教育程度较高、收入水平较高，年龄为 25~40 岁的成熟女性。针对这一特征鲜明的目标人群，兰蔻为其量身定做了适合的营销模式——以聚集中国95%以上网民的百度搜索营销平台为基础，将关键字投放、品牌专区、关联广告、精准广告等不同营销形式有机地整合在一起，精准锁定了兰蔻的目标受众。在提升品牌形象的同时，也提高了广告投放转化率，拉动了实质销售量的上升。配合新产品上市，兰蔻选择了与品牌产品相关的关键字进行投放，如青春优氧、感光滋润粉底液等，迎合受众搜索需求，确保目标受众第一时间触及兰蔻的新产品信息。当你在百度网页搜索"安妮·海瑟薇"（兰蔻璀璨香水代言人）、寻找圣诞礼物、在百度知道询问化妆品信息时，兰蔻的广告就会相应呈现。这就是百度关联广告的魔力——全面"围捕"，覆盖更多的潜在受众。除网页搜索外，兰蔻还充分应用百度"知道"平台，当网民检索化妆品相关问题并进入问答页面后，即可看到兰蔻的关联广告信息。

图 5-1　兰蔻百度精准广告图片

品牌专区为兰蔻打造了品牌体验官网，只要在百度网页中搜索"兰蔻"，即会出现一块占首屏多达 1/2 的兰蔻专属区域，通过"主标题及描述+品牌logo+可编辑栏目"的形式展现品牌迷你官网，以图文并茂的形式展现最新品牌及产品核心信息，提升兰蔻的品牌形象，同时向兰蔻网上商城导入流量，提高广告转化率，促进产品销售。借助搜索引擎和关键词技术，品牌专区打破传统、单一的搜索结果展示形式，以兼具"大面积"和"图文并茂"的形式展现用户在百度中搜索的结果页面，为消费者展现更加详尽的产品信息，带给目标客户全方位的品牌体验。

凡走过必留下痕迹，凡寻找必有精准广告。百度精准广告最大的特点在于，能够精准锁定相关受众，按照广告主的需求，从上亿的网民中挑选出广告主的目标人群，保障了广告只出现在广告主想要呈现的人的面前，从而解决媒体投放费用大部分被浪费的问题。如兰蔻"七夕情人节网上特别献礼活动"的精准广告，根据对网民搜索行为分析，百度平台只将该广告投放在那些曾搜索过"情人节""情人节礼品"等相关内容的网民面前。据统计显示，通过整合各种广告形式，兰蔻的广告投入产出比达到 1∶1.2，点击率提高了 15%。

想一想

兰蔻的目标群体是什么？这个消费群体呈现什么消费心理与行为特征？

5.1.3 消费者群体的形成

消费者内在因素和外部因素共同作用，形成了消费者群体。主要表现为以下几种情况。

1. 因其生理、心理特点的差异形成不同的消费者群体

消费者之间在生理、心理特性方面存在诸多差异，这些差异促成了不同消费者群体的形成。这种根据消费者自身生理及心理特点划分的各个消费者群体之间，在消费需求、消费心理、购买行为等方面有着不同程度的差异，而在群体内部则有许多共同特点。

因性别的差异，形成了女性消费者群体、男性消费者群体；因年龄的差异，形成了少年儿童消费者群体、青年消费者群体、中年消费者群体、老年消费者群体。

2. 因外部因素的影响形成不同的消费者群体

生产力发展水平、文化背景、民族、宗教信仰、地理气候等外部因素对于不同消费者群体的形成有一定的催化作用。例如，生产力的发展和生产社会化程度的提高促进了社会分工的细化，使得职业划分越来越细，如农民、工人、文教科研人员等。不同的职业导致人们的劳动环境、工作性质、工作内容和能力素质不同，心理特点也有差异，这种差异必然会反映到消费习惯和购买行为上来。久而久之，便形成了以职业划分的农民消费者群体、工人消费者群体、文教科研人员消费者群体等。

此外，文化背景、民族、宗教信仰、地理气候等方面的差异，也可以使一个消费者群体区别于另一个消费者群体。

练一练

通常消费者群体有几种划分方法？

消费心理与行为学

任务 5.2　不同消费者群体的消费心理及行为特点

学习目的

学习任务	掌握不同消费者群体的心理及行为特点
要　　求	1. 能分辨不同消费者群体的心理特点 2. 能分辨不同消费者群体的行为特点
应具备的知识	1.掌握不同消费群体的心理特点 2.掌握不同消费群体的行为特点
应具备的能力	1. 认识消费者群体、家庭生命周期的各个阶段和消费流行对消费者心理和行为的影响 2.收集信息的能力、判断能力
质量标准	评价项目	分值（分）
	1. 能准确讲出不同消费者群体的心理特点	50
	2. 能准确讲出不同消费者群体的行为特点	50

案例导入

高校消费群体现状及成功案例

　　高校作为年轻人最为集中的地方，消费市场十分广阔。江苏省的调查数据显示，南京的高校学生月消费在千元左右，他们的生活费中有一半左右是用在非学习性消费上。在高校市场里，消费集中在食品、时尚用品、数码产品、奢侈品等方面。面对这个庞大的市场，很多企业想涉足，但是因为校园的限制，难以进入。即使有个别的企业能够和院校进行一些互动宣传，却因为对高校情况的不了解，再加上对执行能力没有比较好的把握，很难在学生中产生联动效应，因此整体市场反应也不佳。

　　南京移动针对开学新生进行动感地带校园至尊版的手机卡销售，按照常理，南京移动完全可以利用现在的代理商进行销售。但是，由于新生市场是在短期内形成的一个急剧膨胀的消费群，仅仅依靠代理商或者营业厅是远远不够的。因此，移动公司开始挖掘学生市场，寻找了一些积极的学生作为销售代表。然而，由于学生自发性的代理没有很高的门槛，就产生了一个学校有多个代理的局面，其弊端就是不规范。数个代理同时竞争一个市场，另外加上联通的竞争，致使整个学校内传单乱飞，因此，每年都会有一批号码不太好的卡被退回，也给移动造成了很大的损失。企业找学生当代理，如果没有很好的管理制度，就很难对学生进行监管，销量也就无从保证。

　　2003 年，南京大学五个学生就开始尝试进行校园手机卡推广工作，他们利用了三个月的时间进行调查，了解了学生的一些消费特点，并成立了一个团队针对学生市场进行推广。他们采用了以下几个重要的方法。

项目 5
群体消费者的消费心理与行为

第一，在寻找学生作为销售代表的时候，不是强调经济利益，而是通过思想上的引导，更多地让学生感觉到和他们一起合作有机会积累更多的实践经验。

第二，针对不同的院校，采用项目负责制的方式进行监管，每个学校都指定一个负责人全面负责该学校的推广工作，包括人员的安排和执行监管。当然，这也存在着某些方面的片面性。这样的负责人一般都是学生会或者团委里的学生干部，在学生群体中具有领导能力和影响力的。因此，执行力度比一般的学生更强一些。在这里要提一点，学生常常会因为想学习或想恋爱等原因中断兼职工作，因此，由学生会的负责人来安排具体的实施人员具有较强可控性，而以实践为引导的方式更容易吸引一些比较积极的人长期做下去。

学生会基本上都需要一些收入来开展活动，因此，在做推广的时候需要给一点费用，偶尔和学生会的负责人吃饭聊天也是促进合作的有效方法。这样，宣传和推广基本就可以顺利进入校园了。在推广中，一定要注意的是执行阶段中的监管。如果和负责人确定了执行方案，就可以启动推广工作，并督导执行的进度。如果没有足够的把握，一定要在执行之前把细节交代清楚。

第三，尽可能与院校的活动相结合。学校开学或者年庆等机会都是企业做宣传的好机会，这个时候找到学生会只需要很少的费用和支持，就可以顺利地进行一次不错的宣传。例如，南京某数码公司在某高校迎新晚会提供了 3 个 MP4 作为赞助（总价值不到 2000 元）就换来了迎新晚会的冠名、全校区的海报张贴、全宿舍的宣传单派发权。

（资料来源：http://blog.sina.com.cn/s/blog_4bef5743010006y6_html. 有修改。）

想一想

大学生群体的消费心理与行为特点是什么？企业该如何争取大学生消费者这个群体？

参考答案

5.2.1 不同年龄消费者群体的心理及行为特点

1. 少年儿童消费者群体的消费心理与消费行为

我们将 0~14 岁的消费者组成的群体称为少年儿童消费者群体。这一群体的消费者在人口总数中占有较大比例。从世界范围看，在年轻人口型国家中，0~14 岁少年儿童占 30%~40%；在老年人口型国家中，0~14 岁的少年儿童占 30% 左右。这一年龄阶段的消费者构成了一支庞大的消费大军，形成了具有特定心理特点的消费者群体。

为了研究的需要，我们进一步将这一消费者群体根据年龄特征分为儿童消费者群体（0~11 岁）和少年消费者群体（11~14 岁）。

（1）儿童消费者群体的消费心理与消费行为

从刚出生的婴儿到 11 岁的儿童，由于受一系列外部环境因素的影响，他们的消费心理变化幅度最大。这种变化在不同的年龄阶段即乳婴期（0~3 岁）、幼儿期（3~6 岁）、学龄期（6~11 岁），表现得最为明显。乳婴期儿童的需要是由其父母或监护者来满足的，他们不具备独立的消费能力；幼儿期的儿童有一部分已经学会利用手中的零钱，购买自己喜欢的零食和小玩具等，但大多数消费行为仍需成年人协助完成；学龄期的儿童已经初步形成自己的消费心理特征，并且大多数可以独立完成简单的消费活动，如在家或学校附近的商店购买食品及学习用品等，对较为复杂的购买行为，他们也起到了较强的影响作用，甚至成为购买行为的决策者或参与者。

① 认识商品的直观性。儿童对事物的认识主要由直观刺激引起，对商品的注意和兴趣主要来自商品的外观，如商品的图案、色彩、造型、声响等，这个特点在低龄儿童身上表现得更为突出。他们容易被结构简单、色彩明艳、能活动、带响声的玩具所吸引。另外，由于低龄儿童的商品知识及消费经验较少，生活范围局限很大，因此他们不了解市场商品的营销情况，很难辨别商品的好坏，也不在乎商品使用的社会效应，这就使得儿童对商品的认识有很大的局限性。例如，儿童对手机外观比较关注，偏爱一些卡通人物等，迪士尼推出的 D100 儿童手机（见图 5-2），外形十分可爱，机身造型为复活节彩蛋，机身背面和正面的外壳、键盘部分都可以更换。该机配置了一块七彩屏幕，开机时可以显示迪士尼的动画场景，十分有趣。

图 5-2　迪士尼推出的 D100 儿童手机

② 使用商品的模仿性。儿童的自我意识水平较低，心理活动、认识与调节能力都处于低级水平。他们对自己、他人及外界事物的认识往往以别人的行为、思想作为指导，而其本身缺乏独立的分析判断能力，在行为上表现出很大的模仿性、从众性。在消费活动中，儿童购买欲望的产生或对商品的认识，受他人的消费行为及评价的影响很大，因为他们具有很强的模仿性，年龄越小，模仿性越大。特别是在学龄前期，其他小朋友拥有某件玩具或用品，常常会诱使儿童产生消费欲望，并以此作为其要求父母购买该商品的理由。当然，随着年龄的增长，儿童的模仿性消费逐渐被有个性特点的消费所代替，购买行为也开始有一定的动机、目标和意向。

③ 消费情绪的不稳定性。儿童的情绪不太稳定，在对消费品的喜爱上也会表现出很大的情绪波动。尤其是学龄前儿童，其消费情绪受周围环境、其他人的评价与情绪的影响很大，缺乏主见，情绪很容易向对立的方向转变。对别人喜欢的东西，自己也易喜欢；而对别人不喜欢的东西，自己也会厌弃。此外，由于儿童的自我意识较差，因此他们缺乏对感情、行为的控制与调节能力，情绪容易冲动，喜好带有随意性。总之，儿童在消费活动中经常会表现出对商品的喜好不定、兴趣易变等特点。

④ 选择商品的模糊性。儿童在购物活动中常常会犹豫不决、左顾右盼，他们之所以在购买活动中有这样的表现，主要是因为他们年幼，生活知识缺乏，对购买活动生疏，缺乏商品知识和消费经验，不会挑选，加之他们往往在公共场合里有些胆怯，于是在选择商品时常常犹豫不决、无所适从。

项目 5
群体消费者的消费心理与行为

⑤ 求新、求奇、求知、好玩、好胜的感情动机较强。孩子在婴幼儿期的需要,主要是生理性需要。但随着年龄的增大,其自我意识会逐步增强,心理活动水平会不断提高,儿童的消费心理也逐步带有一定的"社会性",其购买行为受求新、求奇、求知、好玩、好胜等感情动机的支配相当明显,而生理性消费动机的支配作用大大减弱。

【营销视野】

上海迪士尼乐园主题餐厅曝光,游客不可错过的 10 大特色餐厅

米奇鲜肉月饼、米奇烤鸭比萨、跳跳虎尾巴面包、米妮豆沙包、唐老鸭华夫饼……近日,上海迪士尼主题乐园公布了园区内的最新餐饮信息。除了那些吸引人的游乐设施,梦幻而独特的主题餐饮也是小朋友们的最爱。

1. 全植入式动画氛围的营造,打造 28 间主题餐饮

主题乐园内众多餐厅的设计灵感,都来自动画电影中的经典片段,为小朋友及其家长带来最具主题体验感的就餐环境。

2. 逛吃于一体的沉浸式场景营造

除了动画电影主题的植入,迪士尼还设置了多种不同的场景主题,使迪士尼主题乐园的这些餐饮设施成为小朋友游玩和体验的一部分。例如,在"宝藏湾"园区的"巴波萨烧烤"餐厅,这里供应的是和"海盗"主题相关的海鲜、烧烤类产品。这家餐厅的设计背景是,一位叫巴波萨的海盗是这家餐厅的主人。设计师在餐厅中添加了电影《加勒比海盗》中的场景布置。同时,厨房以开放式呈现,小朋友可以看见"海盗"本人亲自掌勺,而餐厅的服务员也会穿着经过特别设计的服装。

3. 中西合璧+迪士尼元素,食物造型萌化心

考虑到游客主要来自国内,迪士尼主题乐园通过本土化的厨师团队保证菜肴的设计能够符合中国消费者的口味。上海迪士尼乐园 760 位厨师中只有 3 位来自海外,其他均是来自八大菜系属地的大厨,如上海、四川、广州等。在园区内,70%的菜肴是中国菜,20%的菜肴是亚洲美食,包括马来西亚、印尼、新加坡、日本、韩国等,而剩下的 10%则是地道的西式佳肴,包括小朋友喜欢的汉堡、热狗等。

除了根据迪士尼版权元素设计的餐饮和菜品,还有根据各个主题园区、各个餐厅的具体故事背景所设计的一些食材盛放容器,还有饮料杯子也是米奇造型等。这些萌化心的设计都是专门为上海迪士尼度假区提供的,相当吸引人,好多小朋友喝完饮料后将杯子带走留作纪念。如图 5-3 所示是上海迪士尼乐园主题餐厅,如图 5-4 所示是造型萌化心的迪士尼儿童套餐。

图 5-3 上海迪士尼乐园主题餐厅　　　　图 5-4 造型萌化心的迪士尼儿童套餐

消费心理与行为学

（2）少年消费者群体的消费心理与消费行为

少年消费者群体是指 11～14 岁年龄阶段的消费者。少年期是儿童向青年过渡的时期，在这一时期内，人在生理上呈现出第二个发育高峰。与此同时，心理上也会发生较大的变化，如有了自尊与被尊重的要求，逻辑思维能力增强等。总之，少年期是依赖与独立、成熟与幼稚、自觉性和被动性交织在一起的时期。少年消费者群体的消费心理特征有以下几点。

① 有成人感，独立意识增强。随着少年消费者自我意识的发展，认为自己已长大成人，应该有成年人的权利与地位，要求受到尊重，学习、生活、交友等都不希望受父母过多干预，而希望能按自己的意愿行事，表现出明显的成人感特征。在消费心理上，表现出不愿受父母束缚，要求自主独立地购买所喜欢的商品。他们的消费需求倾向和购买行为还不成熟，有时还会与父母发生矛盾。

② 购买行为的倾向性开始确立，购买行为趋向稳定。少年时期的消费者，随着知识和经验不断丰富，对社会环境的认识不断加深，幻想相对减少，有意识的思维与行为增多，兴趣趋向于稳定。随着购买实践活动的增多，他们的感性与知性经验越来越丰富，对商品的分析、判断、评价能力逐渐增强，购买行为渐渐趋于习惯化和稳定化，也开始确立其购买行为的倾向性，购买动机与实际需要的吻合度有所提高。

③ 从受家庭的影响转向受社会的影响，受影响的范围逐渐扩大。少年消费者由于参与集体学习、集体活动，与社会的接触机会增多、范围扩大，受新环境、新事物、新知识、新产品等社会环境影响的比重逐渐上升。与家庭相比，他们更乐于接受社会的影响。其消费影响媒介主要是同学、朋友、明星、书籍、大众传媒等。

【营销视野】少年"名牌"消费心理面面观

想一想

部分少年为什么会产生追逐"名牌"消费心理？根据少年的消费特征企业应采取怎样的营销策略？

对于少年儿童消费者群体这一个庞大的消费市场，企业可以根据对各类少年儿童心理特征的了解和把握，采取适当的营销组合策略，以便有效地刺激其购买动机，培养、激发和引导其消费欲望，从而大力开发这一具有极大潜力的消费市场。

首先，企业应根据不同的对象，采取不同的营销组合策略。

婴幼期的孩子，一般由父母为其购买所需商品。企业对商品的设计要求、广告诉求和价格制定可以完全从父母的消费心理出发。商品质量是父母考虑的第一要素，生活用品和服装要适应不同父母的审美情趣，玩具的价格要适当。

学龄前期的孩子不同程度地参与了父母为其购买商品的活动，因此，企业既要考虑父母的要求，也要考虑儿童的兴趣。玩具用品的外观要符合儿童的心理特点，价格要符合父母的要求，用途要迎合父母提高儿童智力及提升儿童各方面能力的意愿。

项目 5
群体消费者的消费心理与行为

其次，企业应注重商品的外观设计，增强商品的吸引力。学龄期的孩子虽然已能进行简单的逻辑思维，但直觉的、具体的形象思维仍在起主导作用，对商品优劣的判断仍较多的依赖商品的外观形象。因此，企业在儿童用品的造型、色彩等外观设计上，要考虑孩子的心理特点，力求生动活泼、色彩鲜明。

最后，企业要不失时机地树立品牌形象。少年儿童的记忆力很好，一些别具特色并为其喜爱的品牌、商标或商品造型，一旦被其认识就很难忘记；反之，如果他们对某商品产生不良印象，甚至厌恶情绪，则很难改变。所以企业在给商品命名，设计商品图案、色彩，进行广告宣传时，要针对少年儿童的心理偏好，使他们能够对品牌产生深刻的、良好的印象。

2. 青年消费者群体的消费心理与消费行为

我们将由少年向中年过渡的人群称为青年。不同的国家和地区由于自然条件、风俗习惯、经济发展水平的不同，人成熟得早晚有差异，青年的年龄范围也不一致。在我国，青年一般指年龄在 15～35 岁的人。处于青年时期的消费者就形成了青年消费者群体。

（1）青年消费者群体的特点

① 人数众多。青年消费者群体是仅次于少年儿童消费者群体的另一个庞大的消费者群体。

② 具有较强的独立性和很大的购买潜力。该群体的消费者已具备独立购买商品的能力，具有较强的自主意识。尤其是参加工作以后有了经济收入的青年消费者，由于没有过多的负担，独立性更强，购买力也较高。因此，青年消费者群体是消费潜力巨大的消费者群体。

③ 购买行为具有较强的扩散性。青年消费者群体不仅具有独立的购买能力，其购买意愿对其他各类消费者会产生深刻的影响。新婚夫妇的购买活动代表了最新的家庭消费趋势，会对已婚家庭形成消费冲击和诱惑。孩子出生后，他们又以独特的消费观念和消费方式影响下一代的消费行为。如此高的辐射力是其他年龄阶段的消费者所不能及的。因此，青年消费者群体应成为企业积极争取的对象。

（2）青年消费者群体的消费心理与消费行为

在消费心理与行为上，青年消费者群体与其他消费者群体有许多不同之处。

① 追求时尚，时代感强。思维敏捷、思想活跃，对未来充满希望并具有冒险和创新精神是青年人典型的特征。他们对任何新事物、新知识都会感到好奇、渴望并大胆追求。他们对现实世界中的新生事物抱有极大的兴趣，渴望体验不同的感受。这些特征反映在消费心理方面就是追求新颖和时尚，力图站在时代前列，引领消费新潮流。所以，青年消费者强烈的求新、求异思维决定了他们往往是新产品、新消费方式的追捧者和推广者。

② 追求个性，表现自我。处于青春期的消费者，自我意识迅速增强。他们追求个性独立，希望确立自我价值，对外展现完美的个性形象，因而非常喜爱个性化的商品，并力求在消费活动中充分展示自我的与众不同。在消费决策过程中，对于自己打算购买的商品，他们不易受他人的影响，但他们会很在乎同龄人是否接受或喜欢。

③ 注重情感，冲动性强。由少年向成年过渡的青年消费者，思想倾向、志趣爱好等还不完全稳定，行动易受情绪及情感的支配。这一特征反映在消费活动中，表现为青年消费者易受客观环境的影响，情感变化频繁，经常发生冲动性购买行为。

消费心理与行为学 ◀

【营销视野】

七夕时节，看"95后"群体消费支付新动向

昨天是中国传统的七夕情人节，加上临近开学，大小商家也迎来了一波销售热潮。年轻情侣群体照例还是这一时节的消费主力，但许多商家都注意到，今年，年轻人在消费支付习惯上有一点与以往不同了。

学生群体早就习惯了手机支付，但这一次，相当比例的学生却不再使用主流的支付应用，而是用颇具标识度的 QQ 钱包来结账。某地一家热门的学生用品超市记录显示，25～27 日三天前来消费的消费者中，高达 63%的消费者的支付方式为 QQ 钱包，而使用这一支付方式的消费者绝大部分都是年轻消费者。几大主流搜索引擎的热搜指数排行上，QQ 钱包近一个月来的热度明显上涨，贡献者也多为年轻网民。此外，很多学校也发现学生缴纳学费的方式开始以 QQ 钱包为主，QQ 钱包甚至在部分校园里取代了校内卡，成为校园里的主流支付工具，如图 5-5 所示是一幅手机支付的漫画，如图 5-6 所示是 QQ 句有料的开启界面。

图 5-5　手机支付漫画　　　　　　　图 5-6　QQ 句有料的开启界面

众所周知，当下两大主流平台占据了电子支付市场的大部分份额，给竞争者留出的空间很小。那么为什么 QQ 钱包会在年轻群体这个细分市场中异军突起，迅速博得了"95 后"的认同呢？要回答这个问题，就需要对 QQ 钱包和年轻人的支付需求做一个深度的分析。

青少年市场是一个怎样的市场？

根据我国第六次人口普查的结果，我国 15～26 岁的年轻人口总数达到 2.25 亿，其中约 1.8 亿人为在校生。大学生是青年群体中的消费主力，而腾讯平台 2018 年对大学生的消费观念的调查报告显示，约 30%的学生月均消费支出超过了 2000 元，远远超过上一代大学生的消费水平。某大型动漫视频网站的调研数据也反映出了"95 后"群体不一样的消费价值观："95 后"消费者更习惯于为虚拟商品和服务（如视频点播、手机游戏）付费，愿意花钱买"体验"，也更重视商品的精神属性和社交属性。

总体而言，"95 后"的消费习惯相比社会主流的消费习惯已经有了很明显的差异，虽然这

项目 5
群体消费者的消费心理与行为

一市场的购买力相对不大，但是消费结构却更偏重虚拟商品和精神层面的服务与体验。

这种状况并不是突然形成的，也不是我国独有的现象。国外早有研究，在互联网时代成长起来的青年更加有独立性，更看重个体的精神需求，并且更渴望与他人进行精神层面的亲密互动。在这样的背景下，年轻人愿意为喜欢的视频、手游、文章付费就很容易理解了。而作为互联网时代的主流支付渠道，年轻消费者也希望电子支付应用能够符合他们的消费习惯，在支付功能之外附加更多的精神商品属性。显然，主流支付平台在这方面做的并不是很令他们满意，这也就给了QQ钱包一个大好的市场机遇。

为什么QQ钱包能够在年轻市场中异军突起？

从上面的分析我们可以看到，要想博得年轻一代的认同，支付工具就必须在满足他们心理需求、情感需求方面做得更突出、更有亮点。现在QQ钱包取得了这样的成绩，它具体又是怎样做到的呢？

就以这次七夕情人节来说，我们发现有相当数量的情侣选择了用QQ钱包的"代付"功能作为一种传达心意的渠道。使用QQ钱包结账时，只需选择好友头像，点击代付按钮就能发出代付请求，对方轻点确认即可付款，省去了转账等烦琐手续。此外，QQ钱包还有一项备受喜爱的创新玩法——句有料。对好友开启句有料功能时，对方要发亲密代付。句有料功能推出后在谈恋爱的学生人群中传播极快：究其原因，这两种功能本质上是一种以支付操作形式表现的社交互动，通过代付或句有料可以轻易传达"信任""帮助""爱"等信号，非常适合追求个性的年轻情侣。很多涉及恋爱关系的研究文章都指出，情侣间适当的金钱来往是加深两人亲密度的最有效途径之一，而代付和句有料功能恰恰以简单直接的方式满足了这种需求。

七夕来临，QQ钱包还推出了爱心支付主题。支付时支付密码输入框化作一个个爱心，给繁忙的都市生活平添了几分温馨和暖意。精心设计的主题和句有料、代付功能一样，都主要面向"95后"消费者的精神消费市场，给每次支付操作都附加了较高的精神价值。这些功能还能让年轻一代在共同使用QQ钱包的过程中加深群体认同感，进一步强化这一群体的集体意识。

或许消费者不清楚QQ钱包额外提供的这些价值的具体含义，但人生来对美好事物的追求让他们自然而然地体会到QQ钱包给自己带来的精神满足和快乐，他们无形中就会成为QQ钱包的忠实粉丝。

服务人性才是QQ钱包成功的关键。

多年以来，科技产品往往给人以冰冷、缺乏情感的印象。这种状况显然无法让越来越重视情感体验的新一代消费者满意。今天，QQ钱包率先做出改变，主动迎合人们的心理需要，从关怀人性的角度研发产品，使产品在激烈的竞争中脱颖而出。

想一想

QQ钱包为什么会得到"95后"的青睐？QQ钱包抓住了青年人怎样的消费心理？

消费心理与行为学

企业要想争取到青年消费者市场，必须针对青年消费者群体的心理特征，制定相应的市场营销策略。

首先，针对青年消费者热衷追求时尚的特征，企业应注重开发时尚产品，引导消费潮流。青年消费者学习和接受新事物快，有丰富的想象力和好奇心，因此在消费上追求时尚、新颖。时尚是不断变化的，企业要研究和预测国内外消费的变化趋势，适应青年消费者的心理，开发各类时尚产品，引导青年消费者进行消费。

其次，企业应注重个性化产品的经营。个性化的产品、与众不同的另类商品备受青年消费者的欢迎。企业在产品的设计、生产环节中，要改变传统的思维方式，要面向青年消费者开发个性化产品，尤其是服装、装饰品、书包、手袋、手机、MP3等外显性商品的设计生产，要改变千篇一律的大众化设计，以树立消费者的个性形象。在市场销售过程中也应注重个性化，如在商场设立形象设计顾问，帮助顾客挑选化妆品、设计发型等；在时装销售现场，帮助青年消费者进行个性化的着装设计，为其推荐穿着类商品和饰品。

再次，还要考虑不同层次的青年消费者的多层次需要。青年消费者进入社会后，除了生理、安全保障需要，还产生了社会交往、自尊、成就感等多方面的精神需要。产品的设计、开发要能满足青年消费者多层次的心理需要，以使他们产生购买动机。由于职业、收入水平的不同，在青年消费者群体中也会产生不同的消费阶层。他们在商品的购买上，也有因收入不同带来的差别。但是，青年人好胜、不服输的天性又使这种差别的表现方式不十分明显。例如，城市中青年人结婚的居室布置也广为农村青年所模仿，房屋装修、家用电器一应俱全。但是商品的品牌、质量还有所不同。企业在开拓青年消费者市场时，要考虑到这些不同的特点，生产不同档次、不同价格、面向不同收入水平的消费者的同类产品。这些产品在外观形式上差别不太大，但在质量价格上应能形成多种选择，以满足不同收入水平的青年消费者的需要。

最后，企业还应充分发挥青年消费者对市场开拓的推动作用。青年消费者购买产品后，往往会通过使用和其他人的评价，对购买行为进行评判，把他的购买预期与产品性能进行比较。如果发现产品性能与预期相符，就会基本满意，进而向他人推荐该产品；如果发现产品性能超过预期，就会非常满意，进而大力向他人展示、炫耀，以显示自己的鉴别能力；如果发现产品达不到预期水平，就会感到失望和不满，会散布对此商品的负面评价，进而影响这种产品的市场销路和品牌形象。企业在售出产品后，要收集相应的信息，了解顾客的评价以改进产品。同时，要及时处理好消费者的投诉，以积极的态度解决产品存在的问题，让青年消费者对企业的服务感到满意。

3. 中年消费者群体的消费心理与消费行为

35～55岁的消费者称为中年消费者，由中年消费者组成的群体称为中年消费者群体。中年消费者购买力强，购买活动多，购买的商品既有家庭日用品，也有个人、子女、父母的穿着类商品，还有大件耐用消费品。争取这部分消费者，有利于企业巩固市场、增加销售额。

中年消费者群体的消费心理大多表现为以下几个方面。

（1）情绪平稳，经验丰富，消费理性

随着年龄的增长，进入中年后，人们的性情和情绪反应通常趋于平稳，能理智地支配自己的行动，感情用事的现象减少。另外，由于中年消费者广闻博识，具有丰富的生活阅历，对商品的质量优劣、实用与否都有独立的判断能力；加之长期在购买活动中学习，早已形成了自己

项目 5
群体消费者的消费心理与行为

的购买习惯和技能。因而他们注重商品的实际效用、价格与外观的统一，从形成购买欲望到实施购买行为往往要经过分析、比较和判断的过程，随意性很小。在购买过程中，即使遇到推销人员不负责任的介绍和夸大其词的劝诱，也能冷静理智地进行分析、比较、判断与挑选商品，使自己的购买行为尽量正确、合理。

（2）量入为出，计划性强，讲求实用

中年消费者肩负着赡老扶幼的重任，是家庭经济的主要承担者。他们不像少年消费者和青年消费者那样，将收入全部花在自己身上。为了以有限的收入科学、合理、有效地支付家庭各方面的开支，中年消费者大多奉行量入为出的原则，消费支出计划性强，很少出现计划外开支和即兴消费的现象。中年消费者一般都养成了勤俭持家、精打细算的习惯，在购物时往往格外注重商品的价格和实用性，并在对与此有关的各项因素，如商品的品牌、质量、用途等进行全面的衡量后再做选择。一般来说，物美价廉的产品往往更能激起他们的购买欲望。

（3）注重身份，有消费品位，稳定性强

中年消费者正处于人生的成熟阶段，大多处于变动较少的稳定状态。因此他们不再像青年时那样赶时髦，超前消费，而是注意建立和维护与自己所扮演的社会角色，因此他们更注重个人气质和内涵的体现。

根据中年消费者群体的心理特征，企业可采取以下市场营销策略。

首先，企业应注重将中年消费者培育成为忠诚的顾客。中年消费者在购买家庭日常用品时，往往是习惯性购买，习惯去固定的场所购买经常使用的品牌产品。生产者、经营者要满足中年消费者的这种心理需要，使其消费习惯形成并保持下来，不要轻易改变本企业长期形成的产品包装，以免失去顾客。产品的质量和性价比，也要符合中年消费者的购买习惯，不要轻易变动。

其次，企业在商品的设计上要突出实用性和便利性。在商品销售现场，要为消费者着想，为其提供良好的服务。中年消费者的消费心理稳定，追求商品的实用性、便利性，华而不实的包装，奇异的造型，色彩对比强烈的画面往往不被中年消费者所喜爱。在销售那些目标受众为中年消费群体的商品时，应根据中年人的消费习惯，为其提供各种人性化的服务，如提供饮水、物品保管、代为照看小孩等服务，这样会收到良好的促销效果，使中年消费者成为忠实的顾客。

最后，面向中年消费者开展商品广告宣传或现场促销活动要理性化。中年消费者购物多为理性购买，不会轻易受外界环境的影响和刺激。因此，在广告促销活动中，要靠商品的功能、效用打动消费者，要靠实在的使用效果来证明商品的质量。在现场促销时，营销人员面对中年消费者，要用冷静、客观的态度及丰富的商品知识来说服消费者，并给消费者留下思考的空间和时间，切忌因推销情绪化、过分热情而招致中年消费者的反感。

总之，面向中年消费者开展市场营销，要充分认识中年消费者的心理特征，采取适宜的营销策略。

4. 老年消费者群体的消费心理与消费行为

我们将退休后离开工作岗位的（男 60 岁以上、女 55 岁以上）消费者称为老年消费者，由老年消费者组成的群体称为老年消费者群体。由于老年人在吃、穿、用、住、行等方面都有特殊要求，因此，这个群体要求有自己独特的产品和服务。根据我国第六次人口普查数据，我国 60 岁以上人口占全国总人口的 13.26%，标志着我国已经步入了人口老龄化国家的行列，并且老龄化人口的数量仍有继续增加的趋势。老年消费者群体是一个巨大的市场，随着经济的发展，这一市场仍然有极大的增长潜力，从而为企业提供更多的机会。就宏观角度而言，对老年

消费心理与行为学

消费者需求的满足，能够从一个侧面反映一个国家的经济发展水平和社会稳定程度。因此，研究老年消费者群体的消费心理特征，满足老年消费者的消费需求是非常有必要的。老年消费者由于生理演变的结果，他们的消费心理与其他消费者群体有许多不同之处，主要表现在以下几个方面。

（1）需求结构发生变化

由于需求结构的变化，老年消费者在穿着及其他奢侈品方面的支出大大减少，而对满足其兴趣的商品的支出明显增加。如穿着类商品需求下降的原因是，老年人不再追求时尚流行，活动少，一件衣服可以穿很多年，所以添置得相对较少。对商品的需求重心向旅游、休闲、娱乐、健身用品等方向转移。

（2）消费习惯相当稳定

由于年龄和心理因素，与年轻人相比，老年人的消费观较为成熟，消费行为理智，冲动性消费和目的不明的盲目消费相对较少，对消费新潮的反应会显得较为迟钝，他们不赶时髦，讲究实惠。

在几十年的生活实践中，老年消费者不仅形成了自身的生活习惯，而且还形成了一定的消费习惯。这类习惯一旦形成就相当顽固，并会在很大程度上影响老年消费者的购买行为。他们大多对层出不穷的新产品没有兴趣甚至不关心，对令人眼花缭乱的广告无所适从。在充斥着假冒伪劣商品的市场上，他们只认准自己长期使用的商品，更相信"老字号"及传统品牌。当然这些特点也使老年消费者市场变得相对稳定，企业一旦掌握了老年人的消费心理特点，就能在相当长的时间内在老年消费者市场中占有一席之地。

（3）消费追求便利舒适

由于生理机能逐步退化，老年消费者喜欢易学易用、舒适便捷的，没有体力和脑力负担的商品。此外，老年消费者对消费便利性的追求还体现在对商品质量和服务的追求上，老年消费者对商品质量和服务的要求高于一般消费者，这是老年消费者的特征。质量高、售后服务好的商品能够使老年消费者用得放心、用得舒服，不必为其保养和维修消耗太多的精力。

（4）选购商品追求实用

我国现阶段的老年消费者经历过较长一段时间并不富裕的生活，生活一般很节俭，他们把商品的实用性作为购买商品的第一目的性，强调商品质量可靠、方便实用、经济合理、舒适安全，至于商品的品牌、款式、颜色、包装等是放在第二位考虑的。价格便宜对于老年消费者来说有一定吸引力，但是，随着人们生活水平的改善，收入水平的提高，老年消费者在购买商品时也不是一味地追求低价，品质和实用性才是他们考虑的主要因素。

（5）注重健康，增加储蓄

随着生理机能的衰退，老年消费者对保健食品和保健用品的需求量大大增加。只要某种食品或保健用品对健康有利，价格一般不会成为老年消费者的购买障碍，尤其对于一些身体状况较差的老年人来说，健康无疑是他们关心的头等大事。这些人一般更加注重保养身体，会较多地购买医疗保健品。此外，老年人在退休之后，收入也有所下降，特别是大多数农村的老年人，一旦不再劳作，就几乎没有收入来源，而是要依靠自己以往的储蓄来生活，或是由子女赡养。因此，随着年龄的增加，他们会更加节省开支。

（6）部分老年消费者抱有补偿性消费心理

在子女长大成人、经济负担减轻之后，部分老年消费者产生了强烈的补偿性消费心理，试

项目 5
群体消费者的消费心理与行为

图补偿过去因条件限制而未能实现的消费愿望。他们不仅在美容美发、穿着打扮、营养食品、健身娱乐、旅游观光等方面和青年消费者一样有着强烈的消费兴趣,而且还乐于进行大宗支出。近年来这类老年消费者的数量有所增加,但在老年消费者群体中仅占少数。

企业要想在老年消费者市场中占据一席之地,必须针对老年消费者群体的心理特征,制定相应的市场营销策略。

首先,要针对老年消费者注重实用性、便捷性、安全性及舒适性的消费心理,开发适合老年消费者需要的各类商品。日本企业家就看准了"银色市场",在老年产品开发上大做文章,并将高科技引入该领域。针对老年消费者患高血压者众多,而普通血压计又使用不便的状况,他们推出了体积小、易携带的"手指式自动血压计"。针对老年消费者血脉不通,冬天特别怕冷的生理状况,他们又推出了防冻背心和设计别致的暖脚器。他们生产的老年产品,由于充分考虑到了老年消费者的特殊需要,因而备受欢迎,迅速走俏市场。目前我国市场上真正适合老年消费者的商品品种仍显单调,因此老年消费市场仍大有潜力。

其次,为争取更多的老年消费者,企业要注意对"老字号"品牌的宣传,经常更换商标、店名的做法是不明智的。对老年消费者的广告促销,应侧重对商品的实用功能和价格实惠进行宣传,不宜花里胡哨。

最后,在购买决策与行为过程中,要帮助老年消费者增强消费信心。老年消费者的体力和智力都处于明显的衰退状态,所以他们可能会变得脆弱、敏感,在消费心理和行为上常常表现出反复权衡、仔细挑选、犹豫不决。针对这种情况,商家应采取一些策略帮助老年消费者恢复自信,增强消费信心。例如,选派商品知识丰富、富有亲和力、态度热情的营销人员为老年消费者服务,为老年消费者提供商品无理由退换、售前咨询、送货上门等服务,并开展免费试用、先尝后买、操作演示等活动,以提高老年消费者的购买欲望。

此外,老年人用品的广告如果也能适合青年人,则常常能取得较好的销售效果。例如,老年人的健身用品、营养保健品等,不但可以面向老年人设计广告,还可以面向青年人,提倡尊老敬老的社会风尚,激发年轻人孝敬老年人的心理,从而使这部分人群产生购买行为。再如,专门服务于老年人的旅游团,很多情况下是由子女为父母付款,有些营养保健品也是子女购买后孝敬老人的。

【营销视野】

老龄产业黄金期将至,我国将成为市场潜力大国

人口统计数据显示,我国从 1999 年进入人口老龄化社会到 2017 年的 19 年的时间里,老年人口净增 1.1 亿人。预计到 2050 年前后,我国老年人口数将达到峰值 4.87 亿人,占总人口的 34.9%。为应对老龄化问题,中国已经制定了符合中国特色基本国情的"居家为基础、社区为依托、机构为补充、医养相结合"的养老方针。目前中国政府愈加重视我国养老问题,近几年来颁发了一系列有关老的政策,各地政府结合当地实际情况发布了不少养老相关政策。

1. 2020 年前后初步形成老龄产业政策体系的基本框架

当前中国老龄产业的发展环境已经有了翻天覆地的变化,老年人特别是城镇老年人及其子女的市场经济意识日益增强,购买老龄用品和老龄服务的观念开始形成,越来越多的生产服务商积极参与发展老龄产业,中央明确做出了大力发展老龄产业的战略部署,地方政府积极贯彻

落实老龄产业的具体部署。到 2020 年前后初步形成发展老龄产业政策体系的基本框架，涵盖国家专项产业目录、土地、金融、税收、产业组织、物流、人员。

2．2025 年前后迎来老龄产业黄金井喷期的历史性拐点

最初，中国老龄产业的市场主要局限在保健、医药等少数领域，经过十多年的积累和发展，老龄用品中的电子、助行、康复、护理器材、丧葬等市场刚性有效需求也呈现良好发展态势，老龄服务中的老年病医院、老年护理院及居家服务机构也有了较大发展。预计 2020 年前后将形成巨量中高端老龄产业的有效刚性需求。据测算，2025 年前后，中国中等收入老年人的人口数量将海量增加，将占到全部老年人人口数量的 6 成以上。

3．混业经营战略将成为中国老龄产业发展的主流模式

中国老龄产业各板块将逐步形成协同发展的态势。目前的状况是老龄服务市场先声夺人，老龄房地产炙手可热，老龄用品市场整体发展缓慢，老龄金融市场初步觉醒。到 2020 年前后，老龄用品业和老龄服务业将会有更好的发展，老龄金融业开始全面试水，老龄房地产业规范发展。

4．中国老龄金融业前景不可限量

2020 年前后，相关金融产品大部分可以面世，部分金融产品，如保险类金融产品将取得较好业绩，2025 年前后初步建成中国老龄金融业产业体系。老龄金融业是整个国家金融业的核心之一。中国的老龄金融业将是未来全球最大的老龄金融市场。

（参考资料：中商产业研究院．2018—2023 年中国养老行业市场深度及投资战略研究报告．）

5.2.2 不同性别消费者群体的心理与行为特点

1．男性消费者的心理和行为特点

男性消费者相对于女性消费者来说，购买商品的范围较窄，一般多购买"硬性商品"；男性购买能力与女性相比要高一些，但直接用于个人消费的部分却不见得高于女性。尤其是在经济文化较发达的城镇，男性用于个人消费的平均购买力低于女性，但在耐用消费品和家用"大件"方面，男性又多具有购买决策权。

在消费需求方面，一是男性对满足基本生活需求的商品，比较喜欢凑合；二是由于传统文化的影响，男性在事业上比较有追求，因此在与知识、技能有关的发展类和自我表现类的消费品需求方面比女性强烈；三是男子专用的商品相对较少、屈指可数。

男性的消费特征表现为以下几点。

（1）购买商品目的明确、行动果断

男性消费者在购物时，特别是在购买生活日用品、家用电器时，较多地注意商品的基本功能和实际效用，在购置大件贵重商品时有较强的理性支配能力。男性的购买动机一旦形成，购买行为就比较果断迅速。他们一般不愿逛商店，不愿在柜台前长时间地挑选，拿到商品，稍加浏览，只要没有什么大问题，就付钱了事。因此，他们在高档消费品的选购方面成为直接或主要的承担者。在商店里如果看到他们所需要、所喜爱的商品时，他们略加考虑就能做出决策，在完成交易后也很少后悔。

项目 5
群体消费者的消费心理与行为

（2）求新、求异、满足癖好

相对于女性而言，男性具有更强的攻击性和支配性，这种心理在消费上表现为求新、求异，他们往往对新产品的奇特性有较高的要求。此外，相当一部分男性都有着某种特殊嗜好。例如，有人烟酒成癖，有人爱好钓鱼、养花、养鸟，也有人酷爱摄影、集邮、收集古董、珍藏古画等。

（3）注重产品的整体质量和使用效果

男性消费者在购物过程中多数都能做出理性决策，他们对产品的性能有更多的了解，特别是对一些价格昂贵、结构复杂的高档产品，并且在购物时很注重产品的整体质量。只要整体质量可靠，他们就能做出购买决策。同时，男性消费者在购物时善于独立思考，很注重产品的使用效果，不会轻易受外界环境的影响。

（4）购物力求方便、快捷

一般男性消费者很少逛商场，即使去商场也很少花很多时间"闲逛"。遇到自己所需要的商品，他们一般会迅速购买，尽快离店。他们对商场出售商品时种种烦琐的手续、拖延时间的作风十分反感。男性消费者这种力求方便、快捷的心理，在购买日常生活用品时表现得尤为突出。

总之，性别对消费者心理有比较大的影响，但是就具体的消费者而言，性别对消费心理的影响程度也不尽相同，而且消费心理的这种性别差异是综合地反映在消费者的购买行为上的。尽管女性消费者是商场中亮丽的风景线，商家纷纷瞄准女性消费者的腰包展开攻势，但是，男性消费者也不应该被遗忘。只要悉心研究就会发现，男性消费市场同样存在着意想不到的潜力。除了烟酒、书报、家电、装修材料等以男性消费者选购为主的传统"领域"，越来越多的男性消费者经常去超市采购家庭消费品。由于男性消费者的增加，吸引男性消费者兴趣的促销方式及专门针对男性的广告信息就值得营销者精心策划。与女性消费者群体相比，男性消费者基本上不太在意购物时省下的那点钱，因此对于不同性别的消费者，同一商品的减价策略往往会产生不同的结果。

2. 女性消费者群体的消费心理与消费行为

第六次全国人口普查数据显示，我国女性有 65258 万人，占总人口的 48.7%，其中 20～50 岁这一年龄段的中青年女性在消费活动中有较大影响，约占人口总数的 21%，女性消费者不仅数量大，而且在购买活动中起着重要的作用，女性不仅对自己所需的消费品进行购买决策，而且在家庭中她们承担了母亲、女儿、妻子等多种角色，因此也是绝大多数儿童用品、老年人用品、男性用品、家庭用品的购买决策者。

网上调查显示：在家庭消费中，女性完全掌握支配权的占到了 51.6%，与家人协商的占到 44.5%，两者合计达 96.1%。同时，女性的审美观影响着社会消费潮流，年轻女性的心境和感性支配着流行，女性不仅自己爱美，还注意恋人、伴侣、儿女的形象。因此商品的流行大多是随着女性审美观的变化而变化的。因此研究女性消费，尤其是青年女性的消费，可以使商家及时把握社会消费心理的变化和趋势。

由于女性消费者在消费活动中的独特性，因而其形成了独具特色的消费心理，主要表现为以下几点。

（1）女性消费者数量庞大，是大多数购买行为的主体

据统计，我国女性消费者占全国人口的 48.7%。女性消费者群体数量庞大，是大多数购买行为的主体。女性消费者不仅人数众多，而且在购买活动中起着重要的作用。她们不仅为自己购买所需商品，还购买其他家庭成员所需的用品，是家庭用品的主要购买者。如果将实际购买

者和购买决策者的数量统计出来,这个比例将会更高。

(2) 女性消费者影响力大

女性通常具有较强的表达能力、感染能力和传播能力,善于通过说服、劝告等对周围其他消费者产生影响。女性消费者会把自己购买商品的经历和接受过的满意的服务经历当作自己炫耀的资本,以证明自己有眼光。反过来,女性购物决策也较易受到其他消费者经历的影响。这个特点决定了女性是商品口碑的树立者和接收者,一些商品通过女性消费者的口口相传可以起到一般广告所达不到的效果。但成也口碑,败也口碑,只有商品过硬的质量才能维持住女性消费者的忠诚度。对商品或服务不满意的消费者将把他们的经历告诉给 10~20 人。其中,会把自己的抱怨反映给商品或服务提供者的大多数是女性消费者,因此女性消费者的反馈和口碑非常重要。由于女性消费品品种繁多、弹性较大,加之女性特有的细腻、认真等特点,她们对商品的挑剔程度较男性更高。

(3) 注重商品的外观和感性特征

男性消费者在购买商品时,较多地注重商品的功能和效用,而女性消费者购买的主要是日常生活用品,对其外观形象、感性特征等较重视,往往在某种情绪或情感的驱动下产生购买欲望。

(4) 注重商品的便利性

中青年妇女对日常生活用品的便利性具有强烈的要求。每款新的、能减轻家务劳动的便利性消费品,都能博得她们的青睐。同时,女性消费者对于生活中新的、富于创造性的事物,也充满热情。

(5) 注重商品的实用性

由于女性消费者在家庭中的作用和家务劳动的经验较多,她们对商品的实际效用要求较高,特别是细微之处的优点,往往能迅速博得女性消费者的欢心,促使其完成交易。

(6) 有较强的自我意识和自尊心

女性消费者有较强的自我意识和自尊心,对外界事物的反应敏感。因而营销人员在推销商品时应注意服务态度和用语。

由于女性在消费活动中所处的特殊地位和扮演的特殊角色,使其形成了独特的消费心理和消费特点。商家要充分重视这一庞大群体,针对女性的特点,改善生产和经营模式,以便吸引女性消费者,为企业带来源源不断的商机。针对女性消费者的营销策略有以下几点。

鉴于女性消费心理对整个消费市场的重要性,企业在制定营销组合策略时,应特别注意现代女性消费者的心理特征及其变化趋势,采取适当的措施对女性消费者加以引导。例如,热烈的气氛;商品的设计、色彩、款式要易吸引女性注意;在商品的包装、经营方式等方面,要新颖、别致、方便。向女性消费者宣传某商品的好处和其优惠的价格,比向她们宣传商品的质量、性能效果更好。只有研究并了解女性消费者的购买动机与需求及购买决策的心理活动过程,企业才能把握住女性消费市场的新契机乃至整个消费市场的发展趋势,做到先发制人。

【营销视野】女性消费者之购车篇

5.2.3 不同收入消费群体心理特征分析

消费者的职业对其购买行为的影响是显而易见的。一方面职业特点会影响消费者的购买心理和消费行为。例如，企业家与医生在消费方式上有着很大区别。另一方面，消费者从事不同的职业，其经济收入也不一样，这就决定了其消费需求的实现能力。

收入与消费者的购买能力直接相关，因此消费者的收入状况直接影响其消费心理。按收入水平高低来划分，消费群体可分为最低收入群体、低收入群体、中低收入群体、中等收入群体、中高收入群体、高收入群体和最高收入群体。

1. 最低收入群体

该群体成员是指处于贫困线以下的人群，包括一部分最低收入者和没有劳动能力、没有固定收入来源的无业者和失业者。该群体的成员还未解决温饱问题，生活极其困难。他们在衣、食、住方面的消费接近总消费支出的70%，因此他们非常重视生活消费品的价格。其中有许多贫困人员是依靠社会扶助、社会保障等勉强度日的。

2. 低收入群体

该群体成员一般具有劳动能力，但在投资和就业竞争中居于劣势，只能获得较低报酬，是就业群体中的贫困者。该群体成员在生活基本需求的水平、质量和社会交往方面居于社会的底层，基本解决了温饱问题。由于收入很低，没有足够的购买能力，消费支出以维持基本生活为主，没有多余的钱用于储蓄。因此，一旦遇到疾病等意外支出及子女教育等支出时，他们一般难以承受。

3. 中低收入群体

该群体成员的收入基本稳定，在满足日常消费之外略有剩余。这部分居民属于由温饱型向小康型过渡的消费群体，其基本的消费需求已经得到满足，正积聚资金向更高一层的消费档次提升。但由于住房、医疗、教育等各项支出看涨，使这些居民预期支出增加，使他们有钱也不敢花，这一消费群体的即期消费很谨慎。出现这种情况的原因有两个：一是居民对未来预期收入的增加缺乏信心；二是居民预期支出将增加。此外，传统消费仍在很大程度上对这一群体的成员的消费行为起着支配作用。他们崇尚"收支相抵、略有结余"，忌讳"寅吃卯粮"，因而即期收入成为当前消费的最大限度。他们很少"负债"消费或"超前"消费，不愿意把明天的钱提前到今天来用。上述这些因素导致不少消费者的消费心理趋于保守、谨慎，也致使一部分购买力沉淀下来，以保障"未来安全"。

4. 中等收入群体

该群体成员的恩格尔系数在40%左右，边际消费倾向居中，正处于从小康型向富裕型、从讲求消费数量向追求消费质量转变的阶段，加上一定的储蓄积累，他们已构成当前最具购买能力的群体之一，而且其消费开始呈现出多样化趋势，是继高收入、中高收入群体之后最为活跃和强有力的消费力量。他们乐于接受新兴的生活和消费方式，被视为消费的中坚力量。

5. 中高收入群体

该群体成员主要包括私营企业主和专业技术人员，是受高收入群体的消费示范效应影响最大的一类人群，也是较为活跃的一个消费群体。虽然其收入不及高收入群体，但是该群体中的大多数人对自身及家庭的未来状况比较有信心，因而在许多方面的消费都与高收入群体接近。值得一提的是，这类消费者非常注重名牌时装的消费，因此在他们的总支出中，衣着消费支出所占的比例在各个收入群体中最高。同时，他们也注重文化娱乐消费和子女的教育，在这些方面的支出也较多。

6. 高收入群体

这类群体的储蓄和投资倾向仅次于最高收入群体，其生活需求已得到满足，他们对一些高档商品、服务和精神文化的需求更加强烈。调查显示，越来越多的高收入人员车房齐全，注重追求精神消费和服务消费，教育、文化、通信、保健、住宅等成为他们的消费热点领域，追求时尚化与个性化的消费日趋明显。在饮食方面，他们讲究营养和风味；穿着上崇尚名牌，讲究款式、品质和个性；在日用品方面主要青睐一些科技含量高、时代感强的高档家电产品。除了满足物质生活的需求，外出游览名胜古迹，也成为高收入群体节假日消费的重要内容。

7. 最高收入群体

这类收入群体边际消费倾向很低，投资意识很强烈。最高收入者的基本生活需求已完全得到满足，衣、食、住、行皆无忧，对现有的大众化消费已无太大兴趣，而是追求更高层次的精品化、个性化消费。

练一练

4～7人一组，可以以亲戚朋友为例，讨论不同收入消费群体心理特征。

任务 5.3　家庭对消费心理与行为的影响

学习目的

学习任务	能理解家庭对消费心理与行为的影响		
要　　求	1. 能通过各种渠道收集关于家庭对消费心理与行为的影响的案例 2. 能根据对案例的分析结果，提出个人建议 3. 能制作 PPT，并进行 PPT 演示		
应具备的知识	家庭对消费心理与行为产生影响的基本知识		
应具备的能力	收集信息的能力、判断能力		
质量标准	评价项目		分值（分）
^	1. 信息真实可靠		20
^	2. 分析应以收集的信息为依据，不能脱离实际情况		40
^	3. 分析时要有逻辑，思路清晰		30
^	4. PPT 制作完整		10

项目 5
群体消费者的消费心理与行为

案例导入

独生子女的消费特征对企业营销的启示

"90后"独生子女的消费特征无论是对单个家庭，还是对整个社会来说，都有着非常重要的意义，其影响力不可忽视。第一，在"90后"独生子女家庭中，时常是独生子女提出消费需求，他们扮演着引领父母和整个家庭消费的角色。第二，"90后"独生子女已逐渐成为社会的主流群体，而且他们所发挥的力量也将更大，他们的消费观念和消费特征都将对整个社会产生重大影响。"90后"独生子女现今处于21～30岁的年龄阶段，逐渐进入事业黄金时期，这不仅意味着他们正在迈入收入的高峰阶段，也处于"成家、生子"等生命过程中重要的消费阶段，他们正在逐渐成为中国市场的消费主力。第三，"90后"独生子女逐渐有了自己的孩子，他们的消费理念会影响甚至塑造下一代人的消费观。

针对"90后"独生子女显著的三个消费特征，企业在品牌定位、产品研发、广告推广方面应有所调整。

针对其"勇于冒险、追求享受"的消费特征，企业可采取合适的方式刺激消费、传达"享受生活"的理念。"90后"独生子女的消费乐观主义倾向导致其不惧风险，明显的例子就是，"90后"独生子女敢于"借钱消费，花未来的钱"。早期大规模推广学生信用卡，现在进一步推出分期付款的定价策略，都是激励这一代人超前消费的举措。多家银行针对"90后"推出消费分期付款业务，通过鼓励信用卡分期付款满足了"90后"消费者超前消费的欲望，既充分挖掘了潜在需求，也将"未来市场"转化为当前实实在在的购买行为。

而在品牌诉求上，"安全""可靠""成就感"对传统世代和非独生子女更有吸引力，而对"90后"独生子女传达"尽情享受生活""体验快乐"的生活理念影响力更大。"90后"独生子女具有强烈的"享受生活"的观念，日常娱乐消费、旅游消费比重增加，愿意"享受生活"。一名"90"后消费者表示，一个年轻人如果挣了钱舍不得花，那就是对自己没信心。工作第一年她就倾其所有，去梦想中的意大利的海边晒太阳，并表示那才是真正感受到了什么叫生活。

针对其"追求个性"的消费特征，企业在营销过程中可由以往的"情感诉求"转为更强调、更突出"个人价值实现"。传统观念更注重人际情感，人情消费、关系消费、"面子"消费和情感消费的比重较大，企业在品牌中也多强调建立人与人之间良好关系的作用。而"90后"独生子女更加注重个人体验，张扬个性。针对这些特点，企业在产品开发、品牌定位和广告诉求方面都应突出个人价值的实现，情感诉求对这一代的影响力相对较小。例如，在传统营销中，企业多将亲情、友情等情感元素融入品牌形象中，许多品牌都凭借情感营销取得了成功。

（资料来源：于惠川. 消费者心理与行为. 北京：清华大学出版社，2012.）

想一想

"90后"独生子女的消费特征是什么？其如何影响家庭消费活动？

参考答案

5.3.1 家庭生命周期不同阶段对消费心理与行为的影响

1. 单身时期

在我国，单身青年大多并未构成家庭，而是与父母共同生活。单身青年大多有自己独立的收入，尽管收入水平不太高，但可支配收入的比重大，一般没有什么经济负担。单身青年大多具有以自我为中心的消费倾向，很少考虑父母及其他亲人的消费需要。他们热衷于最大限度地消费，尽情享受现代生活。他们具有强烈的求新、求名、求美和炫耀、攀比心理。在选购商品时受情绪影响较大，不特别注重商品的实用性。与人交往过程中表现得慷慨、大方，追求生活的潇洒性。他们往往是时髦服装、音像制品、运动健身、娱乐休闲等相关商品的主要购买者。

2. 新婚时期

在我国的传统观念中，结婚成家是人生的关键转折点，因此对结婚用品的购置会不遗余力，一是要购齐高档耐用消费品；二是要置办喜宴；三是要一次备齐四季服饰和各种家庭用品。如果新婚夫妇收入较高，或者双方父母积蓄充足，那么婚后的家庭消费仍会比较正常。受时尚的影响，新婚夫妇多注重文化、体育、旅游等方面的消费。对于自身及父母经济收入并不宽裕的新婚夫妇来说，如果结婚购物用去了全部积蓄，甚至还为此欠下了大笔债务，那么结婚前后的消费行为就会形成巨大的反差。

3. 育幼时期

这是指青年夫妇生育后而子女年龄尚幼的一个家庭发展阶段。这一时期是指子女入学前的阶段，国外称为满巢时期。这个时期的家庭生活相比前一时期有了明显变化，新婚夫妇的浪漫生活转变为辛苦的育儿奋斗。受传统观念影响，父母们又普遍具有望子成龙的心理，因此家庭中成人用品的消费大大减少，而儿童用品的消费大幅度上升。年轻父母们往往会拿出家庭收入的一大部分购买儿童食品、服装、玩具和各种学前教育用品。家长们在购买儿童商品时讲究高档，而家长自身的消费水平则明显下降，对于购买用品表现出较强的求实心理。

4. 子女成长时期

这是指子女接受正规教育后的家庭发展阶段，包括一般家庭生命周期研究中的满巢中期和满巢后期。这个时期由于夫妇已开始或实际步入中年，经济收入有所增加，而子女仍是家庭消费的中心，因此家庭消费仍然向子女倾斜，只是所需商品的品种有所改变。这时家庭消费主要是子女的教育支出和生活用品。这时父母在购物时会注意征求子女的意见并尽量满足子女的要求，子女在家庭消费中享有越来越大的发言权。同时，家庭耐用品一般也到了更新期，家庭耐用品及父母所需商品的购买比重有所加大，家庭消费日趋稳定。

5. 空巢时期

子女经济独立并建立自己的小家庭以后，原来的家庭发生了解体，只剩下了老年夫妇，这就是家庭演变的后期——空巢时期。家庭发展到了这个阶段，夫妻二人即将退休或已经退休，工作与生活负担一下子减轻了，但由于退休金的数目有限，家庭消费能力明显下降。老年夫妇一般很少购买大件商品，而仅以日常消费品的购买为主，消费心理也越来越向求实方面转变。选购商品时注意比质量、比价格，很少盲目消费。其中，部分积蓄颇丰的老年夫妇可能会追求旅游、保健、娱乐等方面的中高档消费，或是为已成家子女的大额消费提供一定的支持。

5.3.2 家庭决策方式的影响

家庭购物也需要一个决策过程，甚至有研究者认为，这一决策过程在某种程度上类似于公司的决策会议。如果对于一项家庭消费计划，全体家庭成员的意见完全一致，决策便非常简单。但更多的情况是，家庭成员的意见存在分歧，这样就需要由手握决定权的家庭成员做出最终决策。以现代家庭为例，主要存在以下四种决策类型。

1. 丈夫做主型

丈夫做主型是指在家庭中丈夫拥有决定权，大小事情均由丈夫做主，因此，家庭消费活动安排也由丈夫做主。这种家庭中的成员文化水平较低，收入水平也较低，并且以丈夫的收入为主，我国农村，有相当一部分家庭属于这种类型。另外一种情况是妻子不善于料理家务，而丈夫则善于持家，因此，家庭消费决策便由丈夫做出。

2. 妻子做主型

由于丈夫工作繁忙，无暇顾及家务，因此，家庭劳动包括家庭采购工作大部分由妻子承担，这种家庭在城市中比较普遍。妻子做主型的家庭经济条件一般较好，丈夫对于家庭消费支出不太在意。

3. 共同做主型

共同做主型是指家庭消费决策并非由某一个人做主，而是由夫妻双方共同协商后做出，这种家庭在现代城市中比较普遍。家庭的主要特点是夫妻双方均具有较高的文化水平，思想开放，不受传统观念束缚，而且夫妻双方关系融洽，有较多的共同语言。由于决策是经协商后产生的，因此决策过程相对较长。

4. 各自做主型

由于夫妻双方均有较高的经济收入，各自的事业、个性、生活追求有较大的差异性，为充分尊重对方的兴趣爱好，家庭消费支出各自做主，互不干扰，这种家庭属于典型的开放性家庭。

一般来说，妻子对食品、化妆品、服装、生活日用品、室内装饰用品等商品的购买有较大的决策权，而在购买家电、家具、汽车、住房等大件商品时，丈夫所起的作用就要大一些。越是进入购买决策的后期，家庭成员越倾向于联合做决定。此外，夫妻在商品特性的选择方面的影响作用也存在差异。

事实上，家庭决策类型并非由个别因素所决定，也不是固定不变的。实践表明，很多因素的变化都会使家庭决策类型发生变化。

（1）家庭收入水平与社会阶层的变化

随着家庭收入水平与社会阶层的变化，家庭成员会越来越倾向于各自做出决策，而处于中间收入水平与社会阶层的家庭则倾向于共同做出决策。

（2）生活方式的变化

如果家庭生活越来越向现代化模式靠拢，如更喜欢外出旅游、观看文艺演出、参加各种社交活动等，那么家庭决策方式以共同做主型为宜。

（3）家庭生命周期的演变

一般来说，新婚夫妇组成的家庭往往是共同做主型的，随着家庭生活规律的逐步形成，可能会演变成各自做主型。

（4）所购产品的重要性

其实对于不同产品的购买，绝大多数家庭都会采取不同的决策方式。一般的规律是：所购商品的价值越高，共同做主的可能性越大；所购商品的价值低，则不需要进行协商。

（5）购买的时间限制

如果购买决策时间较长，则家庭成员通常会采取共同做主的决策方式；如果购买时间紧迫，则只能采取各自做主的决策方式。

（6）可能的风险性

如果准备购买的是缺乏经验的、具有较大风险的商品，家庭成员往往会通过协商再进行决策；否则就会采取各自做主的决策方式。

5.3.3 家庭成员的影响

不同的家庭成员对商品的购买具有不同的实际影响力。在一般家庭做出购买决策的过程中，我们通常可以发现家庭成员扮演着以下几种角色。

提议者：促使家庭其他成员对商品发生兴趣的人。

影响者：提供商品信息和购买建议，影响挑选商品或服务的人。

决策者：有权单独或与家庭其他成员一起做出购买决定的人。

购买者：购买商品或服务的人。

使用者：使用所购商品或服务的人。

想一想

二孩政策的放开，未来将会带来哪些商机？

项目总结

1．消费者群体是指由具有某些共同消费特征的消费者所组成的群体。同一消费者群体中的消费者在消费心理、消费行为、消费习惯等方面具有明显的共同之处，而不同消费者群体成员之间在消费方面存在着许多差异。

2．消费者群体作为一种特殊的社会群体类型，有其自身的活动规律和活动方式。其中尤

项目 5
群体消费者的消费心理与行为

以群体的内部规范和内部信息沟通状况对成员及其群体的消费行为影响重大。

3. 年龄和性别是两个常用的划分消费者群体的标准。在按此标准形成的消费者群体中,尤以少年儿童消费者群体、青年消费者群体、中年消费者群体、老年消费者群体对研究消费者群体具有特别重要的作用。受教育程度不同的消费者会有不同的价值观念、审美标准、欣赏水平、兴趣爱好,从而在消费活动中表现出不同的风格和特点。由于职业在一定程度上反映出一个人的知识层次、专业特长、收入水平,因此根据所从事的职业可以大体确定人们的生活方式和消费倾向。

4. 家庭结构多元化发展。消费者的家庭状况,因为年龄、婚姻状况、子女状况的不同,可以划分为不同的生命周期,在家庭生命周期的不同阶段,消费者的消费行为呈现出不同的特性。

项目实训

【知识挑战训练】

一、单项选择题

1. 企业研究和分析消费习惯的目的是( )。
   A. 服务社会　　B. 商品认知　　C. 发展经济　　D. 商品销售
2. 对于信贷消费具有最大兴趣的消费者群体是( )。
   A. 老年　　　　B. 中年　　　　C. 青年　　　　D. 少年
3. 消费者群体是指由具有某些( )的消费者所组成的群体。
   A. 共同消费偏好　B. 共同消费特征　C. 共同消费兴趣　D. 共同消费习惯

二、多项选择题

1. 消费者群体形成的内在因素是指( )。
   A. 性别　　　　B. 年龄　　　　C. 个性特征　　D. 兴趣爱好
2. 消费者群体形成的外在因素是指( )。
   A. 生活环境　　　　　　　　　B. 所属国家
   C. 民族与宗教信仰　　　　　　D. 文化传统　　E. 政治背景

三、简答题

1. 什么是消费者群体?
2. 少年儿童消费者群体的心理及行为特点是什么?
3. 女性消费者群体的消费心理与消费行为特点是什么?
4. 家庭消费分为哪几种决策类型?各有什么特点?

四、案例选择题

吸引年轻人是国货销售的首要任务

2014 年年初以来,由于国家领导人及夫人带头示范,自主品牌、民族品牌"如沐春风",

消费心理与行为学

一些国货精品因进入"国礼清单"（如红旗L5汽车）也着实火了一把。近来，记者与自主品牌制造商交谈时，总能感受到对方对做大品牌的信心——"今年，一定要趁着这股东风好好发展一下，把品牌影响力提升到新高度。"

尽管信心满满，可提升自主品牌的影响力常常遇到瓶颈，其中最大的问题之一就是——如何吸引年轻人的目光。有历史的自主品牌，往往是上了年纪的人们喜欢，年轻人少有问津。记者近日看了几次老品牌的展览，"80后""90后"的参观者寥寥无几。无疑，上了年纪的人由于在计划经济物质匮乏的时代长期使用老品牌，对其有着不可割舍的记忆；而年轻人在市场经济环境中长大，外资、合资品牌充斥市场，其对于老品牌没有认知。但是，无论老品牌还是新生的自主品牌，无论日用消费品还是电器、汽车等大件消费品，年轻群体的消费量都是巨大的，年轻消费群体也是最有潜力的。

一些品牌专家告诉记者，仔细分析"80后""90后"的消费习惯，你会发现他们的消费心理其实并没有想象中那样的"崇洋媚外"，甚至对于国外奢侈品牌的喜好程度并不比"60后""70后"高。他们追求新技术、高质量，追求个性化，心中也常常迸发爱国激情。瞄准这些因素激发他们的消费热情，对于国货的复兴来说很关键。

要让年轻人认可民族品牌，需要进行两方面的努力。一则是民族品牌商品自身的质量和技术水平要提升。记者采访时发现，大部分民族品牌的商品技术过硬，但目前的产销量并不大，在未来发展过程中，如何解决好产销大幅提升带来的稳定性问题尤为重要。因为，在网络发达时代，只要大批量产品中某些批次出现一点瑕疵，就可能让民族品牌的声誉受到很大影响；在过去几年中，部分民族汽车品牌就是因为商品质量不过硬，在销量和声誉上受到很大影响；而一些民族消费品品牌也在少数批次的瑕疵产品上"栽了大跟头"。二则是要善于宣传，从年轻人容易接受的角度入手，让他们了解民族品牌。许多年轻人不是不愿意用国货，是他们确实没有什么机会、没有什么场合，可以接触到民族品牌的产品。毕竟，民族品牌在市场营销上的攻势远不及外资品牌与合资品牌。因此，在成本有限的前提下，如何很好地宣传民族品牌，是一门艺术。

当然，我们看到，不少自主品牌已经开始在这方面有所突破。上海家化一则网络动画《花露水的前世今生》，网络点击达2000多万次，让大量年轻人认识了六神品牌，并开始使用六神花露水；而自主品牌全新荣威550新车上市，在大幅提升车辆技术质量的同时瞄准"80后"，搭建"全新中国力量"微信平台，承诺平台用户突破550万时，将用所有人上传的正能量形象，制作《中国青年形象片》，在全球五大洲的代表性地标广场上播放，宣扬中国年轻人的新形象。这些举措，其实都体现了民族品牌的创新和努力。只要努力坚持下去，应该会取得良好成效，打造被市场充分认可的"国货精品"。

请根据案例在下列题中选择适当的选项（多选）

1. 有历史的自主品牌，往往是上了年纪的人喜欢，为什么年轻人少有问津？（　　）
   - A．自主品牌产品缺乏创新
   - B．自主品牌质量技术水平较差
   - C．对自主品牌的文化底蕴缺乏了解
   - D．自主品牌营销模式缺乏创新

2. 青年消费群体的消费特征是：（　　）
   - A．注重情感，冲动性强
   - B．注重健康与实惠
   - C．追求实用，趋向成熟
   - D．补偿性消费

项目 5
群体消费者的消费心理与行为

3. 自主品牌如何吸引年轻人的眼球？（   ）
   A. 提升自主品牌的质量和技术　　B. 限制外国品牌产品的销售
   C. 加大自主品牌的宣传　　　　　D. 加大自主品牌产品开发力度

五、案例分析题

【案例】

量身定做的女性信用卡

随着信用卡市场"暗战"的不断升级，各家银行都在产品细化和创新上下足了工夫。但是，产品创新的细化并不能够有效地减少"睡眠卡"的数量，要想增加信用卡的使用率、提高消费额，最有效的方法就是向有效客户发放信用卡，而不是盲目营销，寻求发卡数量上的平衡。只有具有针对性地发卡、营销，才能够吸引真正有需求的客户，最终获得信用卡产品营销的成功。女性的消费能力无疑成为各家银行窥视已久的盈利点，一些银行都陆续推出了自己的女性信用卡产品，并获得了不同程度的成功。女性信用卡的推出，揭示了各银行占领女性消费市场的雄心。

女性不仅可以控制如何花自己的钱，还对家庭的消费支出有重大决策权，其影响之大可能她们自己都没有意识到。但"女性消费力"的上升使银行的金融服务开始调整其市场定位，考虑如何吸引女性的注意力。

虽然目前推出女性信用卡的银行并不多，但是女性信用卡更多个性化的功能、更加女性化的外观，使原本缺少色彩的信用卡市场变得缤纷多彩。从卡面的设计上看，女性信用卡一改以往信用卡千篇一律的刻板风格。在颜色上，多数银行都采用了紫色、红色等较为鲜艳的颜色作为信用卡的主色调；在卡面图案的选择上，各家银行也都同时融入了玫瑰花、插画等能够凸显女性性别特点的元素；另外，在卡型的选择上，也有银行推出了异形卡以凸显持卡人的与众不同。

从卡片的功能设计上看，女性信用卡除沿袭了各家银行信用卡的传统功能外，还有许多为女性量身定做的功能，在内涵上增强了女性信用卡的性价比。消费是信用卡的生命线，推出女性信用卡的银行都紧握这条线并借此来吸引女性朋友办卡、促使其进行消费。因此，多家银行都推出了特约商品消费礼遇，有的银行的女性信用卡签约商户已经达到了 3000 余家；同时，特约商家的类型不仅局限于商场消费，在珠宝、钟表、美容美体、医院、家纺等女性常见的消费项目上，银行也都配置了相应的特约商户，这使女性朋友在刷卡消费时更加便捷。增值服务是信用卡在细节上抢夺客户的关键，大多数同类型信用卡的主要功能基本相似，最后选择哪一家银行的信用卡，往往就在于办卡人的一念之间。因此，各家银行都不约而同地推出专为女性设计的增值服务来吸引女性客户。有的银行专门针对几种女性常见病推出了女性健康保险；有的银行选择在信用卡的特别纪念日推出关爱女性健康的一系列活动等，充分考虑到现代女性的生活压力越来越重，更多的女性开始注重由内而外的"美"的特点，满足了她们对健康检查等相关服务的迫切需求。

有专家指出，女性信用卡的推出表明，中国银行业在经营过程中开始主动尝试运用国外银行市场细分的原则与思路，吸收发达国家现代化银行的经营管理理念，根据国内市场环境创新金融产品，这是中国银行业提升核心竞争力的关键所在。不过信用卡虽然已经成为广大消费者的日常支付工具之一，但是信用卡产品在我国尚处于不成熟的阶段，在功能开发、市场培育、经验探索等方面还有很长的路要走。因此，女性信用卡市场虽然生机勃勃，但是也有些不可避免的不足之处。

① 定位不清。女性信用卡虽然把女性作为营销目标，但是并没有对女性这一群体进行分析并将其准确定位。这就导致营销过程中的针对性减弱。营销定位的模糊容易导致女性信用卡在推出一段时间之后，逐渐走向迷茫。

② 细分不够。由于不同年龄层、不同角色的女性的消费意愿和需求存在着不同，因此以合理的划分方式抓住每个阶段女性群体的特点，进行产品的设计和开发将有利于各家银行赢得更多的女性客户，不同细分市场都有各自不同特点的金融服务需求。例如，25~35岁懂得享受生活的女性正逐渐成为拉动时尚消费的主力，她们经济独立、生活自由、敢于投资。在《女性消费主义在中国兴起》中指出："'80后'的独生子女进入30岁以后，将日益成为奢侈品的定期消费者，奢侈品在中国将进入更多普通人家。"因此，为女性设计针对其人生不同阶段的信用卡系列产品，既是对于女性整个人生的体贴，又是信用卡人性化的表现，同时也是产品个性化的象征。

③ 功能不多。女性信用卡既然专属女性就应该在功能上充分体现这一点，虽然很多银行都推出了特约商户消费礼遇，以及某些女性专享功能，但是相比于女性持卡者的需求，这些功能实在有些单一。女性信用卡不能仅仅停留在透支、刷卡消费、积分有礼、通行国内外、退税服务等一般性服务上，各银行应充分研究女性消费者的需求，为其提供个性化的服务，并借此形成产品的核心竞争力。

【分析讨论】
1．女性信用卡如何体现女性消费的特点？
2．各银行纷纷推出女性信用卡的原因是什么？
3．你认为女性信用卡的市场前景如何？

技能实训

技能实训5.1　不同群体的消费心理与行为分析

1．实训目的

通过本次实训，观察不同消费者群体消费行为并分析其心理，了解不同消费者群体购买行为的特点。

2．实训内容

选择本市居民区和写字楼旁的便利店做现场观察，了解不同消费者群体购买商品时有哪些特点。记录店员与消费者的对话，并指出消费者在消费过程中呈现的消费心理与行为特征。

3．实训材料

相关图书、教辅、计算机、纸张、笔、投影仪等。

4．实训步骤

① 全班学生自由分组，每组6~8人。
② 各组分别进行集体讨论，明确组内分工。

③ 按照分工进行资料收集、整理、讨论并记录分析结果。
④ 整理观察记录，形成报告。
⑤ 各组将资料制作成一个PPT，选一名代表展示工作成果。

5. 成果与检验

不同群体消费心理与行为分析效果评价参考表，见表5-1。

表5-1 不同群体消费心理与行为分析效果评价参考表

序号	评价内容		分值（分）	实际得分（分）
1	实际操作	明确记录具体的购物时间、地点、对象	20	
		购买过程翔实，购买对话记录详细	30	
2	分析报告	能够对记录的内容进行恰当整理与分析，形成分析报告	20	
		制作PPT，图文并茂，内容翔实	10	
		汇报流畅、条理清楚、逻辑性较强	20	
	合计		100	

评价说明如下。
① 每组学生的成绩由两部分组成：实际操作（50%）和分析报告（50%）。
② 实际操作主要考查学生观察的过程及收集资料、整理资料的能力。
③ 分析报告主要考查学生根据信息资料分析得出的结论与建议的合理性，并制作成PPT进行汇报的能力。

技能实训5.2 设计大学生群体手机市场需求调研方案

1. 实训目的

通过本次实训，使学生能根据背景材料，设计消费者需求调研方案。

2. 实训内容

华为手机制造商想以长沙大学生为调查对象，开展一次手机市场需求调查，调研方案要求包括调研目的，调研对象，调研项目，调研方法，调研经费，调研组织与人员、调研时间安排等基本要素。

3. 背景资料

华为在2011年10月初将上市销售一款荣耀手机，与小米手机规格一致，并称荣耀手机较之小米手机更薄、更窄、更容易单手操作，功耗更低，待机及通话时间更长。

2012年4月，华为旗舰智能手机Ascend P1在北京全球首发，之后不久Ascend P1经历大幅降价和放弃系统更新两大问题，打击了用户的信心。

2012年6月，华为智能手机C8812在中国上市60天，零售额过百万。

2013年三季度华为出货量1270万部，以4.8%市场份额位列全球第三，成为Q3排名榜上实至名归的明星。

2014年10月9日发布的全球百大品牌排行榜，中国民营企业华为排名第94位，这是首次有中国企业登上这一榜单。

2017年第一季度，华为手机在中国的市场占有率为24.7%，稳居市场占有率第一，继续盘踞在中国手机龙头的位置。

2018年10月10日,华为推出自动驾驶的移动数据中心。

2019年3月29日,华为2018年全球销售收入7212亿元,同比增长19.5%;净利润593亿元,同比增长25.1%。

截至2019年6月6日,华为已在全球30个国家获得了46个5G商用合同,5G基站发货量超过10万个。

近年来,随着手机在校园里的普及,越来越多的手机厂商把目光投向了校园这一潜在的巨大市场。华为为了掌握手机在大学的市场前景,公司决定以长沙市在校大学生为调研对象,对校园里的手机市场需求做一次调研。

4. 实训材料

相关图书、教辅、计算机、纸张、笔、投影仪等。

5. 实训步骤

① 全班学生自由分组,每组6~8人。
② 各组分别进行集体讨论,明确组内分工。
③ 按照分工进行资料分析、讨论并记录分析结果。
④ 整理资料,形成调研方案。
⑤ 各组将资料制作成PPT,选一名代表展示工作成果。

6. 成果与检验

设计大学生群体手机市场需求调研方案的效果评价参考表,见表5-2。

表5-2 大学生群体手机市场需求调研方案效果评价参考表

序号	评价内容		分值(分)	实际得分(分)
1	卷容格式	文字编排工整清楚、格式符合要求	10	
2	封面完整	要素具备(标题、编写者、时间等),标题简洁、明了、富有吸引力,能说明主题	5	
3	调研目的	目的明确,表述较为准确	5	
4	调研对象	具有针对性,描述基本准确	5	
5	调研项目与内容	要求符合调研目的,内容正确且完整,切实可行,能获得客观资料	10	
6	调研方式与方法	调查对象选定的方式和调查资料收集的方法选择合理,表述具体。采用抽样调查的需要设计抽样方案,包括确定调研范围、抽样方法、抽样框、抽样程序和样本量	25	
7	调研组织及人员安排	调研组织设计科学,人员配备合理	10	
8	时间安排	各阶段时间安排合理	10	
9	经费预算	经费预算科学	10	
10	成果展示	表述流畅、条理清楚、逻辑性较强	10	
	合计		100	

项目 6

影响消费心理的因素

营销名言

客户最关心的是质量、服务和价值。

——菲利普·科特勒

真正的营销要从顾客的属性、现实状况、需求及价值观等方面做起。真正的营销并不是对顾客说"这是我们所提供的产品或服务",而应该说"这些是顾客所追求、重视及需要的满足"。

——彼得·德鲁克

学习目标

专业能力目标

➢ 了解影响消费心理的因素。
➢ 掌握宏观购物环境因素对消费心理和行为的影响。
➢ 掌握流行时尚因素对消费心理和行为的影响。

方法能力目标

➢ 初步分析宏观购物环境因素是如何影响消费心理和行为的。

社会能力目标

➢ 运用影响因素对消费心理进行分析,并具备为企业制定初步营销策略的能力。

感受营销

视频（经济危机对消费心理的影响）

（资料来源：https://www.icve.com.cn/.）

项目实施

任务 6.1 宏观购物环境因素对消费心理与行为的影响

学习目的

学习任务	能理解宏观购物环境因素对消费心理与行为的影响
要　　求	1. 能理解宏观购物环境的概念 2. 能初步分析宏观购物环境因素是如何影响消费心理和行为的
应具备的知识	宏观购物环境的基本知识
应具备的能力	收集信息的能力、判断能力
质量标准	评价项目	分值（分）
	1. 能准确讲出宏观购物环境的概念	50
	2. 能初步分析宏观购物环境因素是如何影响消费心理和行为的	50

案例导入

肯德基"为中国而变"

肯德基（KFC）是来自美国的著名连锁快餐厅，由哈兰·山德士上校于1952年创建。肯德基主要出售炸鸡、汉堡包、薯条、汽水等西式快餐食品，被誉为"世界著名烹鸡专家"。其烹制而出的炸鸡系列产品，如原味鸡、香辣鸡翅、香脆鸡腿、无骨鸡柳等，外层金黄香脆，内里嫩滑多汁，以独特鲜香的口味广为顾客称许。在中国，肯德基是最成功的外资企业之一，更是实施"本土化"战略最成功的标杆外资企业之一，除西藏地区外，肯德基在中国（港澳台地区除外）共开设餐厅2400多家。那么，肯德基是如何在中国市场获得如此成就的呢？

首先，肯德基将较容易接受外来文化和新鲜事物的青年消费者锁定为目标顾客。青年人比较喜欢西式快餐轻快的就餐氛围，而且这些青年人能够影响其他年龄层家庭成员的消费。另外，肯德基也高度重视儿童消费者群体，并为他们花费了大量的精力。肯德基店内专门辟有儿童就

项目 6
影响消费心理的因素

餐区,并作为儿童庆祝生日的区域,儿童就餐区内还布置了迎合儿童喜好的多彩装饰。节假日,肯德基还将新颖的玩具作为礼品送给购买指定套餐的儿童。一方面肯德基希望通过这些策略培养儿童从小吃快餐的习惯;另一方面也希望通过他们的带动,吸引其家庭成员到肯德基餐厅进行就餐。

其次,中国人比较喜爱吃鸡。与其他洋快餐相比,鸡肉类的产品更符合中国人的口味,更容易被中国人接受。从麦当劳悄悄打破其在全球市场统一的"牛肉汉堡包"的菜单,在中国市场推出与肯德基类似的"麦乐鸡"和"鸡腿汉堡包",更可以看出这一点。作为"世界著名烹鸡专家",肯德基并不满足于已有的成果,而是不断投入巨大的人力和财力去研制适合中国人口味的食品。肯德基不断探寻什么才是中国消费者所喜欢的,不断地去调整服务、调整菜单,不断推出符合中国消费者饮食习惯的中式快餐,如芙蓉鲜蔬汤、榨菜肉丝汤、皮蛋瘦肉粥、老北京鸡肉卷等。芙蓉鲜蔬汤就是肯德基根据中国人用餐喜欢喝汤的习惯,由中国人喜欢的富含营养的食材——蔬菜、鸡蛋、香菇、裙带菜、胡萝卜等精心调配而成的。以芙蓉鲜蔬汤配以肯德基的主食——鸡类食品,或是沙拉、土豆泥、玉米等其他配餐食品,使得中国消费者在肯德基餐厅享受到了更完整、更符合本土饮食习惯的餐饮。这些特意照顾到中国消费者口味,甚至连名字也极具中国特色的快餐食品,自推向市场之后广受欢迎。另外,肯德基还根据中国人早餐爱喝豆浆、吃油条的传统,精心推出了醇豆浆和在传统美食基础上加以创新的"霜糖油条"。

另外,在中国,肯德基不断进行其品牌形象的"本土化"改造。2003年春节,肯德基的"山德士上校"一改平日白色西装的经典形象,开始在中国170座城市的800余家分店统一换上大红色唐装,头戴瓜皮小帽迎接顾客。2003年中国新春元宵节后的第一天,百胜全球餐饮集团总裁兼首席执行官 David Novak 与集团国际部总裁 Peter A. Bassi 及其他集团高级管理人员一行悄然来到千年古城西安进行市场巡访。他们都特地换上中式红色唐装,兴致勃勃地来到西安肯德基钟楼餐厅,拿出礼物赠送给正在餐厅就餐的小顾客们,并表达了对西安市民的新年祝福。

(资料来源:卞君君.肯德基:中国式进化.北京:中信出版社,2009.原文有修改。)

想一想

肯德基为什么要进行品牌形象的"本土化"改造?肯德基是怎样"为中国而变"的?

参考答案

任务实施

6.1.1 自然环境因素对消费心理与行为的影响

自然环境在很大程度上促进或抑制了某些消费活动的开展,因而对消费行为有着明显的影响。自然环境因素包括地理区域、气候条件、资源状况等。

消费心理与行为学

1. 地理区域

身处不同地理区域的消费者，由于所处地域的地理经纬度及地形、地貌的不同，使之在消费需求和生活习惯上存在多种差异。例如，南方与北方的消费者、城市与农村的消费者、内陆与沿海的消费者、高原山地与平原水乡的消费者，在消费习惯及消费偏好等方面均因其所处地理区域的不同而表现出巨大差异。

【营销视野】地域差异形成的不同消费偏好

2. 气候条件

炎热多雨的热带地区与寒冷干燥的寒带地区相比，消费者在衣食方面的差异非常明显。同样是冬季，热带地区的消费者需要的是毛衣、夹克等轻薄御寒的服装，而寒带地区的消费者则需要厚重保暖的大衣、皮衣、羽绒服等；热带地区的消费者喜欢清爽解热型饮料，寒带地区的消费者则偏爱酒精浓度高、能御寒的白酒。

【知识链接】

全球"温室效应"

从全球角度看，近年来，人类赖以生存的家园——地球表面温度不断升高，"温室效应"加剧。"温室效应"已被列为 21 世纪人类面临的最大威胁之一。温室效应带来的影响几乎是每个消费者都曾亲身体验过的。最近几年的夏季，全国各地的消费者对电风扇、电冰箱、空调、竹凉席、清凉饮料的需求量骤增，其中一个最主要的原因就是气候变暖，各地出现罕见高温。

3. 资源状况

自然资源是人类赖以生存的物质基础，也是社会生产资料的主要来源。自然资源的开发、利用程度及储量与消费者的消费活动关系极为密切。

当初人们用柴灶做饭，后来用铁炉烧煤，再往后用煤气灶、电炊具、天然气灶，未来则将利用太阳能的能源灶。可以说每次"灶的消费"的飞跃，都与相应能源的开发与利用密切相关。

我国的轿车大多使用汽油，但自 1999 年以来全球石油价格的提升，推动了电动汽车的出现。目前已出现了用小麦、玉米等原料生产的变性乙醇和汽油按一定比例混合而成的一种新型车用燃料——车用乙醇汽油。可见，工业能源转化为民用的结果，使得消费者对同一领域产品的选择余地大大增加了。自然资源的储量对消费者的影响更为直接。一些重要的资源出现紧缺，将抑制消费者的消费需求或者引发其他消费需求。以水资源为例，我国人均拥有水量只有世界平均水平的 1/4，全国 670 个城市中，有 400 多个城市存在不同程度的缺水情况。由于工农业生产和城市生活污水处理率低，江河湖泊水质恶化的趋势尚未得到遏制。政府利用价格杠杆调节水市场需求，最直接的效应是使消费者懂得了"慎用水，节约水"。这样不但有利于提高广大居民的饮水质量，而且有利于水资源的合理配置。另外，随着水价上调，像节水器、节水马桶、节水洗衣机等节水产品也深受消费者欢迎。

项目 6
影响消费心理的因素

【营销视野】职业性"氧吧"

想一想

分组讨论我国不同区域的消费者的消费特点（可从衣、食、住、行等方面进行讨论）。

6.1.2 政治因素对消费心理与行为的影响

1. 改革开放政策

改革开放政策使我国居民的生活和消费方式发生了巨大改变。特别是我国加入 WTO 以来，人们的消费方式逐渐呈现出国际化的趋势，发达国家和地区的消费方式、消费观念对我国消费者的心理有很大的影响。

2. 消费政策及消费环境

国务院办公厅印发《关于加快发展流通促进商业消费的意见》（以下简称《意见》），并于 2019 年 8 月 27 日正式对外公布。《意见》称，受国内外多重因素叠加影响，当前流通消费领域仍面临一些瓶颈和短板，特别是传统流通企业创新转型有待加强，商品和生活服务有效供给不足，消费环境需进一步优化，城乡消费潜力尚需挖掘。

为解决这些问题，推动流通创新发展，优化消费环境，促进商业繁荣，激发国内消费潜力，更好满足人民群众消费需求，促进国民经济持续健康发展，《意见》提出了 20 条稳定消费预期、提振消费信心的政策措施。这 20 条措施主要集中在创新流通发展、培育消费热点、深化"放管服"改革、强化财税金融支持、优化市场流通环境五个方面，其中释放汽车消费潜力、活跃夜间商业和市场等内容成为焦点。20 条措施内容如下：促进流通新业态新模式发展；推动传统流通企业创新转型升级；改造提升商业步行街；加快连锁便利店发展；优化社区便民服务设施；加快发展农村流通体系；扩大农产品流通；拓展出口产品内销渠道；满足优质国外商品消费需求；释放汽车消费潜力；支持绿色智能商品以旧换新；活跃夜间商业和市场；拓宽假日消费空间；搭建品牌商品营销平台；降低流通企业成本费用；鼓励流通企业研发创新；扩大成品油市场准入；发挥财政资金引导作用；加大金融支持力度；优化市场流通环境。

想一想

试举例说明，政治因素是如何影响消费心理与行为的。

6.1.3 经济因素对消费心理与行为的影响

在诸多影响消费心理与行为的外部环境因素中，经济因素对消费心理的发展、变化起着决定性的作用，因而成为最主要的影响因素之一。当前对我国消费心理与行为构成影响的经济因素主要包括：经济发展水平、产业结构调整、对外开放程度、物价和商品零售额等。

1. 经济发展水平的影响

经济发展水平在总体上影响并制约着消费心理与行为的发展变化。

改革开放以来，我国的经济发展越来越受到世界的瞩目，经济发展水平不断提高，GDP 增长迅速。人民的生活水平不断提高，消费结构与层次也随之不断地发生变化。

曾经标志着富裕生活的几大件，如电视机、收音机、电话、手表、自行车等早已走进寻常百姓家。如今，别墅、小汽车、出境旅游、奢侈品、高尔夫运动、智能电视、智能手机等成为消费新风尚。

随着我国经济持续快速发展，新产品的更新换代速度日益加快，必将引发消费内容和消费方式的不断更新，使人们的消费层次不断提高。高效率和快节奏的现代生活及各种社会潮流和信息，潜移默化地改变着人们的消费习惯和消费心理，促进了消费观念的更新和消费心理的转换。人们对消费的要求也越来越高。

2．产业结构调整的影响

改革开放以来，我国不断调整产业结构。在三大类产业中，第一产业所占的比重不断下降，同时第二、第三产业所占的比重在不同程度上有所提高。产业结构的调整，特别是大力发展第三产业，对消费者的心理与行为产生了较大的影响，甚至改变了他们的消费方式，主要体现在以下两点。

（1）人们对服务消费的需求增加

随着我国经济的发展和人民收入水平的不断提高，以及节假日的增加和市场产品的日益丰富，消费者希望享受更高层次的生活消费。文化、教育、娱乐、社交、旅游等方面的需求量激增，各种服务网点日益增多，服务设施不断完善，都为消费者扩大消费创造了条件。各种文化、技术教育等智能型服务的消费提高了消费者的素质；餐饮、家政服务把消费者从传统的家务劳动中解脱出来。消费者对各种服务的依赖程度越来越高。

（2）人们更加注重精神消费

在这个生活节奏不断加快的时代，社会化的服务为消费者实现自我、完善自我提供了时间保证，同时也为他们增强社会活动能力提供了条件。劳动时间的缩短，闲暇时间的增多，必然使消费者对自身的全面发展提出许多新的要求，让他们可以在消费中从事自己爱好的活动，进行各种享受和创造活动。

3．对外开放程度的影响

对外开放政策为一个国家居民的生活和消费方式的改变带来了积极的影响。随着我国对外开放的深入，人们的消费方式也呈现出国际化的趋势，不同生活方式之间的差异正在逐步缩小。发达国家和地区的消费方式、消费观念对我国消费者的消费心理与行为产生很大的影响。各种消费的示范作用带来了消费心理、消费观念和消费行为的相互交叉。

4．物价和商品零售额的影响

物价和商品零售额的变动对消费心理与行为也有一定的影响，主要表现在以下两个方面。

（1）对未来收入、支出及物价走势的预期影响消费心理与行为

近年来受世界经济的影响，我国经济也呈现增长减缓的态势，消费者的预期收入下降，预期支出增加，从而抑制了当前消费，许多消费者出现了增加储蓄、持币待购的消费心理。此外，经济全球化的推进，消费国际化进一步明显，国内消费品市场在品种、质量、价格、服务、信誉等方面的竞争会更加激烈。这几年由于市场供求关系发生变化，商家为了争夺有限的市场，频繁地掀起价格大战，最为典型的如彩电、VCD、微波炉、空调的价格战和百货商店降价大战等。

（2）普遍形成随用随买的理性消费心理

随着居民生活水平的不断提高，多数居民对目前价格的起伏变化已有较强的承受能力，能较为理智地选购商品，居民消费向多层次、多元化方向发展，昔日盲目抢购、相互攀比的消费现象已很少见。居民的消费档次明显拉开，按需选购成为消费的主流，以有限的收入换取最大的效用成为消费行为的基本原则。

想一想

分组讨论中国未来的经济发展和物价走势的预期，并讨论其将如何影响人们的消费心理与行为。

6.1.4 社会文化因素对消费心理与行为的影响

1．社会文化的概念

文化有广义和狭义之分。广义上的文化是指人类在社会历史实践过程中所创造的物质财富和精神财富的总和。狭义上的文化是指人类精神活动所创造的成果，包括宗教、艺术、道德、哲学、科学等方面的成果。每个社会都有和自己的社会形态相适应的社会文化，并随着社会物质生产的发展变化而不断演变。作为观念形态的社会文化，如哲学、宗教、艺术、政治和法律思想、伦理道德等，都是对一定社会经济和政治的反映，同时又对社会的经济、政治等产生巨大影响。文化不仅具有阶级性，而且具有民族性，不同民族在其形成与发展过程中形成了特有的民族文化传统。

社会文化是与人民群众的生产和生活紧密相连的，由基层群众创造，具有地域、民族或群体特征，并对社会群体施加广泛影响的各种文化现象和文化活动的总称。社会文化是随着社会的发展通过不断扬弃来获得发展的。社会文化对消费者具有潜移默化的影响。

2．社会文化的类型

由于文化因素及其分布、组合和发展在地域间存在复杂的相似性和差异性，因而划分文化类型缺乏统一的标准。不同学者根据不同标准对文化类型进行划分。另外，由于人类所处的自然环境和生存方式存在差异，人们的观念、信仰、兴趣、行为、习惯、智力发展方向和性格也

存在差异，从而形成了各种具有相似文化特征或文化素质的文化单元。我们将某一类文化群体的成员共有的独特信念、价值观和生活习惯称为亚文化，按照民族、宗教、种族、地理因素可将亚文化分为四种类型。营销人员往往可以根据各个亚文化群体所具有的不同需求和消费行为确定目标市场。

（1）民族亚文化

不同民族都有各自独特的风俗习惯和文化传统。我国有56个民族，汉族人口占总人口数的90%以上。我国第五次人口普查的数据显示，人口超过百万的少数民族已达到18个，包括壮族、回族、满族、蒙古族、苗族、藏族等。我国的各个民族带有明显的中华民族的文化烙印，如遵循以人为本、天人合一的生存方式，追求至善至美的道德理想等，同时各个民族也都继承和保留着本民族的传统文化，如不同的宗教信仰、生活习俗与消费习惯等。民族亚文化对不同民族的消费者有着巨大的影响。

【营销视野】"火马年"的传说与日本的宏观经济

（2）宗教亚文化

我国的宗教信仰具有地区性、民族性等特征。不同宗教的教义对其信仰者的价值观和生活方式都存在巨大影响，不同宗教群体具有不同的文化倾向、习俗和禁忌。宗教因素对于消费者行为具有深远影响，同时对企业市场营销活动也具有重要意义。宗教信仰中对某些事物的禁忌会限制该宗教群体对部分产品的需求，但同时又可能增加某些替代品的需求。例如，对酒精产品的禁忌使碳酸饮料和果汁饮料大受欢迎。很多宗教徒都是素食主义者，因此会使蛋、奶制品的需求量猛增。宗教节日也会带来特定商品的需求量增加。企业应抓住宗教节日这一难得的商机大力开展面向宗教群体或大众的营销活动。

（3）种族亚文化

种族是指人类在一定的区域内，历史上所形成的、在体质上具有某些共同遗传性状（包括肤色、瞳色、发色等）的人群。德国格丁根大学教授布鲁门·马赫是第一个用科学方法进行种族分类的。他根据肤色、发色和发型、瞳色、身高、头型等体质特征将人类划为五大人种：白种人、黄种人、黑种人、红种人和棕种人。不同人种都有其独特的文化传统、生活习惯。即便生活在同一个国家或地区，不同人种仍然会按照其特有的文化传统和生活方式选购商品。

（4）地理亚文化

不同地理范围内的消费习俗和消费特点的差异源有着多方面原因，如气候差异、地域传统、地质差异等。

3. 社会文化的特点

任何一种文化类型的产生，都离不开特定的自然条件和社会历史条件，即文化的形成和发展与特定自然地理环境和物质生产方式及社会组织结构密切相关。了解文化的特征，有助于我们更好地把握文化的传承与发展，从而有助于市场营销人员更好地把握对消费者购买决策过程形成影响的文化背景。社会文化具有以下特点。

（1）传承性

社会文化的传承性是指人类具有传承和学习本民族或本群体文化的倾向。正是由于文化的

项目 6
影响消费心理的因素

代代相承,中华民族才得以继承和发展优秀的传统文化,在中华民族文化的传承过程中,保留了很多民族文化瑰宝。例如,中医养生是中国传统文化的瑰宝,《周易》《黄帝内经》《老子》等古代著作中均体现了中医养生的思想,强调人与自然的和谐,认为人应顺应自然环境、四季气候的变化,主动调整自我,保持人与自然的平衡。在科技发达的现代社会,仍有很多人秉承中医养生理论中的"养生之法莫如养性,养性之法莫如养精;精充可以化气,气盛可以全神;神全则阴阳平和,脏腑协调,气血畅达,从而保证身体的健康和强壮"的思想,强调精、气、神的保养是人体健康的基础。

（2）融合性

社会文化的融合,是指一个民族或社会主流文化对外来文化的吸收和整合。例如,中华民族的文化是在汉民族文化的基础上有机地吸收中国境内各民族及不同地域的文化,如楚文化、吴文化、巴蜀文化、西域文化等,形成了具有丰富内涵的中华文化。中华各民族文化,如历史上的匈奴、鲜卑、羯、氐、羌、契丹、辽、金等民族的文化,都融汇于中国文化的血脉之中。没有这种融合,也就没有中国文化的博大精深。

（3）发展性

社会文化不是永恒不变的,而是不断发展的。当生产方式、社会组织结构发生变化时,社会文化会随之进行适应性调整,从而人们的价值观、生活习惯、偏好和兴趣等也会发生相应的改变。例如,随着社会生产力和人们生活水平的不断提高,"敢于消费"已经成为很多"80后""90后"年轻人的消费信念。

（4）群体性

社会文化的群体性是指社会群体的大部分成员所共有的文化特征。不同国家、民族、种族、地域、宗教、社会机构或企业甚至不同家庭,都可能形成不同的习惯传统和文化特征,从而形成不同的文化群体。就民族群体而言,不同民族有不同民族的语言、文字、风俗、习惯、民族性格和生活方式。

（5）无形性

社会文化的无形性是指文化对其文化群体成员的影响是潜移默化的,只有通过深入了解和分析才能发现。以婚俗为例,在我国结婚时红色的礼服或鞋子及红色的新房装饰物是必不可少的,因为在中国传统文化中红色代表大吉大利,而结婚是人一生中最为喜庆的事情之一,必须用红色来装点。但在一些西方国家的文化中,红色代表着邪恶或诅咒,是新婚中万万不能出现的颜色。

4．社会文化对消费心理与行为的影响

消费者通过学习、传承并积淀下来的文化底蕴对自身在心理方面产生的影响可以作用于其购买决策过程中的不同阶段。

（1）对问题认知阶段的影响

问题认知就是消费者意识到一种需求并有实现这一需求的冲动。按照马斯洛的需要层次理论,消费者的需求分为生理需要、安全需要、爱与归属的需要、尊重的需要及自我实现的需要。并且,按照马斯洛的需要层次理论的观点,人们在生存需要、安全需要得到保障的今天,需求主要集中在爱与归属的需要、尊重的需要及自我实现的需要的层面。社会文化对问题认知阶段的影响就表现为对这些需要的形成的影响。例如,在消费者对众多商品进行接触和使用的过程中,在商品基本功能有保障的前提下,蕴含在商品中的产品文化或企业文化不但能够体现某种价值观念、倡导某种生活模式、培养某种审美情趣,而且能够以商品中所蕴含的文化的聚合功能和

交际协调功能使消费者获得社会认同感。这两个方面共同构筑了人们在消费中的"消费归属感"。

(2) 对收集信息阶段的影响

在收集信息阶段，消费者通常可以通过回忆自身经验、问询他人、上网查阅等方式收集信息。在这个阶段中，文化在以下层面发生作用。

首先，社会文化会影响消费者对信息的选择。

其次，商品中的人文关怀与体验价值能够影响消费者对于自身购买活动的记忆。对自身以往购买活动的回忆是消费者收寻信息的重要渠道。凝聚在商品中的人文关怀在无形中拉近了商品与消费者的距离，从而加深了消费者对商品的记忆。例如，舒肤佳香皂独具匠心的手握流线设计于细微处见关怀，增加了商品的温馨感。

最后，在消费者对商品广告理解中的文化的作用。与广告目标受众背景相联系的传统文化的挖掘和展现可以增加产品的厚重感，唤起消费者对某种文化传统的怀念，从而建立产品与消费者之间的价值纽带，使产品成为彰显、复兴某种文化的标签，而文化则成为沟通产品与消费者情感的桥梁。例如，2001 年 APEC 会议所引发的复古风潮在市场经济领域的表现，深刻揭示出广博的文化资源对消费者的强大感召力。

【营销视野】宝洁公司跨文化营销中的教训

(3) 对评价产品阶段的影响

在评价产品阶段，文化对于消费者的评价标准的内容及对消费者选择何种决策规则有重要影响。在评价标准方面，正如美国学者伯德利亚尔在其《消费的神话与结构》中指出的那样："现代社会的消费实际上已经超出了实际需求的满足，变成产品、服务中所蕴含的某种意义的消费。"也就是说，人们不但注重物质消费，同时也注重精神的消费，人们在购买某种产品或服务时除了考虑它的实用价值，还要寻求某种精神的满足，而人们精神的满足往往在很大程度上受社会文化的影响。产品中的人文关怀和服务、产品一样具有商业价值。消费者会被产品中的人文关怀所触动或憧憬某种产品文化所营造的美妙体验，进而心甘情愿地选择此种产品乃至为其支付更高的价格。

(4) 对购买决定阶段的影响

在购买决定阶段，消费者需要确定具体的产品品牌、购买时机、购买方式或具体店铺及确定使用何种支付方式进行支付。这些决策的做出往往受消费者所具有的文化认知或所处的文化环境的影响。例如，中国传统思想文化比较深厚的中老年消费者外出就餐时往往愿意选择古香古色的餐馆；而接受了西方文化影响的年轻人则可能选择到必胜客吃比萨或意大利通心粉；到北京旅游的外国游客不喜欢逛现代化的商场却喜欢到八大胡同溜溜，为的就是感受地道的中国文化。

(5) 对购后评价阶段的影响

在购买产品之后，消费者会形成对所购买的产品或服务的评价，而这种评价会影响消费者下一次的购买决策。中国传统文化中的"和为贵""与人为善、与己为善"的思想使很多消费者容易以一种更为谦和的态度表达自己对购买的产品或服务的不满。例如，一部分消费者会自认倒霉，而另外一部分消费者会选择抱怨，少部分的消费者会要求商家进行补偿，很少的消费者会要求第三方来干预此类纠纷。

项目 6
影响消费心理的因素

想一想

分组讨论,每位同学举例说明社会文化因素是如何影响消费心理与行为的。

任务 6.2 消费流行、消费习俗对消费心理与行为的影响

学习目的

学习任务	能理解消费流行、消费习俗等因素对消费心理与行为的影响	
要　　求	1. 能理解消费流行、消费习俗的概念 2. 能初步分析消费流行因素是如何影响消费心理和行为的 3. 能初步分析消费习俗因素是如何影响消费心理和行为的	
应具备的知识	消费流行、消费习俗的基本知识	
应具备的能力	收集信息的能力、判断能力	
质量标准	评价项目	分值(分)
	1. 能准确讲出消费流行、消费习俗的概念	50
	2. 能初步分析消费流行、消费习俗因素是如何影响消费心理和行为的	50

案例导入

消费流行"自讨苦吃"

吃苦瓜、喝苦丁茶、刮痧、拔火罐、攀岩……现代人在生活中花钱买点儿"苦头"吃正悄悄成为消费时尚。乐于此道者称,这不失为一种健康的生活方式。

(1)饮食:苦尽甘来

现如今,人们吃惯了大鱼大肉,追求饮食质量和营养搭配的市民纷纷热衷素食、野菜和绿色食品,不知不觉间,不少现代人开始了对"苦"的寻找。

漫步市区饭店、超市、菜场,苦瓜、苦菜、莴笋、银杏、野生菇、苦丁茶、橄榄汁……以"苦"取胜的饮食品种数不胜数。一些原先吃不惯苦味的市民竟然吃上了"瘾",苦菜等过去在乡村才看得见的野菜更是大受欢迎;而银杏虾仁、苦瓜肉片、野生蘑菇汤等苦味菜肴成了餐桌上的新宠。

同样,不少人对苦丁茶、乌龙茶、红茶、橄榄汁等苦味饮料偏爱有加,为降低脂肪也好,为清热解毒也好,或者仅仅为品品"苦"的滋味,难抵苦味诱惑者大有人在。

(2)保健:痛并快乐

现代人的保健项目越来越多,人们在这方面的消费能力也越来越强,花钱买健康已经是家常便饭。但不难看出,拔火罐、刮痧甚至推拿、桑拿,都是先经历一番"痛苦",才能换来轻松和健康。

（3）休闲：苦中作乐

人们在日常休闲时也流行"自讨苦吃"。有的人放着自家的轿车不坐，反而租来双人自行车或山地车，周末花上数个小时骑到郊区，再骑回来，累出一身汗，却可一路欣赏美景，顺带锻炼身体。

苦也罢，累也罢，"自讨苦吃"的生活乐在其中，许多人认为这是当今健康生活方式的新选择。

想一想

为什么现代人会消费流行"自讨苦吃"？

参考答案

任务实施

6.2.1 消费流行心理特征分析

消费流行是指在一定时期和范围内，大部分消费者呈现出相似或相同行为表现的一种消费现象。具体表现为多数消费者对某种商品或时尚的热捧，而使该商品或时尚在短时间内成为众多消费者狂热追求的对象。此时，这种商品即成为流行商品，这种消费趋势也就成为消费流行。消费流行的关键是某种消费行为方式具有新奇性，许多人竞相模仿和学习，从而使这种消费行为在整个社会里随处可见，成为一种社会风气。

1. 消费流行产生的原因

消费流行的产生大致有三种原因：一是某种新产品的性能特点能满足大多数消费者的需求，所以流行；二是由"时尚先锋"带头，许多人纷纷效仿，如影视明星、体育明星、政界要人等；三是由产品的宣传所引发的流行。流行所包含的内容十分广泛，有物质产品的流行、精神产品的流行及思想观念的流行等。消费流行是社会流行中的一项重要内容，它是人们在消费活动中所形成的风行一时的消费模式。当消费流行盛行于世时，到处都有正在流行的产品出售，众多不同年龄、不同阶层的消费者津津乐道于流行产品，各种各样的宣传媒介不断推广。总之，在消费活动中，没有什么比消费流行更能引起消费者的兴趣。

2. 消费流行对消费心理的影响

消费流行对消费心理的影响，主要是通过引起消费者的心理活动变化使其行为活动发生改变。

（1）消费流行影响消费者的需求动机

消费流行具有刺激消费者产生需求的作用。正在流行的商品或服务使消费者在心理上自觉或不自觉地对其产生需求。通常，流行的强度、购买流行商品或服务人数的多少直接影响消费者需求的强度。另外，替代品的流行会改变人们需求的模式。

（2）消费流行对消费行为的影响

消费流行不仅影响着人们的消费观念、需求动机，而且影响着消费者的购买行为。例如，过去城市中的消费者一般都在菜市场买菜，现在有些城市的消费者开始习惯在超市里买菜。

项目 6
影响消费心理的因素

（3）消费流行对文化生活的影响

文化生活的流行是物质流行与精神流行共同作用的结果，是一种高层次的流行，是社会文明程度的反映。文化消费流行的作用是巨大的，必然影响和改变着人们的文化生活。

3．消费流行特点的分析与运用

与一般消费相比，消费流行具有如下特点。

（1）骤发性

消费者往往对某种商品或劳务的需求急剧膨胀，这是消费流行的主要标志。

（2）短暂性

消费流行具有来势猛、消失快的特点，故而常常表现为"昙花一现"。流行产品的重复购买率低，多属一次性购买，从而也缩短了其流行时间。

（3）群体性

一种消费流行往往是在特定区域的特定群体中开始发生的。如果这种消费流行具有通用性和群众性，就会为更多的群体所接受和追捧。

（4）一致性

消费流行本身由从众化需求所决定，使得消费者对流行产品或劳务的需求时空范围趋向一致。

（5）集中性

由于消费流行具有一致性，在流行产品的流行时间相对短暂的影响下，这种从众化的购买活动趋向集中，从而易于形成流行高潮。

（6）地域性

消费流行受地理位置和社会文化因素等方面的影响，在一定的地域内，人们形成了某种共同的信仰、消费习惯和行为规范，并区别于其他地域。因而甲商品在 A 地流行，但在 B 地就不一定流行，甚至是被禁止使用的。

（7）梯度性

由于受地理位置、交通条件、文化层次、收入水平等多种因素影响，消费流行总是从一地兴起，然后向周围扩散、渗透，于是在地区间、在时间上形成了流行梯度。这种梯度性会使得流行产品或服务在不同的时空范围内处于流行周期的不同阶段。

（8）变动性

从发展趋势来看，消费流行总是处于不断变化中。消费流行的不断变化是社会进步和人们需求层次不断提高的反映，这势必使流行品不断涌现。

（9）周期性

消费流行尽管具有骤发性、短暂性等特点，但同时，某种消费有一个初发、发展、盛行、衰退的过程，这个过程即为消费流行周期。

4．消费流行类别的分析与运用

（1）按消费流行的性质分类

① 食品引起的消费流行。这种消费流行是由于食品的某种特性深受大众喜爱，流行的商品种类也比较多，而且流行的时间长、地域广。流行食品的价格，往往要高于一般食品的价格。例如，二十世纪五六十年代的高热量食品、高蛋白食品曾经在一些国家十分流行。二十世纪七八十年代以来，健康无公害食品、天然食品在一些国家里形成消费流行。

② 用的商品引起的消费流行。用的商品由于能给生活带来巨大的便利而形成消费流行。例如，电视丰富了人们的日常生活，使人们足不出户便知天下事，坐在家里就能欣赏戏剧、音乐，观看电影、电视剧；电冰箱具有保鲜食品、冷冻食品的特性，使人们不必天天采购食品。用的商品引起的消费流行，往往是性质相近的几种商品，流行的时间与商品的生命周期有关，流行的范围比较广泛，时间也比较长。

③ 穿着类商品引起的消费流行。这类商品引起的消费流行，往往不是由于商品本身所具有的性能，而是由于商品的特性而引起消费者的青睐。

（2）按消费流行的速度分类

按消费流行的速度分类，有迅速流行、缓慢流行和一般流行。商品流行的速度和商品的市场周期有关，也和商品的分类及性质有关。

（3）按消费流行的范围分类

① 世界性的消费流行。这种流行范围大、分布广，一般源于人们对世界范围内的一些问题的共性认知。

② 全国性的消费流行。全国性的消费流行一般源于经济发达地区、沿海城市。这类消费一般符合我国人民的消费习惯和消费心理。

③ 地区性的消费流行。这种消费流行是最普遍、最常见的。这种消费流行有的源于全国性的消费流行，有的纯粹是一种地区性的消费流行。全国性的消费流行在地区上的反映，其特点是消费流行起源于大中城市、经济发达地区，流行的商品相同或相似，流行的原因不完全反映商品在该地区的消费特点。

5．消费流行的方式

实际生活中的消费流行不是线性发展的，而是交叉重叠在一起互相影响、互相渗透的。归纳起来，消费流行的方式一般有以下几种。

（1）滴流

滴流即自上而下的流行方式。它是指以社会上层、领袖人物、影视明星等的消费行为为先导，然后自上而下在社会上流行开来，如我国中山装的流行。

（2）横流

横流指不同消费者群体之间相互诱发的横向流行的方式，具体表现在某类消费者群体率先使用某种商品或服务后，其他消费者群体也跟着使用。

（3）逆流

逆流即自下而上的流行方式。它是由社会底层的消费行为开始，逐步向社会的上层推广，从而形成消费流行的一种方式。例如，牛仔裤，最初牛仔裤是为矿工下井劳动所设计的劳动服，其特点是厚实、耐磨，后来形成了社会上的一种消费流行。

6．消费流行各阶段特征的分析与运用

（1）流行初期

这是只有好奇心强的少数消费者对某种即将流行的商品产生需求的阶段。在此阶段，市场上对即将流行的商品需求量很小。不过，该种商品的销售量有望缓慢上升、持续增长。

此阶段的对策是细心观察市场动向，分析影响该商品流行的各种因素，迅速做出该商品是否能够流行的预测，同时对商品进行试销。在此阶段应采取适当的促销手段，"催发"流行。有人说："流行并不是自然形成的，而是有意制造出来的。"这话不无道理，"催发"某种流行现象是完全可能的，方法如下。

项目 6
影响消费心理的因素

① 充分发挥新闻的权威作用。新闻具有引导流行趋势的作用。每年的国际流行色预测、服装流行款式预测和流行商品预测等，无不是通过新闻媒介的宣传报道引导流行趋势的。

② 综合性广告宣传。商家准备好强有力的广告信息，通过不同的形式，宣传一个或几个相似的形象，并用相同语言，不断地反复进行宣传，以使公众对其印象深刻。

（2）流行发展期

流行发展期表现为多数消费者对某种流行商品的识别度提高，开始产生大量需求。该商品已初步成为流行品，过去观望、等待的消费者已开始购买该商品，因此需求量急剧增加，市场成为"卖方市场"，商品出现供不应求的局面。这时企业采取的对策是：利用现有设备和人力，最大限度地扩大生产规模，全力开拓市场，大量销售产品。

需要指出的是，消费流行品与一般产品不同，它主要体现在"时兴"上面。因此，企业在设计开发、引进新产品时，必须把产品的重点放在适应消费者追求时兴、表现自我这些心理特征上来，注重消费者心理特征这种"软件"的开发，要求从产品的设计到产品的包装，处处都突出一个"新"字。设计应该多样化、现代化；包装的大小、形状、构造、材料的选择要方便化，且具有审美价值，以激起消费者的购买欲望。在价格策略方面，企业宜采取"撇脂定价策略，"即以高价进入市场的策略。当消费流行形成，可适当降低商品的价格，使流行速度加快，让大量的消费者购买该商品，使市场需求不断扩大，形成理想的流行浪潮。

消费流行具有时间相对短暂、购买行为集中的特点，这就要求企业可采取"短渠道"和"宽渠道"的渠道策略，即流通环节要少，中间商要多。环节少，生产企业甚至可以直接推销商品，助推消费流行高潮的形成；中间商数目多，通过多个批发商、零售商销售流行的商品，有助于消费流行范围的扩大，便于在较短的时间内将流行的商品销售出去。另外，中间商数目多，可弥补消费流行梯度性形成的空档，变滞后的消费流行市场机会为企业机会，可扩大企业的市场占有率。

（3）流行盛行期

某种商品备受广大消费者青睐，在市场上广为流行。在这个阶段，该商品市场销售量达到高峰。预期价格回落，持观望态度的消费者极少。市场暂时出现供求平衡的态势。此时，生产、仿冒该商品的厂家也在增多。因此，企业采取的对策包括：一要加强广告宣传，提醒消费者注意辨别假冒伪劣商品；二要提高商品质量，增加商品的花色品种，扩大销售市场；三要加强市场预测，全力进行新品开发，做好新品生产的准备工作，以便在竞争中处在主动地位。

在价格方面，当流行高潮过去之后，流行趋势衰减，企业可继续降低商品价格，甚至采取大甩卖的方式处理过时的商品，加速资金周转，并致力于新品的开发与生产工作。

（4）流行衰减期

此时，某种流行商品的市场需求已经基本饱和，销量逐渐下降，市场上出现供大于求的局面。此时市场演变为"买方市场"，企业之间竞争激烈。企业在这个阶段应采取降价销售等策略，抓紧时间处理剩余产品；调整生产，试销新品，以适应新的市场需求，迎接新一轮消费潮流。

（5）流行过时期

在此阶段，人们对某种商品或服务的需求逐渐消失，只能在少数人身上看到这种消费流行的痕迹。企业在此之前应进行研究，在思想上有所警觉，在行动上有所准备，做到随机应变。

6.2.2 消费习俗心理特征分析

习俗即风俗习惯，消费习俗是人们在长期的消费活动过程中形成的，具有一定倾向性的消费习惯，是人类各种习俗中重要的习俗之一。消费习俗一旦形成就不易变动，可以被后代继承与传续。消费习俗是指世代相传的消费习惯，是社会风俗的主要组成部分。

消费习俗在一定的人群中是被普遍接受和共同遵循的。研究消费习俗，不但有利于企业组织好商品的生产与销售，而且有利于正确、主动地引导消费者健康消费。了解目标市场消费者的禁忌、习俗、避讳、信仰、伦理等是企业进行市场营销的前提。

1. 消费习俗对消费心理的影响

（1）消费习俗可以给消费者心理带来某种稳定性

消费习俗是长期形成的，对人们的社会生活的影响很大，据此而产生的一些消费心理也具有某种稳定性，消费者在购买商品时往往会形成一些购物习惯。例如，临近端午节，人们就会购买粽子，临近中秋节就会购买月饼等。

（2）消费习俗强化了一些消费者的心理行为

由于消费习俗带有地方性，会使消费者产生地方消费习惯的偏好，这种偏好强化了一些消费者的心理活动。但同时，企业只有在这种一致性中发现差异，才能在竞争中获得发展。

（3）消费习俗使消费心理变化减慢

在日常生活和社会交往中，消费者原有的一些消费习俗符合时代潮流，而有些消费习俗则比较落后。在后一种情况下，由于消费习俗的惯性作用对消费心理的影响，会减弱消费者对新产品和新事物的接受速度。

2. 消费习俗的类别

（1）物质消费习俗

物质消费习俗主要是由地理、气候等因素影响而形成的习俗。物质消费习俗与社会发展水平之间具有反向关系，即经济发展水平越高，物质消费习俗的影响力越弱。这类消费习俗主要包括以下三个方面。

① 饮食消费习俗。在我国，除了口味习惯，北方人逐渐形成了以面食为主的饮食习惯，南方人逐渐形成了以大米为主的饮食习惯；沿海居民喜欢鲜活食品，内地居民喜欢冷冻食品。这些饮食习惯基本上是受供应条件限制而形成的，但近年来随着经济发展、科技进步以及运输业的发达，这种供应条件限制造成的习俗差异越来越小。

② 服饰消费习俗。我国地域广阔，大多数少数民族分地域聚居，因此也形成了各具特色的服饰消费习惯。东南地区与西北地区的服饰就有很大的不同，如在西北地区，人们包头、束腰等。

③ 住宿消费习俗。受不同地区生活环境及经济发展水平差异的影响，人们的住房建造与住宿方式也有很大的不同。例如，在西北牧业地区，人们习惯住蒙古包，即使随着经济的发展，可移动的蒙古包越来越少，但人们在建造固定住房和室内装修时仍习惯采用蒙古包的装修方式。又如，在陕北地区，人们习惯居住在窑洞中。

项目 6 影响消费心理的因素

（2）社会文化消费习俗

社会文化消费习俗是指受社会、经济、文化影响而形成的非物质消费方面的习俗。这类消费习俗较物质消费习俗具有更强的稳定性。

① 喜庆类消费习俗。喜庆类消费习俗是社会文化消费习俗中最主要的一种形式，是人们为了表达各种美好感情、寄托美好愿望而形成的具有特定意义的消费活动习惯。例如，我国庆贺春归、祈求收获的春节，祈愿合家团圆的中秋节等。

② 纪念类消费习俗。纪念类消费习俗是为了纪念某个事件或某个人而形成的消费习俗。这类习俗往往与各种重大的历史事物有关，具有较强的民族性。例如，我国人民为纪念战国时期楚国诗人屈原而形成的在端午节吃粽子的习俗。

③ 宗教类消费习俗。这类消费习俗是由某种宗教信仰带来的，大多与宗教教义、教规、教法有着密切的关系，因此宗教色彩深厚、约束力强。例如，伊斯兰教的开斋节、宰牲节；基督教的复活节；犹太教的成年礼等都属于传统的宗教节日。这些节日也都有特定的消费活动和习惯做法。

④ 文化类消费习俗。这类习俗是社会文化发展到一定水平而形成的，具有深刻的文化内涵。能够流传至今的文化消费习俗一般与现代文化具有较强的兼容性。在我国较有影响的文化消费习俗主要是各种地方戏演出及各具特色的文化活动，如以山东潍坊为代表的北方地区放风筝的习俗、南北地区风格各异的舞龙、舞狮活动等。

3. 消费习俗特点的分析与运用

（1）消费习俗的特点

消费习俗一般具有以下特点。

① 长期性。消费习俗都是在人们的日常生活中逐渐形成和发展起来的。一种消费习俗的形成一般要经过几代人或者更长时间的沉淀，而已经形成的消费习俗又将长期对人们的消费行为产生潜移默化的影响。

② 社会性。消费习俗的形成离不开特定的社会环境，而且带有浓厚的社会色彩。社会环境因素、社会意识形态的变化也会使消费习俗产生一定程度的变化。

③ 区域性。消费习俗是特定地区产生的，带有强烈的地方色彩。例如，广东人喝早茶，四川人吃火锅。少数民族的消费习俗更是他们长期在特定的地域环境中生活而形成的民族传统和生活习惯的反映。消费习俗的地域性使我国各地区形成了各不相同的地方风情。

④ 非强制性。消费习俗的影响并非通过强制手段来推行，而是通过无形的社会约束力量发生作用的。这种约束力虽无强制性，但具有强大的影响力。

（2）消费习俗中蕴含的营销商机

营销商机通常可以理解为环境中出现的一个有利条件，企业通过努力可能获取盈利的需求领域。这个领域对企业营销活动富有吸引力，通过努力，企业可以在这个领域中获得竞争优势。

① 现实的营销商机。蕴含在消费习俗中的现实的营销商机主要表现为在特定习俗来临之时人们某个特定需求明显增加。例如，春节来临，人们对爆竹、春联、新衣服等年货类商品的需求迅猛增加；端午节之日，挂艾蒿、买粽子、赛龙舟等活动也成了人们特定的需求。这类营销商机的特点如下：一是识别性高，即营销商机容易被企业识别，按时间即可推算，基本不用企业投入额外的成本；二是利用性强，即营销商机容易被企业转化为具体的营销行动，所提供的主流产品与服务明确清晰，易于上手；三是竞争激烈，即营销商机易于被各大商家发现，从

而导致其纷纷参与竞争,最终,竞争者数量多、竞争强度大、竞争激烈乃至白热化。因此,蕴含在消费习俗中的现实的营销商机对企业而言虽然形成了获利的空间和可能性,但最终与企业的期望未必一致,甚至不一定能转化为企业的获利机会。

② 潜在的营销商机。蕴含在消费习俗中的潜在的营销商机是指在现实商机中所隐藏起来的差异性市场需求。这类营销商机的特点如下:一是隐蔽性,即营销商机多潜伏在现实的营销商机中,不易被识别,市场上虽然呈现出一种缺乏态势,但因为主流需求能够被满足,因此这类需求常常被企业甚至消费者所忽略;二是多样性,即营销商机所呈现的差异性需求不论在形式上还是内容上均表现各异,显现出多样化的特点;三是动态性,即营销商机中的差异性需求不是一成不变的,在不同的时间、地点条件下它也会发生变化。鉴于潜在营销商机的上述特点,与现实营销商机相比,该类商机的识别难度虽然增大了,但同时也提高了参与该领域竞争的门槛,市场竞争激烈程度低,企业运作空间大,获利水平高。企业如果能有效把握潜在营销商机,则能够迅速形成竞争优势。

(3) 企业把握消费习俗中蕴含营销商机的营销对策

① 挖掘习俗内涵,引导消费行为。消费习俗是长期延续下来的消费习惯,其本身所固有的内涵和意义已经根植在人们的心中。因此,企业应研究与挖掘消费习俗的内涵,对消费习俗中那些具有传统文化特点、适应当前环境与观念变化、具有积极影响意义的内容进行汇总、整理与提炼,使之特色化、系统化、规范化,并通过多种传媒途径广为传播,加深人们对特定消费习俗的了解和认识,强化人们的记忆。这样不仅有助于消费习俗的世代延续,满足人们在物质上、心理上和情感上的需求,更有助于引导消费者的消费行为,进而达到使企业获利的目的。

② 开发习俗产品,满足消费行为。时代的发展与社会的进步使得人们对各种消费品有了更高的要求,用传统生产方式生产出来的商品已经远远不能满足消费需求。对此,企业顺应形势变化,精心开发具有时代特色的习俗产品已经迫在眉睫。有条件的企业可以尝试用现代化的生产方式取代传统手工作坊式的操作,提高商品的生产量和标准化程度,满足消费者的消费需求;不断开发品种多、花色全的习俗产品,满足消费者的差异化消费需求。

③ 创新习俗活动,巩固消费行为。消费习俗的稳定性并不排斥习俗的发展与变化,特别是伴随着通信技术的发达、互联网的使用和数字时代的到来,很多新的、更便捷的方式出现了。企业应积极创新习俗活动,培养新的消费习惯。

④ 设定习俗假日,刺激消费行为。在民间,像清明节、端午节、中秋节、重阳节等传统的习俗节日因其特定的文化内涵、精神寄托一直普遍受到人们的重视。自古以来,每逢节日来临,人们会有各种各样的纪念性活动和消费行为,并形成了富有中国文化特色的消费活动。但随着人们工作与生活节奏加快,闲暇时间减少及外来文化的冲击,上述具有传统中国文化特色的、有利于社会未来发展的习俗活动正在人们的观念中一点点淡去,有些已面临着消失的危险。因此,我们应通过官方干预来保护和复兴传统节日,从而既可以弘扬民族文化,增强民族自豪感,又可以刺激消费,带动企业发展,促进社会进步。

项目总结

1. 自然环境因素对消费心理与行为产生巨大影响。自然环境直接构成了消费者的生存空间,在很大程度上促进或抑制了某些消费活动的开展,因而对消费行为有着明显的影响。自然环境因素包括地理区域、气候条件、资源状况等。

项目 6
影响消费心理的因素

2. 政治因素对消费心理与行为产生巨大影响。

3. 经济因素对消费心理的发展、变化起着决定性的作用，因而成为最主要的影响因素之一。当前对我国消费心理与行为构成影响的经济因素主要包括：经济发展水平、产业结构调整、对外开放程度、物价和商品零售额等。

4. 社会文化是与广大人民群众的生产和生活紧密相连的，由基层群众创造，具有地域、民族或群体特征，并对社会群体施加广泛影响的各种文化现象和文化活动的总称。社会文化是随着社会的发展通过不断扬弃来获得发展的。社会文化对消费者的消费行为具有潜移默化的影响，消费者在其社会化过程中，通过学习、传承文化形成指导其消费行为的信念、价值观和习惯。

5. 消费流行对消费心理的影响，主要是通过引起消费者的心理活动变化来改变消费者的行为活动。

6. 消费习俗是人们在长期的消费过程中形成的，具有一定倾向性的消费习惯，是人类各种习俗中的重要习俗之一。消费习俗一旦形成就不易变动，可以被后代继承与延续。

项目实训

【知识挑战训练】

一、单项选择题

1. 在影响消费者行为的宏观因素中，（　　）是最基本的因素，它从总体上制约着消费者行为的具体指向和范围。
   A．社会经济发展水平　　　　B．家庭收入
   C．消费习惯　　　　　　　　D．地理区特征

2. 文化是后天习得的，每个人从出生起就在他所生活的社会环境中，受到潜移默化的影响，这反映出文化的（　　）。
   A．习得性　　　　　　　　　B．差异性
   C．实用性　　　　　　　　　D．动态性

二、多项选择题

1. 社会文化对消费者行为的影响，体现在对消费者（　　）的影响上。
   A．问题认知　　　　　　　　B．收集信息
   C．评价选择　　　　　　　　D．购买决定
   E．购后评价和行为

2. 消费流行的特点主要有（　　）
   A．骤发性　　　　　　　　　B．一致性
   C．群体性　　　　　　　　　D．差异性

三、简答题

1. 举例分析我国不同地理区域的消费差异。
2. 宏观经济因素中的哪些因素对消费行为产生影响？
3. 消费流行是如何影响消费者的购买行为的？

四、案例分析题

节能补贴政策引发的消费热潮

中国之声《新闻纵横》今日关注，本月底节能补贴政策即将到期。这周末，各大家电卖场异常火爆。"巅峰时刻，见证奇迹仅此一天""厂家补贴+国家政策补贴+卖场补贴，三重优惠补贴，最大优惠力度达到 30%"，各大卖场使出浑身解数卖力宣传。

卖场优惠力度空前，自然吸引了很多消费者前来赶政策的末班车。同时，这也是继家电下乡、家电以旧换新政策之后，家电市场再次迎来周期性政策的消费热潮。那么，给市场带来巨大活力的家电补贴政策能否延续？

"高效节能补贴末班车，价格跌破五一……"在北京某大型家电卖场，各种品牌的电冰箱、洗衣机、空调、平板电视等节能电器上，都贴上了优惠补贴的标志。商场负责人说，虽然距离传统消费旺季还有一段时间，但是家电销量已经提前进入高峰。彩电和空调环比增长幅度比较大，激起消费者的消费热情的还是国家的节能补贴政策。去年 6 月开始，国家启动惠民补贴政策，消费者购买包括电冰箱、洗衣机、空调等在内的五大类节能产品，将获得最高 400 元的财政补贴。

补贴政策进入倒计时，卖场、厂家也搭上了节能惠民的末班车。国家政策补贴+厂家补贴+卖场补贴，是很多卖场推出的组合套餐，最大优惠力度达到 30%，个别产品累计补贴近 2000 元，吸引了不少消费者。在美菱电器的柜台前，相关人员正在介绍节能产品的优点："这款产品的能效是一级，一个制冷季下来耗电量为 376 度，与普通空调相比能节电近三分之一，也就是 130 度电。"

相关统计数据显示，节能惠民补贴政策带动了 3270 多万台高效节能家电的推广，拉动消费需求超过 1100 多亿元。在政策导向下，国内大型家电企业纷纷抢占节能环保市场。美菱在环保节能冰箱领域进行了 60 万台的产能扩张，进一步扩大了美菱在绿色环保产品上的优势。长虹空调全面停产三级能效产品，保证一级能效产品的充足供应。

（资料来源：http://china.cnr.cn/yaowen/201305/t20130519_512617287.shtml.）

（1）为什么节能补贴政策出台后，节能产品销量激增？
（2）试分析节能补贴政策出台后，消费者的消费心理发生了怎样的变化？

技能实训

技能实训 6.1　消费流行对消费心理与行为的影响

选择一种当前的消费流行进行调查，试分析其流行的原因，并制定营销策略。

1. 实训目的

通过实际的市场调查与体验，加深对消费流行的理解。

2. 实训内容

将学生分组，安排前往电器城或大型超市选择不同的流行商品进行调查和资料收集、整理、讨论，并记录讨论结果，指出顾客在购买过程中呈现的消费心理与行为特征。

项目 6
影响消费心理的因素

3. 实训材料

相关图书、教辅、计算机、纸张、笔、投影仪等。

4. 实训步骤

（1）全班学生自由分组，每组 6~8 人。
（2）各组分别进行集体讨论，明确组内分工。
（3）按照分工进行资料收集、整理、讨论，并记录讨论结果。
（4）整理观察记录并分析，制定营销策略，并形成分析报告。
（5）各组将资料制作成 PPT，选一名代表展示工作成果。

5. 成果与检验

消费流行对消费心理与行为的影响实训评价参考表，见表 6-1。

表 6-1 消费流行对消费心理与行为的影响实训评价表

序号	评价内容		分值（分）	实际得分（分）
1	实际操作	明确记录具体的购物时间、地点、对象	20	
		购买过程翔实，购买对话记录详细	30	
2	分析报告	能够对记录的内容进行恰当整理与分析，制定营销策略，并形成分析报告	20	
		制作 PPT，图文并茂，内容翔实	10	
		汇报大方从容，内容全面	20	
	合计		100	

评价说明如下。

① 每组学生的成绩由两部分组成：实际操作（50%）和分析报告（50%）。
② 实际操作主要考查学生观察的过程及收集资料、整理资料的能力。
③ 分析报告主要考查学生资料分析、制定营销策略、制作 PPT 并进行汇报的能力。

项目 7

产品与消费心理分析

营销名言

赢家是这样一批人,他们能够赢得和说服那些不再相信一切、不再立即购买高价产品的客户。他们能在绝境中创造惊人的奇迹。

——阿尔布莱西特·比法尔

学习目标

专业能力目标

> 掌握如何根据消费者的心理对产品名称进行设计的策略。
> 掌握如何根据消费者的心理与行为对品牌、包装进行设计的策略。

方法能力目标

> 能初步运用消费心理与行为学的相关知识设计恰当的产品名称、品牌与包装的营销策略。

社会能力目标

> 培养学生的观察与分析能力,能够根据消费者的心理与行为正确开展新产品的设计。

项目 7　产品与消费心理分析

感受营销

视频（新产品的类型）

（资料来源：https://www.icve.com.cn/.）

项目实施

任务 7.1　产品的概念

学习目的

学习任务	分析消费心理与行为和产品组合策略的案例
要　　求	1. 能通过各种渠道收集关于产品组合策略和消费者心理与行为的案例 2. 能通过对消费心理与行为案例的分析，推断企业成功与失败的原因 3. 能根据对案例的分析结果，提出个人建议 4. 能制作 PPT，并进行 PPT 演示
应具备的知识	消费心理与行为的基本知识
应具备的能力	收集信息的能力、案例分析的能力、制作 PPT 的能力
质量标准	评价项目	分值（分）
	1. 信息真实	20
	2. 分析时应以收集的信息为依据，不能脱离实际情况	40
	3. 分析时要有逻辑，思路清晰	30
	4. PPT 制作完整	10

案例导入

中国消费者对"中国制造"的新认识

提起华为手机、联想电脑、海尔电器……大多数中国人都"如数家珍"，这些"中国制造"摆脱了以往"物美价廉"的单一标签，以高科技、高水平的新面貌展现在大家面前。《中国青年报》通过网络问卷的方式对 2000 人进行的一项调查显示，61.5%的受访者认为"中国制造"和 10 年前相比进步非常大。当下最被受访者认可的"中国制造"产品是手机等通信设备（65.1%）、航天航空设备（55.4%）和高铁等交通设备（54.1%）。受访者中男性占 49.8%，女性占 50.2%；"00 后"占 0.6%，"90 后"占 19.3%，"80 后"占 52.2%，"70 后"占 20.2%，

165

"60后"占 6.5%。

1．61.5%的受访者认为"中国制造"和10年前相比进步非常大

在调查中，41.4%的受访者认可"中国制造"；49.2%的受访者对"中国制造"的认可度一般；7.2%的受访者不太认可"中国制造"；仅1.3%的受访者完全不认可"中国制造"。

61.5%的受访者认为"中国制造"和10年前相比进步非常大；32.3%的受访者认为"中国制造"与10年前相比进步一般；5.3%的受访者认为"中国制造"与10年前相比进步不太大；0.8%的受访者认为"中国制造"与10年前相比没有进步。

2．65.1%的受访者认可"中国制造"的手机等通信设备

调查显示，10年前大家认可的"中国制造"产品是玩具、打火机等小商品（60.7%）、衣服、鞋子等物品（59.1%）和各种工业设备的小零件（52.2%），还有家用电器（40.3%）和电子化工产品（25.3%）。

10年过去了，"中国制造"发生了翻天覆地的变化。调查显示，当下最被受访者认可的"中国制造"是手机等通信设备（65.1%）、航天航空设备（55.4%）和高铁等交通设备（54.1%）。接下来是桥梁建筑业设备（53.9%）、家电（51.6%）、玩具等小商品（22.9%）。

在调查中，受访者认为"中国制造"的产品具有价格相对低廉（52.3%）和质量过硬（53.7%）等特点，其他特点包括能耗低、效率高、工艺考究、设计人性化和科技含量高等。

3．69.5%受访者认为"中国制造"应重视知识产权保护和核心技术研发

想要"中国制造"有更好的发展前景，69.5%的受访者建议重视知识产权保护和核心产品的研发；54.4%的受访者认为应鼓励创新，为中国制造注入活力；53.7%的受访者认为应摒弃粗制滥造，追求精益求精；44.7%的受访者认为应提高中国制造业从业者的素质；30.6%的受访者认为应加大科研成果的商业应用。

（资料来源：孙静. 65.1%受访者最认可的中国制造产品是通信设备. 中国青年报. 2017-02-27.）

想一想

企业发展与成功的关键，在于其产品满足需求的程度。请从这个角度想一想，消费者为什么最认可"中国制造"的通信设备？

参考答案

任务实施

人们通常理解的产品是指具有某种特定物质形态和用途的物品，是看得见、摸得着的东西。这是一种狭义的定义。而市场营销学认为，广义的产品是指人们通过购买而获得的能够满足某种需求和欲望的物品的总和，它既包括具有物质形态的产品实体，又包括非物质形态的利益，这就是"产品的整体概念"。现代市场营销理论认为，产品整体概念包含核心产品、有形产品、附加产品、期望产品和潜在产品五个层次。

1．核心产品

核心产品是指消费者购买某种产品时所追求的利益，是消费者真正想获得的东西，因而在

项目 7
产品与消费心理分析

产品整体概念中也是最基本、最主要的部分。消费者购买某种产品,并不是为了占有或获得产品本身,而是为了能满足某种需求。

2. 有形产品

有形产品是核心产品借以实现的形式,即向市场提供的实体和服务的形象。如果有形产品是实体,则它在市场上通常表现为产品的质量水平、外观特色、式样、品牌名称和包装等。产品的基本效用必须通过某些具体的形式才得以实现。市场营销者应首先着眼于消费者购买产品时所追求的利益,以更好地满足消费者的需要,从这一点出发再去寻求利益得以实现的形式,进行产品设计。

3. 附加产品

附加产品是消费者购买有形产品时所获得的全部附加服务和利益,包括提供信贷、免费送货、质量保证、安装、售后服务等。附加产品的概念源于企业对市场需求的深入认识。因为消费者购买商品的目的是满足某种需求,因而他们希望得到与满足该需求有关的一切。美国学者西奥多·莱维特曾经指出:"新的竞争不是各个公司的工厂生产什么产品,而是其产品能提供何种附加利益(如包装、服务、广告、顾客咨询、融资、送货、仓储及具有其他价值的形式)。"

4. 期望产品

期望产品是指消费者购买某种产品通常所希望和默认的一组产品属性和条件。一般情况下,消费者在购买某种产品时,往往会根据以往的消费经验和企业的营销宣传,对所要购买的产品形成一种期望,如旅店的客人期望的是干净的床、香皂、毛巾、热水、电话和相对安静的环境等。消费者所得到的,是购买产品所应该得到的,也是企业在提供产品时应该提供给消费者的。如果消费者没有得到这些,就会非常不满意,因为消费者没有得到他所期望的。

5. 潜在产品

潜在产品是指一个产品最终可能实现的全部附加部分和新增加的功能。许多企业通过对现有产品附加值的扩展,不断为消费者提供潜在产品。潜在产品蕴含着产品可能的演变,也使消费者对于产品的期望越来越高。企业只有不断地将潜在产品变成现实产品,才能更好地满足消费者的需要。

练一练

选择一件产品,试从产品整体概念的五个层次对其进行分析。

【知识链接】

2018 年十大热门消费趋势出炉:新科技驱动大变革

全球消费者研究项目的相关数据显示,2018 年有十大热门消费趋势。

(1)身体即用户界面。超过 50% 的人相信我们会用身体语言、语调、触觉和手势来与机器人互动,就像人与人打交道那样,2/3 的人认为这一技术将在 3 年内实现。

(2)升级耳机。现在许多智能手机制造商放弃了耳机接口,转而配备了支持数字多功能接口，未来耳机应该具有无线充电功能，这种设计将在 5 年内成为主流。

（3）永无止境的新事物。接近 50% 的人认为，科技将使学习变得更快捷。而努力学习和重新学习将成为社会主流，55% 的人认为技术变革将加速在工作中所需技能的更新。

（4）社交网络变身广播信息平台。社交网络正日益成为标准化的广播信息平台，而这些信息更倾向于传播一种观点。

（5）智能广告。受访者中 40% 的人说他们不介意广告，如果这意味着他们得到了免费服务，只有 1/3 的人说他们实际上不喜欢广告。消费者看到了利用技术来减少广告的机会。例如，3/5 的人希望屏蔽在线广告。

（6）不可思议的人机交流。人机交流将越来越普遍。50% 的受访者表示，不能分辨人和机器之间的区别会把他们吓跑。例如，多达 1/3 的人表示，他们将在客户服务中避免接触使用智能机器人的公司。

（7）机器人。超过 32% 的人认为机器人将取代他们的工作。此外，近四成的人相信自己的爱好会发展为新的收入来源。

（8）你的照片就是"房间"。照片是我们重温记忆的工具，但它们可能会变成我们可以自由漫步的"房间"。像光场摄影这样的新技术正在改变照片的性质，我们很快就能从更多的角度重新审视我们的记忆。3/4 的消费者认为，在婚礼或生日等场合拍照，并在虚拟现实中再现它们，这种技术在五年内就会成为现实。

（9）空中街道。39% 的人认为他们的城市是如此的繁忙，以至于需要在空中为无人机和飞行车辆提供道路网络。近 50% 的受访者希望无人机能迅速运送外卖食品，而当送达的时候，食品仍然能保持一定的温度。77% 的人认为大多数网络零售商将使用无人机，以便缩短交易完成的时间。

（10）续航时间更长。智能电池技术会使电池的续航时间更长，使我们的生活更加便利。

任务 7.2 基于产品生命周期理论的消费心理分析

学习目的

学习任务	基于产品生命周期理论的消费心理案例分析		
要 求	1. 能基于产品生命周期理论，通过各种渠道收集有关消费心理的案例 2. 能基于产品生命周期理论，对消费心理的案例进行分析 3. 能根据对案例的分析结果，提出个人建议		
应具备的知识	产品生命周期理论知识		
应具备的能力	收集信息的能力、案例分析的能力		
质量标准	评价项目		分值（分）
^	1. 收集到的信息应具有真实性		20
^	2. 分析情况应以收集的信息为依据，不能脱离实际情况		40
^	3. 分析时要有逻辑，思路清晰		40

项目 7
产品与消费心理分析

案例导入 ▶

手机游戏产品生命周期正在缩短

随着科学技术的进步和社会的发展，市场上产品更新频率加快，产品的生命周期不断缩短已成为现实。据统计，在 19 世纪以前，产品更新换代的周期为 70 年，20 世纪初到第二次世界大战前为 40 年，20 世纪 70 年代的时候大概为 10 年，而现在产品的更新周期仅为 1~2 年。手机游戏（以下简称手游）行业就是产品生命周期缩短的典型代表。

手游行业诞生的时间并不长。20 世纪 90 年代，"贪吃蛇"伴随着诺基亚 6110 揭开了手游发展的序幕。进入 21 世纪，随着手机性能的不断提高，手游的内容也越来越丰富。2008 年，苹果触屏手机的问世带来了手游史上的一场革命。2012 年后我国手游市场觉醒，开始迅速发展。中国产业信息网的数据显示，截至 2017 年，我国移动端游戏用户规模达 5.54 亿人次，而中国移动游戏市场收入达 1161.2 亿元，同比增长 41.7%。手游产业快速发展的背后，是手游更新迭代速度的加快和生命周期不断缩短。

根据韩国手游推广企业在全球市场的调查结果，2011—2012 年手游平均寿命为 190 周，2013 年为 116 周，2014 年为 47 周，2015 年为 25 周。而根据 Game Analytics 的调查，2014 年手游的平均首日留存率为 30%左右，7 日留存率为 7.5%，而 2015 年手游的平均首日留存率降到了 20%，7 日留存率仅为 3.5%。很多手游产品都跳不出上线短期内大热，然后迅速降温甚至暴死的怪圈，而且这种情况正变得越来越严峻。手游生命周期不断缩短，会导致游戏商的努力化为泡影，玩家的热情不断被消磨，进而打击整个手游市场的信心。那么到底是哪些因素导致了手游生命周期的缩短呢，其中有市场环境变化因素，也有企业自身的因素。

1．市场环境因素

① 玩家需求的快速变化。目前，手游市场的主要目标群体是"90 后"甚至"00 后"的年轻一代。与父辈们相比，"90 后"与"00 后"的思想更为活跃，个性化追求更多，并乐于尝试新鲜事物。同时，他们对目标的专注度也在降低。诸多报告显示，如今的年轻人对新事物的尝试时间变得更短了。根据极光大数据的报告，即便是最火的手游，如"王者荣耀""阴阳师"等，其 App 的平均存活寿命也不超过两个月。

② 市场竞争的加剧。目前的手游市场，对于很多游戏开发商和渠道平台而言，日子并不好过。一方面，市场的竞争不断加剧，同质化竞争严重；另一方面，手游市场的人口红利逐渐消失，市场体量不再大规模增加。除此之外，手游行业集中化趋势明显，渐成寡头垄断之势。2016 年，几家大型游戏公司，如腾讯、网易等占据了手游市场的 70%，而剩下的 1 万多家手游企业只能在余下的 30%的市场份额中挣扎和厮杀。目前，在手游行业中盈利的企业不到 10%。运营压力的增大使很多企业的游戏研发和维护能力减弱，产品生命周期因而大大缩短。

2．企业自身因素

① 缺乏长远布局。很多国产手游的内容和设计理念来自端游和页游，但是寿命却短了很多，究其原因就是开发商将"快速捞钱"的经营理念放在首位，而很少考虑和玩家建立更长远持久的关系。以往游戏商在新产品上线时，会通过一些手段提高产品的留存率和活跃度，使得产品具有可长期运营的资本，而现在重视前期布局的手游已经不多见了，取而代之的是各种花式充钱设置。据调查，2018 年大部分的手游产品，其收入的 50%是在第一个月产生的。企业在

消费心理与行为学

前期大量获益后,就忽视了手游的后期维护和运营,这导致了玩家的不满和流失。

② 缺乏"工匠精神"。这些年来,我们一直在提倡"工匠精神"。所谓"工匠精神"就是热爱岗位、追求卓越、精益求精的品质精神,是一名当代从业者应有的基本素质,手游从业者也不例外。而当前的很多手游企业缺乏这种精神。另外,手游的制作和维护需要精益求精、耐心雕琢,手游的品质对手游产品的市场寿命具有决定作用。在未来,只有那些能够满足玩家视觉和操作体验的、创新与乐趣并存的精品手游,才能生存下来。

③ 营销能力弱。很多手游开发商的营销能力很弱,受各种因素的限制,其营销团队的建设始终不完善,现有的营销人员一般只负责与发行渠道商对接。这就意味着手游的所有宣传、推广、维护及促销等活动都是由发行商和渠道商来完成的。过于依赖渠道商,导致了很多手游开发商在营销环节受制于人,抵御风险的能力大打折扣。

想一想

手游产品的生命周期为什么会缩短?产品生命周期对消费心理的影响有哪些?

参考答案

任务实施

7.2.1 产品生命周期的定义及各阶段消费者的心理特点

产品如同人一样,也有一个出生、成长、成熟、衰亡的过程。在产品生命周期中的不同阶段,产品的性能、知名度不同,消费者对产品的认知程度等也会不一样。企业的营销策略也应进行相应的改变,以维持并延长产品的市场寿命。

1. 产品生命周期

产品生命周期是指一个产品在市场中的经济寿命或市场寿命,它与产品的使用寿命是两个完全不同的概念。产品的使用寿命是指产品从开始使用到失去原有状态或丧失使用功能的过程,它主要是由消费过程中的使用程度和维修保养等因素决定的。产品生命周期是指一种产品从面市到退出市场的过程。它主要是由消费者的消费方式、消费水平、消费结构和消费心理的变化决定的。

市场上的所有产品都有周期性的生存规律,这个周期一般分为产品导入期、产品成长期、产品成熟期和产品衰退期四个阶段。不同种类或不同品牌的产品,在每个阶段持续生存的时间可能不等,但是任何产品都不会超越这个生命周期。

产品导入期,在此期间新产品刚刚以创新或改良的面貌进入市场,人们对新产品缺乏了解,销售量少,销售额增长缓慢;产品工艺还不成熟,产品质量和性能还不够稳定;产品生产成本和营销费用较高,一般没有或有很少的利润,竞争者很少或没有。

产品成长期,在此期间产品质量有所提高,并逐渐被广大消费者了解和接受,市场销售量迅速增长,市场占有量不断提高,产品利润增加,竞争者相继出现。

产品成熟期,是产品销售量最大的时期。这一时期的产品已被消费者普遍接受和购买,销售量显著上升,市场需求趋于饱和。这时竞争对手大量出现,市场争夺变得很激烈。

项目 7
产品与消费心理分析

产品衰退期，这个时期产品已落伍，面临被淘汰或被新产品所取代的状况。市场份额不断缩小，销售量由缓慢下降变为急剧下降，利润大幅滑落，有的商家甚至亏本销售，竞争者纷纷退出。

2. 产品生命周期各阶段中消费者的消费心理特点

（1）产品导入期中消费者的消费心理特点

在这一时期，新产品刚刚推向市场，以创新或改良的面貌出现在消费者面前。产品在导入期竞争者较少甚至没有竞争者，给人以新奇的感觉。但也正是由于产品刚上市，消费者对其了解不多，所以销售量小且销售额增长缓慢。因此，这一时期消费者的心理反应主要表现为两个极端：少数人出于求新、求奇的心理，迅速购买，以满足其心理需要；大多数人则因不了解产品的性能、特点，不愿承担购买风险，或是对原有产品十分信任，不愿意改变消费习惯，因而对新产品采取拒绝购买或观望的态度。另外，在此阶段产品的生产批量小、制造成本高、宣传推销费用大，企业利润很低甚至亏损。如果市场预测失误，或新产品本身有致命的缺陷，上市时机选择不当，宣传不力等，都可能使新产品的上市夭折。

（2）产品成长期中消费者的消费心理特点

这一时期的产品有了一定的知名度，消费者对其已有初步认识，但尚不深刻，会产生一种矛盾的心理：消费者一方面对该产品产生了兴趣和购买欲望；另一方面对产品的质量效用又存有疑虑，缺乏购买信心。表现在行为上，一部分人开始少量地购买、试用该产品，另外有许多人则继续观望，尤其注意已购买者的购买感受和社会评价，以此作为下一步行动的参考。总的来讲，这一时期，产品的销售量迅速增长；企业随着生产经验的积累，成本下降，费用减少，利润随之增加；在高额利润的驱使下，新的竞争者进入市场，企业之间的竞争日益激烈。

（3）产品成熟期中消费者的消费心理特点

这一时期产品已定型，质量有了保证，市场推广很快，销售量最大，但销售额增长缓慢，市场逐渐达到饱和。消费者购买欲望强烈，并纷纷付诸行动。其中，有相当一部分人是出于从众心理而购买该产品的。同时，由于大量竞争者的加入，市场竞争激烈，消费者购买产品时的选择心理加强，对产品的性能、质量、款式、价格和售后服务等方面的要求也更高。

（4）产品衰退期中消费者的消费心理特点

这一时期产品已显得落伍，对消费者已失去吸引力。市场销量由缓慢下降变为急剧下降。消费者的购买兴趣已开始转移到其他产品上。此时多数消费者的心态是期盼新产品的出现，也有少数人期望商家对产品降价处理，从而以优惠的价格购买产品。

7.2.2 产品生命周期各阶段的营销策略

1. 产品导入期的营销策略

在产品导入期，由于产品刚进入市场，消费者对产品十分陌生，产品销售额增长缓慢。因此，企业应采取各种方式，加强产品的宣传促销工作，尽快让更多的消费者了解新产品。企业要努力扩大产品的知名度，充分介绍新产品的功能、特性、用途、优点、价格等，消除消费者的各种疑虑；也可结合示范操作，通过免费试用或优惠销售等形式，充分引起消费者的注意和兴趣。同时，企业还要注意解决生产中存在的技术问题，提高产品质量，降低产品成本；选用适当的销售渠道，减少流通成本。

2. 产品成长期的营销策略

产品成长期营销策略的重点在于创品牌。具体来讲，有以下几个方面。

（1）努力提升产品的整体形象

增加新的花色、品种、款式，改进包装，使产品在整体上优于竞争对手的产品。改变广告宣传的重点。从扩大产品知名度转为宣传产品的特色，树立品牌形象，使消费者产生偏爱，以保持原有顾客，争取新顾客。

（2）适当调整价格

价格稳中有降，不可轻易抬价。原来以高价进入市场的产品，在适当时机降低价格，以争取对价格敏感的消费者，增加自身的市场竞争力。

（3）寻找新的销售市场

积极寻找和进入新的细分市场，广泛分销，以扩大产品销路。

3．产品成熟期的营销策略

这一时期的工作重点是延长产品生命周期，维持产品的市场占有率，突出一个"改"字，具体来讲，有以下几个方面。

（1）研发改良型产品

① 品质改良：提高产品质量，使产品更可靠、更经济、更耐用、更安全等。

② 特性改良：主要侧重于增加产品的新特性，尤其要在产品的高效性、方便性、适用性等方面加以改进。

③ 形态改良：就是指产品外观的改进，包括采用新的包装、款式、风格、花色等，增加产品的美感。

（2）强调市场细分

① 发现和进入新的细分市场。

② 促使现有顾客增加使用频率和使用数量。

③ 吸引从未使用过产品的消费者，使之成为产品的使用者。

（3）搞好售后服务

售后服务已成为市场营销的一个重要组成部分。对产品实行"三包"，提高消费者的满意度，使其成为企业的忠实顾客。

（4）调整市场营销组合

通过改变市场营销组合中的一个或几个变量来刺激需求，提高销售量。

（5）推出新广告

根据产品的销售状况，结合新的广告创意，适时推出新的广告，促进产品的销售，设法延长产品的成熟期。

4．产品衰退期的营销策略

这一时期的工作重点是掌握时机，调整市场，突出一个"转"字。

衰退期的产品迟早要退出市场，但并不是说产品一进入衰退期就立即退出市场，企业应有计划、有步骤地转移阵地。

（1）立即放弃

对于确实没有必要继续经营下去的产品或有更好的发展项目时，企业应果断地放弃原有产品，将企业的资源转到新的项目上去，或将原有产品的所有权、生产技术转卖给一些对其有兴趣的企业。

（2）逐步放弃

如果立即放弃产品将造成较大的损失，企业可选择逐步放弃，即逐步减少投资和产品生产

项目 7
产品与消费心理分析

量、放弃较小的细分市场、缩减分销渠道、降低促销费用、精简推销人员等,直到该产品完全被市场淘汰为止。对于决定放弃的产品,不管采取哪种方式,都必须为已购买产品的消费者提供必要的服务,以维护消费者的利益和企业的良好形象。

(3) 保留策略

保留策略是指企业应继续把该产品保留在市场内。由于其他企业已先后退出市场,它们留在市场内的顾客将由留在市场内的企业接收。因此,企业仍有一定的销量和利润。

企业对产品的衰退期一定要有一个正确的判断,慎重考虑是否放弃经营原有产品,以免过早淘汰产品,给企业经营带来不利影响;或延误淘汰产品的时机,损害企业的信誉和长远发展。

任务 7.3 新产品与消费者心理分析

学习目的

学习任务	进行消费者购买新产品时心理与行为特征的市场调查与分析	
要 求	1. 能通过各种渠道收集各行业新产品的相关资料 2. 能对消费者购买新产品时的心理与行为特征进行分析 3. 能对新产品的营销策略提出个人建议	
应具备的知识	产品生命周期的基本知识	
应具备的能力	收集信息的能力、案例分析的能力	
质量标准	评价项目	分值(分)
	1. 收集到的信息应具有真实性	20
	2. 分析情况应以收集的信息为依据,不能脱离实际情况	40
	3. 分析时要有逻辑,思路清晰	40

案例导入

智能音箱"三国"时代:企业纷纷布局家电市场,小爱同学遭遇挑战

说起智能音箱,虽然此前天猫如同"玩票"一样推出的天猫精灵 X1 让不少人 99 元体验到了人工智能产品,但现阶段给不少人留下深刻印象的人工智能产品估计是小米出品的小爱同学。小爱音箱有自家的智能家居设备作为支持,在功能上显得更加强大。不过现在这种情况正在发生变化,调研显示天猫精灵成了智能音箱行业的"老大"。

就拿最近非常火的一款新产品天猫精灵方糖来说,如果说前一代产品还局限在内容资源及简单的生活服务上的话,天猫趁着"双 11"推出了天猫精灵方糖、LED 灯泡和智能插座的智联三件套,售价只有 89 元。如果单独买的话三个产品加起来售价恐怕要逼近 300 元了。在这个天猫精灵智联套装里,除了天猫精灵方糖,其他产品都来自天猫的智能家居第三方合作伙伴。回想一下小米的小爱同学智能音箱为什么会成功?除了为消费者提供丰富的内容,它还是智能家居的控制中心,显然天猫也采用了这个模式,甚至在天猫精灵 AI 联盟的成员列表里,还可以看到小米生态链的品牌。

消费心理与行为学

天猫精灵突然爆火的原因是它选择了比小米更简单的方式搭建智能家庭，那就是智能插座。通过智能插座的调度，家庭中原有的家电设备可以轻松实现智能化。对于用户来说这也许是实现智能化家庭成本最小的方法了。

想一想

天猫精灵刚刚问世就能迅速成为智能音箱行业的"老大"，是抓住了消费者的什么心理？

参考答案

任务实施

7.3.1 新产品的概念

1. 新产品的概念

在现代营销理论中，新产品的概念是从整体产品的角度来理解的。从营销学的角度来说，整体产品同样包含五个层次，即核心产品、有形产品、附加产品、期望产品和潜在产品。在整体产品中，任何一个层次的更新和变革，都会使产品区别于原有的产品，并给消费者带来新的利益。

2. 新产品的分类

按照产品的改进程度，新产品通常可分为以下几类。

（1）全新产品

全新产品是指运用新技术或为满足消费者某种新的需求而研发的产品。全新产品无论是从设计原理、工艺结构、性能特征，还是从外观造型上都与原有产品完全不同，因而属于整体更新的产品。这类新产品的上市和使用一般会引起消费者的消费方式和心理活动的变化，使消费者改变过去的使用习惯和消费方式，建立全新的消费行为。

（2）革新产品

革新产品是指在原有产品的基础上采用新技术或新材料，使产品性能有了重大突破，或将原有的单一性能发展成为多种性能及用途的产品。这类新产品要求消费者在使用过程中部分地改变已经形成的使用习惯和消费行为，因而对消费者的消费心理有较大的影响。

（3）改良产品

改良产品是指在原有产品的基础上进行某些改进，仅发生次要或微小的变化，对消费者已经形成的行为习惯影响很小的新产品。这类新产品的特点是，在原有产品基本用途不变的情况下，或增加其某些性能，或增加花色品种，或改进其外观造型，使产品结构更加合理。

7.3.2 影响消费者购买新产品的心理因素

影响消费者购买新产品的因素多种多样，除了新产品本身的因素和社会因素，还与消费者自身的心理因素有关。消费者在面临是否购买新产品时，可能受到以下心理因素的影响。

项目 7
产品与消费心理分析

1. 消费者对新产品的需要

新产品能否满足消费者的需要,是其购买与否的决定性因素之一。由于不同消费者有不同的需求和迫切程度不同,因而消费者的购买行为也各不相同。索尼公司的随身听产品是针对消费者的需求而专门开发的新产品,因此产品一经面市,早就有此需求的消费者便争相购买。

2. 消费者对新产品的感知程度

新产品再好,如果消费者感知不到其优点,那这些新产品也是"养在深闺人未识"。只有当消费者对新产品的性能、用途、特点有了基本的了解,才能对其进行分析和判断。当消费者确信新产品能够为之带来新的利益时,其购买欲望就会被激发,进而实施购买行为。当然,消费者感知能力的强弱也会直接影响其接受新产品信息的速度,从而产生购买时间差。

【营销示例】

中国绍兴轻纺城是著名的布料集散地。这里的老板们创意地采取了"制造流行"的经营策略,他们同设计人员将不畅销的布料做成惹人喜爱的夹克、风衣、套装、裙装等新款成衣样品并穿在模特身上。原本不打算选购这种布料的服装制造商看到后,便产生了强烈的购买欲望。如此一来,客商纷至沓来,原本销路平平的布料变成了抢手货。

3. 消费者的个性特征

消费者的兴趣、爱好、气质、性格、价值观等个性心理特征差别很大,这直接影响了消费者对新产品的接受程度和速度。性格外向、富于冒险精神的消费者,往往比性格保守、墨守成规的消费者更易于接受新产品。

此外,消费者容易被符合自己个性喜好的新产品激起购买欲望,而对不符合自己个性的新产品则难以接纳。

【营销示例】

美国最大的制鞋企业——麦尔·休·高浦勒斯公司,为了使其产品更具个性,要求设计人员设计出能满足消费者个性心理要求并能激发其购买欲望的鞋子。该公司的鞋子除了被赋予新奇的分类,如"男性""女性""优雅""悠闲""轻盈""年轻""野性"等,还有各种稀奇古怪的名字,如"笑""眼泪""袋鼠""愤怒""爱情""摇摆舞"等,引人联想,惹人喜爱。这些充满个性特征的新产品加上广告宣传中刻意渲染的感情色彩,在不同消费者群体中引起了强烈反响,也给企业带来了可观的利润。

4. 消费者对新产品的态度

这是影响消费者购买行为的决定因素之一。消费者在感知新产品的基础上,通过对新旧产品的比较、分析,形成对新产品的态度。如果消费者最终确信新产品的某些特点能为其带来新的利益和心理上的满足,他们就会对新产品持肯定态度,进而产生购买行为。企业往往通过顺应消费者的既有态度来促进新产品的销售,但有些时候,企业可能需要在成本允许的情况下去改变人们的态度。

7.3.3 新产品购买者的类型

由于心理需求、个性特点及所处环境等差异,不同消费者对新产品接受的快慢程度会有所不同。有的立即购买,有的在别人购买使用后再买,有的在该产品处于普及状态时购买,有的在产品市场趋于饱和时才购买,还有的根本就不买。美国学者罗杰斯把新产品购买者划分为以下几种类型。

1. 革新者

任何新产品都是由少数革新者率先使用的,这部分消费者一般约占全部购买者的 2.5%。他们极富创新和冒险精神,其收入水平、社会地位和受教育程度较高,多为年轻人,交际广泛且信息灵通。因而,这部分消费者是新产品推广的首选对象。

2. 早期购买者

早期购买者是继革新者之后购买产品的消费者,这部分消费者一般约占全部购买者的 13.5%。他们追求时髦,渴望变化,有一定的创新和冒险精神,一般社会交际广泛,活动能力强,在乎被人尊重,喜欢传播消息,常常是某个圈子的公众意见领袖。他们人数较少但有一定权威性,对带动其他消费者有重要作用。

3. 早期大众

早期大众一般约占全部购买者的 34%。他们有较强的从众、仿效心理,乐于接受新事物,但一般比较谨慎。由于这类消费者数量较多,而且一般在产品成长期时实施购买行为,因而是促成新产品在市场上趋于成熟的主要力量。

4. 晚期大众

晚期大众约占全部购买者的 34%。这部分消费者态度谨慎,对新事物反应迟钝,从不主动接受新产品,直到多数人使用过新产品且反映良好时,他们才会购买。他们对于新产品在市场上达到成熟状态作用很大。

5. 守旧者

守旧者占全部购买者的 16%,是新产品的"最后消费者"。这部分消费者思想保守,拘泥于传统的消费行为模式,其社会地位和收入水平一般较低,当新产品的市场需求量趋于饱和时他们才会购买,或最终拒绝购买。

7.3.4 新产品开发设计要适应消费者的需求变化

消费者整体水平的提高,使其心理欲求在购买行为中所起的作用越来越重要。消费者是否购买某种新产品,常常取决于新产品能否满足其心理需求。因此,企业在设计新产品时必须适应消费者不断变化的心理。具体而言,企业应从以下几个方面进行研究设计。

1. 根据消费者的生理需求进行新产品功能的设计

消费者的生理需求往往是由产品的基本功能来实现的,即新产品开发者提供给消费者的基本价值,是消费者购买新产品的出发点。满足消费者的生理需求是设计者在设计新产品的功能时应首要考虑的因素。例如,服装的设计至少要满足消费者冬季御寒和夏季散热的基本需要。

近年来,在产品功能设计方面出现了多种趋势,具体体现在以下几个方面。

(1) 向多功能发展的趋势

向多功能发展的趋势即增加产品的使用功能。例如,多功能组合音响、坐卧两用沙发、能与计算机相连的数码相机、可以上网和拍照的手机等。

项目 7
产品与消费心理分析

（2）向自动化方向发展的趋势

自动化产品，如全自动洗衣机、洗碗机等智能型家用电器，为消费者快节奏的生活带来了许多便利。

（3）向绿色环保方向发展的趋势

随着环境污染的加剧，人们对无公害、无污染的绿色产品的需求明显增加，如绿色装饰材料、无公害蔬菜等都越来越受到人们的青睐。

（4）向有益于身心健康方向发展的趋势

随着生活水平的提高，人们对自己和家人的身心健康更加关注。具有补钙、补锌、补充维生素，有助于睡眠，帮助消化等功能的各种保健型新产品，逐渐受到人们的青睐。

2. 根据人体工程学的要求进行新产品结构的设计

凡是与人体有直接接触的新产品，如果在使用过程中让人感到难受或易疲劳，那它在市场上注定是没有生命力的。因此，在设计新产品时，应当参考现代人体工程学的原理，根据人体各部位的结构特征、生理机能及使用环境等进行综合设计，使新产品在消费过程中给人以安全感和舒适感，从而减轻人体疲劳，加速人体机能的恢复。

人体工程学，是指运用人体测量学、生理学、心理学和生物力学等研究手段和方法，对人体结构、功能、心理及力学等问题进行研究的科学。例如，根据人们腿部和上身的长短设计桌椅的高度，根据人们腰部的特征确定靠背的倾斜度，根据手臂的长短和关节部位安置扶手，这样才能使人们姿势安稳、肌肉放松。中小学生每天的大部分时间都在学习，桌椅的尺寸不合适不仅会让他们感到不舒服，容易产生疲劳，而且会严重地影响他们的生长发育和身体健康。因此，中小学生的桌椅设计应该与成人有所不同，最好能针对中小学生身高变化较大的特点，开发可适当调节高度的桌椅。

3. 根据消费者的个性心理特征进行产品的个性化设计

消费者的个性心理特征对其购买动机有重要影响，因此在设计新产品时还要考虑产品的独特性，使新产品与众多同类产品有显著的差异。这些差异特点具体表现为以下几个方面。

（1）体现威望

体现威望即体现消费者的社会威望或表现其个人成就。一些消费者需要通过服饰和用品来体现并彰显他们的威望，如购买并使用高档手表、名牌服装、豪华轿车等。为此，设计时应选用上乘或名贵的原材料，产品款式应豪华精美，并保证一流的工艺和质量，以充分满足这部分消费者的心理需要。

（2）显示成熟

在不同的年龄阶段，人们的生理与心理成熟度不同。企业在进行新产品设计时，应注意适应不同年龄阶段消费者的成熟程度，以满足其生理和心理要求。

（3）满足自尊和自我实现的需要

马斯洛的需要层次理论表明，当人们的基本物质需要得到满足后会产生精神需要。人作为社会中的一员，一方面渴望得到他人的认可和尊重，希望在社会交往中给人留下良好的印象；另一方面还要求不断提高自身的知识水平和能力，充分发挥其内在潜力，以求得事业上的成功与个人价值的实现。为此，人们会刻意寻找有助于自我价值实现的产品，如装饰品、美容用品、学习用品及有助于提高某方面技能的专用品等。这类产品的设计应以美观协调、特色鲜明为原则。

(4) 满足情感需要

随着人们生活节奏的加快，消费者在强调产品实用性的同时，越来越注重情感消费，如表达友情、亲情，寄托希望、向往，追求情趣、格调等。某些产品如工艺品、玩具等，因其设计新颖、造型别致而蕴含丰富的感情色彩，能够满足消费者的情感需要，因而受到消费者的青睐。

想一想

回忆一下，当你购买某件新产品时，你是出于什么消费心理？

任务 7.4 产品品牌与消费心理分析

学习目的

学习任务	讨论产品品牌是如何影响消费心理的	
要　　求	1. 收集各行业知名品牌的资料 2. 选择一到两个行业的知名品牌，讨论其特点及消费群体特征 3. 分析产品品牌是如何影响消费者心理的	
应具备的知识	产品品牌的基本知识	
应具备的能力	收集信息的能力、信息分析的能力	
质量标准	评价项目	分值（分）
	1. 收集到的信息应具有真实性、普遍性	20
	2. 分析情况应以收集的信息为依据，不能脱离实际情况	40
	3. 分析时要有逻辑，思路清晰	40

案例导入

青岛一怪：啤酒装进塑料袋

20世纪80年代，青岛的年轻人开始坐着马扎在马路边用大海碗、罐头瓶子喝啤酒。后来，又用塑料袋打啤酒，成了青岛一道独特的风景。其实，"啤"字，也是青岛人造出来的。

德国人占据青岛之前，国人还从未喝过名为"BIER"（德文）的酒，对于胃口习惯了"白""黄""红"三色酒的国人，对这种"舶来品"相当抵触，这可愁坏了酒厂老板。

话说酒厂老板深知入乡随俗的道理，灵机一动，将"BIER"翻译为"皮酒"，人们听着浑身发毛，依然无人问津。后来改为"麦酒"，因为是用麦芽糖发酵，虽然听着容易接受，但是销量依然很低。

再后来，有聪明人起了一个名字叫"脾酒"，名曰养"脾"健"胃"。果不其然，人们对其兴趣大增，这种酒的销量也猛涨，酒价也越来越低。夏天，倘若能痛快喝上几大碗，清凉解乏奇爽无比。既然入乡随俗，"舶来品"遇到中华餐饮文化，这与嘴沾边的东西，都是"口"字旁，所以"脾"就成了"啤"。

在青岛，啤酒文化为这座城市定下了基调，每年夏秋之交的"青岛国际啤酒节"将啤酒推向了顶峰。夏日的夜晚，人们三五成群坐在路边，吃着烤肉，喝着扎啤，谈天说地，好不热闹。

想一想

青岛啤酒的命名使用了哪种方法？联系实际想一想，除了以上方法，还有没有其他命名的方法。

参考答案

任务实施

7.4.1 产品品牌的概念

1. 品牌的概念

品牌是一种名称、术语、标记、符号、设计或它们的组合，用以识别一个或若干个生产者（或销售者）的产品或服务，并使之与竞争对手的产品或服务区别开来。其中，品牌名称是指消费者在品牌中可以读出的部分，如茅台、海尔等；品牌标记是指在品牌中可以识别，但不能发音的部分，如标记、颜色、造型、符号或设计等。品牌是企业的一种无形资产，对企业有重要意义。

在现实生活中，品牌与商标经常被混淆使用。有些人以为两者并无本质区别，其实不然，两者的区别主要表现在以下几个方面。

① 品牌不必办理注册，一经注册品牌就成了商标；商标一般都要注册（我国也有未注册商标），它是受法律保护的一个品牌或品牌的一部分，其所有权可以转让或买卖。

② 品牌主要表明产品的生产和销售单位；而商标则是区别不同产品的标记。

③ 一个企业的品牌和商标可以是相同的，也可以是不同的。品牌比商标有更广泛的内涵，品牌代表一定的文化，而商标则是一个标记。

2. 品牌的内涵

从本质上说，品牌就是传递一种信息，一个品牌主要有以下几层含义。

① 象征。一个品牌首先就是一种象征，如"奔驰"代表高档、制作精良、耐用和声誉。

② 利益。品牌不只是一种象征，消费者在购物时并不是为了购买一种象征，而是得到利益，因此属性应当转换为功能利益或情感利益。例如，"耐用"这一属性，可转化为功能利益"几年内不需要再购买"。品牌要体现利益，说明企业在确定赋予品牌属性时，应当考虑这种属性是否提供消费者所需要的利益。

③ 价值。品牌在为消费者提供利益时，也意味着企业在为消费者提供价值。消费者购买产品是希望获得利益，并且会选择他认为有价值的品牌。因此，企业必须确定或推测哪些特定购买群体对品牌的价值感兴趣或正在寻找这些价值。

④ 文化。品牌还代表着一种文化，这种文化更易使消费者产生心理认同和情感共鸣，达

到稳固和扩大市场的目的。例如,"可口可乐"代表美国崇尚个人自由的文化;"孔府家酒"代表中国人极为重视亲情的文化。

⑤ 个性。品牌也具有一定的个性,品牌个性是产品在消费者心目中的感性形象,它代表特定的生活方式、价值取向和消费观念。例如,"一个仪表出众的男人,一个处事决断的男人,一个富于冒险精神的男人,一个以事业为第一生命的男人,一个有艺术气质的男人,一个知情识趣的男人,金利来——男人的世界",这一广告利用男人的性格魅力塑造出一个格调高雅的品牌形象,使得"金利来"深受白领阶层男士的青睐,拥有"金利来"几乎成了男人事业有成的标志。

【营销示例】

福布斯 2018 全球最具价值品牌排行榜

美国《福布斯》杂志发布了 2018 全球最具价值品牌 100 强排行榜,苹果第八次夺冠,品牌价值达到 1828 亿美元,较去年增长 8%。谷歌连续第三年位居第二,品牌价值达 1321 亿美元,较去年增长 30%。微软位列第三,品牌价值达 1049 亿美元,同比增长 21%。我国只有华为一家公司上榜,排名第 79 位,品牌价值为 84 亿美元,同比增长 15%。2018 年度全球排名前十最具价值品牌如表 7-1 所示。

表 7-1　2018 年度全球排名前十最具价值品牌

排名	品牌	品牌价值(美元)	1年的价值变化	品牌收入(美元)	公司广告(美元)	行业
1	苹果	1828 亿	8%	2286 亿	—	技术
2	谷歌	1321 亿	30%	972 亿	51 亿	技术
3	微软	1049 亿	21%	984 亿	15 亿	技术
4	Facebook	948 亿	29%	357 亿	32400	技术
5	亚马逊	709 亿	31%	1693 亿	63 亿	技术
6	可口可乐	573 亿	2%	234 亿	40 亿	饮料
7	三星	476 亿	25%	2034 亿	45 亿	技术
8	迪士尼	475 亿	8%	304 亿	26 亿	休闲
9	丰田	447 亿	9%	1764 亿	38 亿	汽车
10	AT&T	419 亿	14%	1605 亿	38 亿	电信

7.4.2　产品品牌内容与消费心理分析

1. 产品品牌对消费心理的影响

随着科技进步和经济的飞速发展,人们的生活水平不断提高,大家的消费需求逐渐从基本的生理、安全需要上升到受人尊敬、自我实现等高层次的需要。在追求产品使用价值的同时,人们还希望获得心理上和精神上的满足,而这种较高层次的需要是通过品牌消费来实现的。消费者对于品牌内容的诉求大致可分为两类。

项目 7
产品与消费心理分析

（1）品牌的象征意义

消费者心理和精神需要的内容之一是社会的象征性需要，即人们的一种认识自我、表达自我并且期待得到他人和社会肯定的需要。这种需要根据表达对象的不同又可以分为两种。

① 自我个性的实现。每个人内心深处都对自己有一个期望的定位，即自我形象。消费者在购买商品时，总是寻求那些能表现自己个性和突显自我形象的商品。例如，一些人喜欢购买或乘坐"奔驰"汽车以表现自我的庄重和成功。

② 自我价值的实现。自我价值的实现是指消费者通过购买和使用商品，向外界表达自我形象、证明自我价值、提升自我价值。例如，"野马"汽车最初是为追求刺激的青年人开发的，但是它上市后，有很多老年人争相购买，公司调查发现，这些老年人希望通过驾驶"野马"汽车来表现自己仍然年轻而富有活力。

品牌的象征意义是指在消费者心目中，品牌所代表的与特定形象、身份、品位相联系的意义和内涵。它是上述两种需要实现的基础，是品牌赋予消费者表达自我的一种手段。从这个角度来看，品牌已不再只是一种符号、图形，而是一种精神、意义的载体。品牌可以体现消费者的文化、知识水平、生活方式、消费习惯、社会地位、名气声誉等。

（2）品牌的情感意义

情感是与人的社会性需要和意识紧密联系的内心体验，具有较强的稳定性和深刻性。情感对消费者的影响是长久和深远的。

品牌的情感意义是指在消费者的心目中，与品牌相联系的具有审美性、情感性的文化意蕴。它巧妙地构建了一种生活格调、一种文化氛围和一种精神世界，引导人们通过移情作用，在商品的消费中找到自我，得到慰藉，获得情感上的寄托和心理共鸣。品牌的情感意义源于消费者的情感需要。很多老品牌就像一首首老歌，被人们当作一种怀旧的经典所喜爱。

正因为如此，品牌还具有文化价值。品牌文化是凝结在品牌中的经营观、价值观、审美观等审美形态及经营行为的总和。品牌的文化价值使品牌具有了人格化的魅力，从而使消费者产生情感共鸣。

2. 产品品牌影响消费心理的过程

（1）消费者对品牌的认知过程

消费者对品牌的认知过程是指消费者认识、了解、确信并接受品牌的过程。消费者只有形成对某一品牌的认知，才能从品牌中获得自我形象、社会象征、情感等方面的需要，才能通过品牌体现自身的生活方式、文化艺术品位、社会地位、声誉、名望等。品牌所包含的价值、文化和个性是消费者形成品牌认知的基础。

（2）品牌的情感——品牌忠诚度

消费者形成品牌认知后，会进一步对品牌产生情感。在这一过程中，品牌忠诚度已成为企业关注的焦点。品牌忠诚度的提高是企业实现长期盈利最重要的驱动力。品牌忠诚度包含行为忠诚度和情感忠诚度。

① 行为忠诚度是指消费者在实际行动中能够持续购买某一品牌的产品，这种行为的产生可能源于消费者对这种品牌的好感，也可能是由于购买冲动、促销活动、消费惯性或者该品牌市场覆盖率高于竞争品牌等其他与情感无关的因素。

② 情感忠诚度是指某一品牌的文化与消费者的价值观念相吻合，消费者对该品牌已产生

了感情，甚至引以为自豪，进而表现出持续购买的欲望和行为。消费者在较长时期内能否表现出持续的购买行为，在很大程度上取决于情感忠诚。由品牌情感转化为品牌忠诚的关键在于激发消费者的情感。因此，企业要注重品牌的文化内涵，还要长期与消费者进行情感沟通，使消费者与品牌之间建立一种持久的依存关系。

7.4.3 产品品牌策略与消费心理分析

1. 建立品牌与消费者需求的关联

在这种策略中，商品或品牌名称与某种需求建立关联，通过不断地提醒消费者，帮助消费者建立品牌偏好。"不断地重复"是这种策略的关键，其结果是将品牌和需求联系在一起。在营销过程中尽可能使用较简洁的信息，并密集地重复传递给消费者。此外，最为重要的是识别消费者的个性化需求，如麦当劳倡导"我就喜欢……"的广告，准确抓住了消费者的个性化需求。通过重复播出该广告，能够很好地建立消费者与品牌之间的关联。

2. 建立品牌与消费者情绪的关联

通过渲染一种正面情感、氛围影响消费者对品牌的偏好，建立品牌与消费者某种情绪的关联。情绪与品牌的关联让消费者把产品或服务跟"满足需求"后的情绪反应联系起来，通过不断重复，加强这种关联性，强化消费者的品牌偏好。例如，迪士尼乐园这一品牌在建设中很好地将消费者快乐、刺激、兴奋等情绪与品牌关联起来，有助于消费者形成品牌偏好。

【营销视野】品牌的联想

3. 激发消费者的潜意识动机

消费者在潜意识中对"为什么会偏好某些品牌"是一无所知的，他们无法说出偏好的原因。也就是说，消费者的购买动机需要通过适当的刺激方式来激发，然后才能建立品牌偏好。营销是激发消费者潜在动机的重要手段。通过各种营销活动可以实现两个目的：一是以适当的文字与符号激发消费者对商品的欲望与购买动机；二是企业所提供的产品或服务必须转变成"促使行动的动力"，让它根植于消费者的自我意识中。通过激发消费者的潜意识建立消费者对品牌的独特偏好是品牌个性化发展的重要手段。如果说品牌、需求和情绪的关联更适合价格低廉商品的销售，那么激发消费者潜在动机则适合于高价位商品的销售。

【营销视野】安踏——"永不止步"

7.4.4 产品品牌命名策略与消费心理分析

1. 产品名称的心理效应

产品的名称是企业赋予产品的称呼和识别符号，常常成为产品的代名词。一个易读易记、

项目 7
产品与消费心理分析

引人注意、符合消费者消费心理的产品名称，往往能刺激消费者的购买欲望；而一个名不副实、庸俗难记、缺乏特性的名称则会抑制消费者的购买兴趣。

产品名称的心理效应主要表现在以下几个方面。

（1）产品名称符合消费者的认知

产品名称应能向消费者描绘出产品的性能、功能和使用对象等信息。例如，"胃得乐"药片，"百朗士"男性美容产品，"美加净"女性化妆品，"安用"牌图钉、铁丝，"美而暖"羊毛衫等，这些产品名称提示了产品的特性、品质和功能，能使产品对消费者产生一定的吸引力。

（2）产品名称便于加深消费者对产品的形象记忆

产品名称用词简洁，突出特点，便于识记，达到"音、意、形"的完美统一，让消费者在接触产品后不易忘怀。难发音或音韵不好听的字，难写或难认的字，含义不佳的字，字形不美的字都不宜用作产品名称。例如，"可口可乐""太阳神""健力宝""美津浓""五十铃"等名称，读起来音韵好听，易于记忆，容易获得消费者的认同。

（3）产品名称能够引发消费者的联想

产品名称如能给人带来优美、高雅等方面的联想，便能在市场竞争中给消费者带来好的印象。"精工""西铁城"牌钟表，能含蓄地表示钟表最本质的特点——工艺精湛，计时准确；"娃哈哈""奥林王"营养口服液，使人联想到天真活泼、身心健康的少年儿童，也含蓄地展现了企业的宗旨；"可口可乐"饮料给人一种"可口"又"可乐"的"挡不住的诱惑"。

（4）出口产品名称应符合当地风俗与消费者习惯

我国名牌产品"黑妹"牙膏，因其英文直译名为"BLACK-SISTER"，在美语中含有种族歧视的意味，因而出口到美国市场，很不受欢迎；出口到非洲的"白象"牌香皂，也因译名含有"白痴"之意而少有人问津；而美国饮料"SPRITE"，意为"妖精、精灵"，美国人认为很可爱，进入中国市场后，因为中国人忌讳谈"鬼怪"，所以深谙中国人心理的企业管理者给这个"妖精"取了一个动听的中国名"雪碧"，让人们在炎热的夏天听到这个名字，顿感清凉和亲切，销路很好。

总之，产品的命名应力求寓意深远，情趣健康，便于记忆，能高度概括产品的特性，从而激发消费者的购买欲望，提高产品的销量。

2. 产品命名的方法

产品命名的方法多种多样，大致有以下几种。

（1）以产品的主要效用命名

这种方法多用于日用工业品和医药品等产品的命名，其特点是直接反映产品的主要功能和用途，突出产品的本质特征，使消费者能够迅速了解产品的功效。例如，"感冒清"，医治感冒的药品；"洗涤灵"，清洗用具等的洗涤剂；"黑又亮"，擦皮鞋的鞋油；"防晒霜"，预防紫外线的护肤品等。这种开门见山的命名方式迎合了消费者追求产品实用价值的心理需求。

（2）以产品的主要成分命名

这种命名方法的特点是突出产品的主要成分，以说明其功效，促使消费者购买。这种命名方法多用于食品类、医药类产品。例如，"人参蜂王浆"，从名称上可知是由名贵中药人参和高级滋补品蜂王浆为主要原料配制而成的。

（3）以产品的外形命名

这种命名方法具有形象化的特点，能突出产品优美、新奇的造型，引起消费者的注意和兴趣，多用于食品类、工艺品类产品命名，如"佛手酥""糖耳朵""凤爪"等。采用这种命名方法，使名称与商品形象相统一，可以让消费者从名称联想到商品实体，从而加深消费者对商品的印象和记忆。

（4）以产品的制作工艺或制造过程命名

这也是一种经常采用的命名方法，多用于具有独特制作工艺或有纪念意义的研制过程的产品。例如，"二锅头"在制作过程中要经过两次换水蒸馏，且只取第二锅酒液的中段，以"二锅头"命名能吸引消费者了解该酒不寻常的酿制工艺，从而提高产品声望。

（5）以产品的产地命名

这种方法常用于颇具名气或颇具特色的地方土特产品的命名。在产品名前面冠以产品产地，以突出该产品的地方风情、特点，如"云南白药""金华火腿""北京烤鸭"等。这种命名方法符合消费者追求特别、新奇的心理，有助于扩大产品知名度。

（6）以人名命名

这是一种以发明者、制造者或历史人物的名字给产品命名的方法。这种方法借助名称把特定的人与特定的产品联系起来，从而使产品在消费者心目中留下深刻印象。这种命名方法具体又可分为两类：一是以历史人物命名，如"中山装""东坡肘子"等；二是以产品首创者名字命名，如"黄氏响声丸""王守义十三香"等。

（7）以外来词命名

这种方法多用于进口产品的命名，既可克服某些外来语翻译上的困难，又能满足消费者求新、求奇、求异等心理需求。在以外来词命名时，无论是直译还是意译，都要力求译音朗朗上口且寓意良好。例如，"Coca-Cola"被译成"可口可乐"，既谐音，又使人产生一种愉悦舒畅的感受；"沙发（Sofa）""嘉年华（Carnival）"都是成功运用这种命名方法的范例，从而迅速得到中国消费者的认同。

（8）以色彩命名

这种方法多用于食品类产品的命名，它可以突出视觉感受，给消费者留下深刻印象。以"黑五类"为例，该食品原指黑芝麻、黑豆等五种原料，"黑"字突出原料的色泽，强调黑色食品对人体的保健功效。"金丝蜜枣"使人想到此枣色泽金黄、蜜丝不断，勾起人的食欲。

想一想

你认为产品的名称对消费者的消费行为有何影响？

项目 7
产品与消费心理分析

任务 7.5 产品包装与消费心理分析

学习目的 ◀

学习任务	进行产品包装对消费心理的影响的案例分析
要　　求	1. 能通过各种渠道收集产品包装影响消费心理的案例 2. 能通过分析产品包装对消费心理影响的案例，推断企业成功与失败的原因 3. 能根据对案例的分析结果，提出个人建议 4. 能制作 PPT，并进行 PPT 演示
应具备的知识	产品包装的基本知识
应具备的能力	收集信息的能力、案例分析的能力、制作 PPT 的能力
质量标准	评价项目	分值（分）
	1. 信息真实	20
	2. 分析情况应以收集的信息为依据，不能脱离实际情况	40
	3. 分析时要有逻辑，思路清晰	30
	4. PPT 制作完整	10

案例导入 ◀

Intermarché 超市的"时间橙汁"

8:36、9:32、10:15，这一串简单的时间数字却让法国连锁超市 Intermarché 大大提高了鲜橙汁的销售量，3 小时获得了 5000 万次曝光，同时增加了 25%的顾客流量。如此具有魔性的包装设计（见图 7-1）是如何成功吸引人们的关注的呢？

图 7-1　超市鲜橙汁广告

消费心理与行为学

欧洲人对于鲜橙汁尤为喜爱，消费量几乎占到全球鲜橙汁销售量的 50%，而对于橙汁的新鲜程度更为看重。法国连锁超市 Intermarché 用了一个最简单而又很有创意的方法：用时间作为每瓶鲜橙汁的名字，这个做法符合了消费者对于"新鲜"的需求，将橙子榨取时间标注在包装上，很好地将消费者对于"新鲜"的需求用时间数字体现出来。创意简单而直接，引导消费者通过榨取时间来感知果汁的新鲜。包装上不可重复的时间标志，也给了消费者"独一无二"的感受。消费者随手拍照，将照片上传到社交媒体上，由此产生的二次传播又进一步为超市的鲜橙汁增加了曝光量。

（参考资料：销售与市场. http://www.cqvip.com/read/read.aspx?id=666155801.）

想一想

法国连锁超市 Intermarche 是如何利用包装策略开展鲜橙汁的推广的？

参考答案

任务实施

7.5.1 产品包装的功能及产品包装对消费心理的影响

美国的一项调查显示，有 50%～60%的消费者是受产品包装的影响而产生购买欲望并实施购买行动的。美国销售心理专家路易斯·切斯金做了一个有关包装的实验：把两个同样的产品装在不同的盒子里，甲盒用许多圆圈作装饰，乙盒则用三角形作装饰。结果参加试验的 1000 人中，80%以上的人选择了盒上有圆圈图案的产品。他们认为，装在用圆圈装饰的盒子里的产品品质更高。而且他们试用过这两个包装有异而品质相同的产品后，绝大多数人仍是偏爱用圆圈作装饰的盒子里的产品。该实验印证了包装对消费者心理具有较大的影响，甚至可以左右他们对产品的认识和感受。

1. 产品包装的功能

产品包装的功能表现在两个方面：一是物理功能，有着保护产品、显示产品性质、传递产品信息的作用；二是心理功能，产品包装起着吸引消费者注意、引起消费者的兴趣、传送产品文化内涵等作用。在心理功能方面，以"象征"功能表现得最为明显，它代表着产品的质量，象征着某种含义，代表着一定的消费习惯。

有些消费者把产品包装的质量当成产品本身质量的象征，如果暂时不能了解该产品的内部质量，一般就凭产品包装特点来判断该产品的质量。产品包装的色彩、造型具有特殊的意义，消费者在购买产品时会通过包装特点表达情义。例如，为了送礼，消费者首先要选择外包装精美的产品。

目前，许多企业都非常重视产品的包装和设计。在企业经营管理流程中，包装设计要做出独立的预算计划；在产品包装设计原则中，首先要考虑产品包装对消费者心理所产生的吸引力。例如，法国的欧莱雅集团是专门生产高档化妆品的公司，在科研方面拥有 2500 多人的研发团队，科研费用占销售额的 49%以上，公司生产的化妆品品种多达 500 余种，市场占有率居世界化妆品前列。该公司对产品的包装极为重视，每开发一种新的化妆品，就需要投入 5 万～50 万

项目 7
产品与消费心理分析

美元的科研费用,用于产品包装的设计研究,产品包装的费用占产品成本的15%～70%。

2. 产品包装对消费心理的影响

产品包装对消费心理的影响主要表现在以下几个方面。

（1）易识别

在当今市场中,同类产品的同质化水平越来越高,产品的质量、性能、价格甚至款式也没有多大的差异,因此包装就成为体现产品差异的主要途径。一个设计精良、富于美感、独具特色的产品包装,会在众多产品中脱颖而出,以其独特的魅力吸引消费者,并给消费者留下深刻的印象。由此可以有效地帮助消费者对同类产品的不同品牌加以辨认。同时,规范的产品包装要有文字说明,使消费者能详细地了解产品的效用和特点,达到指导其消费的目的。例如,出产于宾夕法尼亚州西部小镇的"罗林洛克"啤酒在20世纪80年代后期为扭转销售中的不利局面,决定让啤酒的包装发挥更大的作用。设计者把包装变成品牌广告,设计了一种绿色长颈瓶,并漆上显眼的艺术装饰,独特而有趣,很引人注目。人们愿意把它摆在桌子上,并坚持认为这款啤酒比别的酒更好。绿色长颈瓶突出了"罗林洛克"啤酒是用山区泉水酿制的,同时新包装上印有放在山泉里的这些绿瓶子的照片,照片的质量很高、色彩鲜艳、图像清晰,人们很容易就能从10米外认出"罗林洛克"啤酒,这一设计成为该企业产品深受顾客青睐的关键。

（2）更放心

一个牢固、结实、适用的产品包装,可以有效地保护产品。安全、可靠的包装有利于产品的长期存储,进而有利于延长产品的使用寿命;开启方便的包装,便于消费者使用。总之,根据实际需要,设计合理、便利的产品包装,能使消费者产生安全感和便利感,方便消费者购买、携带、存储产品。对产品所含的成分进行详细说明,让消费者在使用或食用时放心。例如,对食品成分或药物疗效的介绍,或标明食用油未使用转基因材料（见图7-2）,或标明药品有无副作用等。

图7-2 非转基因食用油

【营销视野】环保包装开始盛行，包装行业转型升级

(3) 更美观

为了有效地刺激消费者，引起其注意，现代产品包装越来越注意艺术性，以使消费者产生美的体验。好的包装会为产品加分，起到锦上添花的效果，从而有效地刺激消费；而制作粗劣、形象欠佳的包装会直接影响消费者的选择，甚至抑制消费者的购买欲望。

(4) 联想功能

好的产品包装能使消费者产生丰富的想象和美好的联想，从而加深对产品的好感。例如，"雀巢"及"鸟巢中一只母鸟正在哺育两只小鸟"的标志，使人很容易联想到嗷嗷待哺的婴儿、慈爱的母亲和雀巢公司的营养食品，从而有助于吸引目标消费者。此外，产品包装高雅华贵，可以大大提高产品的档次。

想一想

在很多商品的外部包装上经常会看到"TM"和"R"字样，请查阅资料，分析"TM"与"R"的区别？

7.5.2 产品包装设计策略与消费心理分析

产品包装设计策略，是指针对消费者的购买动机与需要、行为方式与特点进行产品包装设计，以充分发挥产品包装对消费心理的影响，满足不同消费者多种多样的需要。根据消费者的行为习惯、消费水平、消费者的年龄和性别特征可以制定不同的产品包装设计策略。

1. 按照消费者的行为习惯进行设计

根据消费者的行为习惯，设计便于使用、易于识别的产品包装，主要包括以下几类。

(1) 惯用包装

惯用包装是指为适应消费者易于识别和记忆、便于拆封或开启、遵从传统等心理要求而设计的包装。例如，各种水果罐头，消费者喜欢透明的广口玻璃瓶包装，因为这既便于看清楚瓶中之物的颜色、形状、品质、数量，又容易将产品倒出来食用。

(2) 分量包装

分量包装，即为适应不同消费习惯、不同生活特点和不同家庭规模的消费者对产品数量的要求而设计的包装。例如，食用油有0.5千克、3千克、5千克等多种规格的包装，便于消费者根据自己的需要进行选购。随着现代生活节奏的加快和"休闲消费"的增加（如娱乐、健身、旅游等），对"一次性"产品的要求越来越多。同时，电冰箱、冰柜等的普及，又要求某些产品的包装量增大，以减少购买次数和节省储存空间。

(3) 配套包装

配套包装是指为适应消费者对某些产品具有消费连带性、匹配性及礼节性的要求，将不同

项目 7
产品与消费心理分析

种类的多件产品组合起来的包装。例如，新生婴儿用品系列的"宝宝包"内有不同容量的奶瓶、奶嘴、饭勺、婴儿护肤品、洗浴用品等，将家庭常用的一些小五金工具配套组合一起的工具包等，消费者在购买及使用这些产品时都非常方便。

（4）系列包装

为适应消费者易于识别、便于记忆、信任名牌等心理要求，将同一企业生产经营的用途相似、品质相近或同一品牌的产品，采用一致或类似的图案、色彩、形状的包装。例如，某食品公司根据古典名著《红楼梦》开发出的"红楼糕点"，有几种不同的风味，均采用古色古香的图案和红楼人物的画面装饰包装盒，只是在背景和色彩上加以区别，形成风格一致的系列包装。很多不同用途、同一品牌的化妆品也常采用此类包装。

2．按照消费水平进行设计

根据消费者及家庭的不同消费水平，设计质量有别的产品包装，主要包括以下几种方式。

（1）等级包装

为适应不同经济收入、不同消费水平和不同购买用途消费者的要求，按照产品的高、中、低档，采用与其价值匹配的包装，也可以对同质同类产品采用精装、简装两种包装方式。例如，陶瓷茶具，高档的可以配以丝绸织锦面，用丝绒做衬垫的手提箱式包装；中档的可以配上塑料硬盒，附有海绵防震的包装；低档的则可采用瓦棱纸盒加碎纸防震的包装。高档包装突出名贵奢华，而中、低档包装力求经济实惠，这样一来可以满足不同层次消费者的需要。例如，英国一家肥皂公司对所生产的不同等级的肥皂、香皂分别采用了 70 种不同款式的包装；美国一家快餐集团公司对不同品质的汤料采用了 24 种不同的包装，使产品等级、价格一目了然。我国浙江绍兴咸亨酿酒厂出品的"善配""状元红"等酒，根据国内外不同的市场需求及消费者的偏好，分别采用瓷罐、瓷瓶、泥坛、玻璃瓶、仿古瓶等几种不同的包装。

（2）名贵包装

为适应消费者的某些特殊需要，对价格昂贵、货源稀缺、工艺精良的特殊产品，使用具有较高欣赏价值或珍藏价值，突出产品档次的包装。例如，药材商店里对贵重药材配以精心设计、高档的包装，显示了产品的价值。我国江苏宜兴生产的高档套装仿青铜紫砂茶壶，用织锦为面、绫罗作里的锦盒包装，提升了该产品的档次。

（3）复用包装

为适应消费者一物多用及求新、求利等心理要求，采用能循环使用或转作他用的包装。例如，一些用作产品包装的玻璃瓶、塑料盒、桶、铁筒、竹罐、瓷瓶等，具有不同程度的实用性、耐用性和艺术性，可以在消费完原装产品后转作其他用途。还有的包装具有一定的纪念意义或观赏价值，可以成为消费者收藏的对象。

（4）礼品包装

为适应消费者的社交需要，采用具有装饰性、富有情感的包装。例如，节日礼品、婚庆礼品、祝寿礼品等的包装，应突出喜庆色彩，或具有民族特色，或富于时代气息。各类不同礼品的包装都应该漂亮美观，尽量体现商品的价值及使用对象的个性。

（5）简易包装

为适应消费者勤俭节约、讲求实惠的要求，采用构造简单、成本低廉的包装。例如，家庭中的小件物品、蔬菜、水果、粮食、食盐及一般调味品等的包装，应主要保证其实用性，不必采用材质太好的包装而增加成本，加重购买者的经济负担与环保压力。

3. 按照消费者的年龄和性别进行设计

根据消费者的年龄和性别，设计突出个性特征的产品包装。

（1）男性化包装

为适应男性消费者追求刚劲、庄重、坚毅等方面的心理要求，采用表现力度、男性特征的包装。例如，电动剃须刀的包装上印着黑色的产品原型照片；男性化妆品的瓶形棱角分明、造型刚劲；特意为男士设计的、充满自然气息的清扬男士洗发水，采用的是深灰色包装。但有些男性用品经常由女性代为购买，因而设计中也需要适当考虑女性的心理特征。

（2）女性化包装

为适应女性消费者追求温柔、典雅、清新等方面的心理要求，一般采用表现线条柔和、突出女性魅力的包装。女士产品的包装造型很多是心形、花形、圆形，色彩也多用温馨、清丽、明亮的色调。应当指出的是，女性是购物的主体，除女性的专用产品外，大多数产品包装设计都应适当考虑女性的购物习惯和心理需求。

（3）老年用品包装

为适应老年人追求朴实、庄重、淳厚的心理需要，采用传统与实用相结合，突出舒适、便利的包装。

（4）中青年用品包装

为适应中青年消费者追求新颖、美观、流行的心理要求，采用时尚与实用相结合、突出个性的包装。

（5）少儿用品包装

为适应少儿消费者追求新奇、生动、有趣的心理需求，采用形象生动、色彩明艳的包装。例如，不少儿童食品包装做成各种动物或者枪、炮、火车、汽车、飞机、轮船等造型，有些在包装上用儿童喜爱的童话、寓言故事中的人物、动物形象进行装饰，有些包装可折叠成另一件玩具以引起儿童的兴趣。

【营销视野】独特的香水包装

项目总结

1. 产品整体概念包含核心产品、有形产品、附加产品、期望产品和潜在产品五个层次。

2. 产品生命周期是指一个产品在市场中的经济寿命或市场寿命，这个周期一般分为产品导入期、产品成长期、产品成熟期和产品衰退期四个阶段。不同种类或不同品牌的产品，在每个阶段持续生存的时间可能不等，但是所有产品都会经历这几个阶段。

3. 在现代营销理论中，新产品的概念是从整体产品的角度来理解的。从营销学的角度来说，整体产品同样包含五个层次，即核心产品、形式产品、附加产品、期望产品和潜在产品。在整体产品中，任何一个层次的更新和变革，都会使产品区别于原有的产品，并给消费者带来新的利益，这样的产品都可视为新产品。按照产品的改进程度，新产品通常可分为以下三类：

项目 7
产品与消费心理分析

全新产品、革新产品、改良产品。

4. 品牌是一种名称、术语、标记、符号、设计或它们的组合，用以识别一个或若干个生产者（或销售者）的产品或服务，并使之与竞争对手的产品或服务区别开来。其中，品牌名称是指消费者在品牌中可以读出的部分，如茅台、海尔等；品牌标记是指在品牌中可以识别，但不能发音的部分，如标记、颜色、造型、符号或设计等。品牌是企业的一种无形资产，对企业有着重要意义。

5. 产品包装的功能表现在两个方面：一是物理功能，有着保护产品、显示产品性质、传递产品信息的作用；二是心理功能，产品包装起着吸引消费者注意、引起消费者的兴趣传送产品文化内涵等作用。在心理功能方面，以"象征"功能表现得最为明显，它代表着产品的质量，象征着某种含义，代表着一定的消费习惯。

项目实训

【知识挑战训练】

一、单选题

1. 房地产开发商为住房购买者提供分期付款业务，这属于（　　）。
   A．核心产品　　　B．有形产品　　　C．附加产品　　　D．期望产品
2. 针对消费者个性心理特征的设计与开发的产品策略有（　　）。
   A．优化　　　　　B．性能提高　　　C．功能多样化　　D．个性标榜
3. （　　）是指消费者对品牌产生信任、偏爱以及重复性购买意向的心理活动。
   A．品牌忠诚　　　B．品牌认知　　　C．品牌联想　　　D．品牌满意
4. （　　）是属于附加部分服务的有形产品。
   A．碘盐　　　　　B．空调器安装服务　C．心理咨询　　　D．空中旅行

二、多项选择题

1. 产品整体概念包含核心产品、（　　）五个层次。
   A．有形产品　　　B．附加产品　　　C．期望产品　　　D．潜在产品
2. 按照新产品的改进程度，通常可分为（　　）。
   A．全新产品　　　B．革新产品　　　C．改良产品　　　D．潜在产品

三、简答题

1. 简述新产品开发的一般原则。
2. 常见的商品命名方法有哪些？
3. 简述产品生命周期各阶段的营销策略。
4. 什么是品牌和商标？品牌具有哪些基本功能？
5. 新产品购买者有哪些类型？

四、案例分析题

容得下万人，却容不下一部手机

2016年6月，一则"容得下万人，却容不下一部手机"的红牛朋友圈广告悄然上线，这到

消费心理与行为学

底和手机有什么仇？什么怨？原来是在红牛"能量自习室"的活动页面中，红牛将手机这个原本可能造成注意力干扰的载体成功转变成了实现"专注"的平台，呼吁全国各地的学子们"专注"上自习。

活动开展十余天的时间，红牛"能量自习室"活动页面上显示的自习人数已突破300万人次；坚持自习45分钟的人数超过34万人次，这或许是网友主动参与、停留时间最长的营销活动了。该活动打破了时间、空间的限制，成功地实现了一次"百万人共同专注上自习"的场景体验。继去年红牛开展"能量校园，手机换红牛"活动之后，今年红牛的活动又一次超乎了我们的想象。

延续"专注"精神，找准"自习"场景

每年的6、7月是高校考试季，百万大学生迎来了"万箭穿心"的期末考试。在这个关键的复习期，多少学生"厮杀"着奔向人满为患的自习室占座，开启突击备考模式。但是，智能手机的全天候陪伴和社交应用的碎片化干扰，让学生们的注意力愈加分散，虽然坐在自习室里但仍旧无法专心学习。如何提高专注力成为期末复习的最大困扰。

正是洞察到大学生群体的特殊痛点，红牛"能量自习室"活动选择在6月下旬开启，十分契合大学生期末学习的场景。活动传承了红牛"你的能量超乎你想象"的品牌理念，继去年"能量校园，手机换红牛，专注一堂课"的"课堂"场景之后，又一次成功地实现了"自习"场景的打造，让广大学生完成了一次"借助手机"专注上自习的亲身体验，督促并引导学生自律。

手机化身"能量"平台，创新玩法深化红牛品牌理念

在这个强调客户体验的时代，借助符合客户生活形态的场景化设计，重塑客户与品牌的连接和沟通方式是决定营销成败的关键。红牛"能量自习室"活动大胆创新，实现了从线下自习室到线上手机端的真实"移景"，让专注自习这个动作在潜移默化中完成。

活动前期的导流主要在微信中进行，红牛投放的朋友圈广告、微信新闻插件——内容页底部大图广告上线，目标地域为北上广深、南京、成都等大学高校集中的区域，针对18~24岁左右的大学生群体集中投放，同时也在很多年轻人喜欢看的微信公众号中进行内容营销导流。

进入红牛"能量自习室"活动主页面，通过微信授权后，即可随时开启自习模式。首先，选择你喜欢的自习场景，如"红牛教学楼、红牛图书馆、红牛食堂、红牛德育处"等，进入选定的场景自习室后，可见"软妹""学霸""糊涂虫""书呆子"等一系列带有"90后"标志性状态昵称的座位，选择落座后微信头像随即出现，点击"开始自习"按钮开始计时。完成自习15分钟或45分钟，即可获得不同次数的抽奖奖励。自习结束后，还可邀请好友参与并分享到朋友圈。

基于移动端新场景的再造，红牛"能量自习室"让手机这个原本可能造成注意力干扰的载体成功转变成了实现"专注"、产生"能量"的平台，利用线上互动及好友间相互邀请的社交手段，让"百万人专注上自习"的场景得以实现。

据统计，此次红牛朋友圈广告共获得近2300万次曝光，19~25岁的目标人群覆盖比例占93.7%。很多参与了活动的学生表示，红牛"能量自习室"并没有教条式地强迫大家放下手机，而是通过创新的互动方式让大家乐于接受"专注上自习"这件事。在这样贴心打造的"专注"场

项目 7
产品与消费心理分析

景下,学生自然容易被红牛"你的能量超乎你想象"的品牌精神所打动,从而形成深刻的品牌体验。

校园成为"品牌能量场",蜂鸣效应辐射品牌价值

对于"90 后"的大学生来说,品牌主动出击是打动他们的最好方式,新颖的互动活动能拉近消费者和品牌之间的关系。除了线上的互动体验,红牛还同时联合北京、上海、杭州、南京、湖北、福建、广州、广西等十余个省市百余所高校,打造线下校园"能量自习室"实景,在自习室门口设置签名墙,签到后可获得红牛能量书签或"逢考必过"符等考试季周边产品,而这些产品的上面都有活动二维码,扫描后直接导流至红牛"能量自习室"活动主页面,坚持上完自习的同学可以现场领取红牛定制礼品。

红牛"能量自习室"贴切的场景感和互动体验,让参与活动的学生愿意将这一活动分享到朋友圈里,活动数据显示,邀请好友及朋友圈分享的传播效果惊人,活动开始第三天,便有 9 万多人参与活动。活动的每一次分享都传递出红牛的品牌理念及其倡导的"专注"精神,让大学生们切身体会到来自品牌的关怀,并产生精神共振,这种"蜂鸣般"的传播效应,使得红牛在校园中形成了巨大的品牌影响力。

近几年,红牛一直"专注"校园场景营销,从去年的"能量校园,手机换红牛,专注一堂课"到今年的红牛"能量自习室",使红牛倡导的品牌精神"你的能量超乎你想象"得以延展和创新。

红牛精准地找到了学生群体与红牛品牌及产品的"连接点",其"提神醒脑、补充体力"的功效,可以帮助学生补充能量,以更好的状态去应对考试季;与此同时,红牛所倡导的"专注"更是学生们精神上的能量补给,激发学生们发现自己超乎想象的能量。这些连接点使得红牛"能量自习室"活动具有了品牌的专属性和唯一性,这样的营销也更具独特的品牌价值和意义。

(资料来源:销售与市场网.http://www.cmmo.cn/article-203245-1.html.)

问题讨论:
1. 红牛"能量自习室"的营销活动成功的关键是什么?你获得了哪些启发?
2. 试着说说近几年来品牌营销的成功案例还有哪些?

技能实训

技能实训 7.1 产品的消费心理分析

利用节假日到超市进行市场调查,观察消费者选购饮料的情况。最终对消费者购买最多的三种饮料进行比较,写一份产品品牌与包装开发策略报告,分析其在品牌名称、商标设计、包装(包括瓶罐包装材料、容器大小、封口方式)等方面吸引消费者的主要因素有哪些,报告字数不少于 1500 字。

1. 实训目的

通过本次实训,使学生明确产品品牌与包装对消费者的消费心理与行为的影响。

2. 实训内容

利用节假日到超市进行市场调查,观察消费者选购饮料的情况,最终对消费者购买最多的三种饮料进行比较,记录营销人员与顾客的对话,并指出消费者在购买过程中呈现出的消费心理与行为特征。

3. 实训材料

相关图书、教辅、计算机、纸张、笔、投影仪等。

4. 实训步骤

(1) 全班学生自由分组,每组6~8人。
(2) 各组分别进行集体讨论,明确组内分工。
(3) 按照分工进行资料收集、整理、讨论,并记录讨论结果。
(4) 整理观察记录,形成开发策略报告。
(5) 各组将资料制作成PPT,选一名代表展示工作成果。

5. 成果与检验

产品品牌与包装对消费者的消费心理与行为的影响效果评价参考表,见表7-2。

表7-2 产品品牌与包装对消费心理与行为的影响效果评价参考表

序号	评价内容		分值(分)	实际得分(分)
1	实际操作	明确记录具体的购物时间、地点、对象	20	
		购买过程翔实,购买对话记录详细	30	
2	分析报告	能够对记录的内容进行恰当整理与分析,形成产品品牌与开发策略报告	20	
		制作PPT,图文并茂,内容翔实	10	
		汇报大方从容,内容全面	20	
	合计		100	

评价说明如下。

① 每组学生的成绩由两部分组成:实际操作(50%)和分析报告(50%)。
② 实际操作主要考查学生观察的过程以及收集资料、整理资料的能力。
③ 产品品牌与开发策略报告主要考查学生根据信息资料分析得出的结论与建议的合理性,并制作成PPT进行汇报的能力。

项目 8

商品价格与消费心理分析

营销名言

营销就是让消费者只关注价值，忘记价格。

学习目标

专业能力目标

- 理解消费者行为与价格心理。
- 掌握消费者行为与价格策略。
- 理解消费者行为与价格调整。

方法能力目标

- 能判断影响消费者价格心理的各种因素。
- 能阐述价格制定的各种策略。
- 能根据消费者对价格调整的反应制定相应的策略。

社会能力目标

- 培养学生对企业市场营销活动的观察和分析能力，提高学生制定营销策略的能力。

消费心理与行为学

感受营销

视频（商品价格与自我意识比拟）

（资料来源：https://www.icve.com.cn/）

项目实施

任务 8.1 消费价格心理分析

学习目的

学习任务	进行消费者价格心理的讨论
要 求	1. 收集各行业知名品牌的资料 2. 选择一到两个行业的知名品牌，讨论其价格及消费群体特征 3. 分析商品价格与消费者的消费心理
应具备的知识	商品价格的基本知识
应具备的能力	收集信息的能力、信息分析的能力
质量标准	评价项目 / 分值（分） 1. 信息真实可靠 —— 20 2. 分析情况应以收集的信息为依据，不能脱离实际情况 —— 40 3. 分析时要有逻辑，思路清晰 —— 40

案例导入

苹果新机砍单，高定价策略不灵验了？

2018年11月6日，苹果宣布将不再公布iPhone等产品的销售量。此前就有人猜测是因为新款手机销量低迷。近日有消息称，苹果新机砍单，似乎进一步证实了产品销量差。

消息称，目前苹果已对与其合作的代工商富士康砍掉10%的iPhone XS、MAX订单，同时其还对和硕砍单10%，减少10%的iPhone XR订单。一旦苹果新机砍单，可能会引发代工商富士康裁员。

有经销商透露，因价格过高，从上市到现在iPhone XS销量大大低于预期。苹果销量疲软已经不是新话题了，在上个季度的财报中，iPhone销量同比增长仅1%。但由于苹果提高手机价格，使上季度苹果手机的销售收入增长了20%。其高价策略虽然发挥了作用却没有赢得市场。由于缺乏创新力，苹果新款手机的高售价并未获得外界认可。苹果发布的新品iPhone XS系列上市仅几日，就跌破了发行价。

想一想

苹果新品的高定价策略为什么不灵验了？

参考答案

任务实施

8.1.1 消费者价格心理分析

在市场经济条件下，价格是商品交换的产物，产品价格是消费者衡量产品价值和产品品质的重要标准，也是直接关系到消费者切身利益的敏感因素。因此，产品价格的高低直接刺激着消费者的消费行为，并深深地影响着消费者的消费心理与消费行为。价格是人们选择商品时考虑的一个重要因素，对于消费者行为具有极为重要的影响。

8.1.2 消费者价格心理的功能

产品价格对消费者的消费心理的影响主要体现在以下几个方面。

1. 价值与品质的比较功能

消费者在选购产品时，往往在心理上把产品价格当作比较产品价值和产品品质的标准。这种值质比较导致消费者产生"好货不便宜，便宜没好货""一分价钱，一分货""货比三家"等购物心理。企业应充分认识到消费者的这些心理，合理地确定产品价格，为企业带来巨大的效益。

2. 消费者社会地位和经济地位的象征

消费者不仅在心理上把产品价格当作比较产品价值和产品品质的标准，而且也把产品价格当作个人社会地位，满足社会心理需要的衡量标准。例如，一些消费者通过购买高档、名牌或进口产品以显示自己的社会地位和经济状况，以获得心理上的满足；一些消费者购买高级音响设备，欣赏高价音乐会以显示自己的文化修养和高雅的生活情趣，以获得心理上的满足。相反，如果使用价格便宜的商品，有的人则感到与自己的身份地位不符，有的人认为到地摊小贩购买商品有损身份。消费者的这一心理要求企业在定价时应更多地考虑产品价格的社会价值。

【知识链接】

炫耀性消费

美国制度学派经济学家凡勃伦（1857—1929），最早注意到了这一现象，故将此命名为"凡勃伦效应"。由于消费者可能想要通过使用价格高昂、优质的商品来吸引他人的注意，具有一定的炫耀性，所以这种现象又被称为"炫耀性消费"。它是指存在于消费者身上的一种商品价格越高，反而越愿意购买的消费倾向。这种消费的目的并不仅仅是获得直接的物质满足与享受，很大程度上是为了获得一种社会心理上的满足。由于某些商品具有炫耀性的效果，如购买高级轿车显示自身的富有、收集名画显示高雅的品位等，这类商品的价格定得越高，消费者反而越愿意购买，因为只有商品的高价，才能显示出购买者的富有和地位。这种消费随着社会发展有增长的趋势。

3．影响消费者的需求

产品价格与消费者需求是相互影响、相互制约的。在其他条件不变的情况下，产品价格的下降会导致消费需求的增加；产品价格的上升会导致消费需求的减少。价格的高低对消费需求具有调节作用。而价格影响需求的变化幅度，同时会受到产品需求弹性的影响，不同产品具有不同的需求弹性。一般来讲，日常生活必需品的需求弹性小，非必需品的需求弹性大。需求弹性小的产品价格的升降对产品需求的影响不大，在这种情况下，薄利不能达到多销的目的，企业不应该降价，而应稳定价格或适当提价，才能增加企业的经济效益；而需求弹性大的产品价格的升降对产品需求的影响大，这时，企业可考虑通过降低价格达到薄利多销的目的，从而增加企业的经济效益。

8.1.3 价格影响消费心理的表现分析

价格影响消费心理的表现，主要有以下四个方面的特征。

1．消费者对产品价格的倾向性

不同的消费者的消费心理和消费目的不同，对产品价格的承受能力也不同，因此在购买活动中对产品价格的选择表现出不同的倾向。从消费层次看，高消费层次的消费者倾向于购买一些价格昂贵、功能先进、款式新颖的名牌产品；中等消费层次的消费者倾向于购买一些价格适中、功能实用的产品；而低消费层次的消费者倾向于购买一些价格低廉、经济实惠的产品。从消费对象看，凡是为满足个人或家庭自身需要而购买的产品；消费者购买时一般比较注重价格的高低，在保证产品质量的前提下，尽量选购价格低廉的产品；但如果是为了送礼而购买的产品，则更多考虑的是产品外观的大方、美观，对价格的考虑则会放在次要位置。

2．消费者对产品价格的感受性

消费者对价格的感受性是指消费者对商品价格高低的感知程度。消费者对商品价格的高与低的认识和判断，不完全基于某种商品价格是否超过或低于他们认定的价格尺度，他们还会通过与同类商品的价格进行比较，以及与购物现场不同种类商品价格的比较来认识。不同的商品或服务，不同的环境和营销氛围，消费者的不同心境和个性，都会使其产生不同的价格感受。这种感受性会直接影响消费者的价格判断。

消费者对商品价格的感受性在他们购买商品时的反应是普遍的，企业在市场营销中可以用优质的产品、优良的服务、优雅的环境来影响消费者的消费心理和观念态度，从而影响其对商品价格的感受性，取得较好的营销效果。

此外，在实际销售工作中，如果把同一类商品中的高价商品与低价商品摆放在一起出售，有时能产生比较好的营销效果。因为追求价格低廉的消费者通过对比可以感到自己所买的商品确实便宜，而较高层次的消费者则认为买高价货有利于显示自己的身份和地位。

3．消费者对产品价格变动的敏感性

由于产品价格变动对消费者的消费心理影响很大，从而使消费者对产品价格变动产生反

项目 8
商品价格与消费心理分析

应,但这并不意味着消费者对各种产品价格的敏感程度相同。消费者对产品价格的敏感度是受产品的必需程度、产品供求状况及产品竞争程度三个因素的影响。一般来说,产品的必需程度越高,消费者对其价格的敏感度越高;而产品的必需程度越低,则消费者对其价格的敏感程度越低。例如,对于蔬菜、食盐、大米等生活必需品,即使价格略微提高,消费者也很容易察觉;对于电视机、家具等高档消费品,其价格的升高,消费者不易察觉。当某种产品供不应求时,消费者对其价格不敏感,价格的上涨往往不会导致需求量的大幅下降;当产品供过于求时,人们对其价格变动非常敏感,价格稍有上涨,产品就可能滞销。产品的市场竞争程度也会影响消费者对产品价格的敏感程度。如果某种产品的替代品种多,竞争激烈,则消费者对其价格的敏感程度高;反之,消费者对其价格的敏感度就低。

4. 消费者对产品价格变动的逆反性

消费者对价格的逆反性是指消费者在某些特定情况下面对商品价格变动的反向表现。正常情况下,消费者总希望买到物美价廉的产品,对于同等质量的产品总是希望其价格更低。但是,在某些特定情况下,商品的畅销性与其价格却呈反向表现,即并非价格越低就越畅销,这是由于消费者对价格的逆反心理造成的。

商品的主观价格是依据其客观价格形成的,但是主观价格与客观价格经常会出现相互不一致甚至相背离的情况,在消费者心中常会产生这样的判断:商品的价格太高,或者商品的价格偏低。主观价格是商品形象的一个组成部分。对于一个有较高自我意识的人来说,购买一件他认为价格偏低的商品会感觉有失身份,例如,一件男式风衣在一家商店出售,刚开始其标价是68元,这个价格是低于同等商品平均价格水平的,但在商店挂了很久都无人问津。消费者在购买时看到这一低价会很自然地认为这件风衣可能是滞销货,或者存在质量问题,即使价格偏低也不愿意购买。但是当商家把价格改成680元之后,就有很多消费者因为这一高价而注意到这件风衣,很快这件风衣便以560元的价格出售了。

想一想

举例说明在日常消费过程中,价格是如何影响你的消费心理及行为的?

任务 8.2 商品定价的策略

学习目的

学习任务	商品定价策略的案例分析
要 求	1. 能通过各种渠道收集关于商品定价的案例 2. 能对商品定价案例进行分析 3. 能根据案例结果的分析,提出个人建议

消费心理与行为学

续表

学习任务	商品定价策略的案例分析	
应具备的知识	商品价格、消费者的价格心理、定价策略	
应具备的能力	收集信息的能力、整理信息的能力、案例分析的能力	
质量标准	评价项目	分值（分）
	1. 信息真实可靠	20
	2. 以事实为依据，高效筛选、分析、整理信息	40
	3. 分析案例时要有逻辑，思路清晰	40

案例导入

贵州茅台，你为何如此之"贵"

茅台的成长基于历史和文化推动

从 1950 年到 2013 年，贵州茅台酒零售价的变化大致和中国人均月收入变化成正比关系；茅台酒零售价相当于中国人均月工资的 1/3 到 1/2，并保持在这个区间波动，一旦触及 1/2 的水平，茅台酒的零售价就会下跌，而一旦低于 1/3 的水平，其价格就会上涨。

随着收入水平的提高，如今人们的月均收入已经达到几千元，用于基本生存的开支占比越来越小，而盈余部分必将投入到享受性、精神性的消费上。茅台酒恰恰是满足人们精神需求的一种消费品，它已成为人们在人际关系消费的一种载体；宴席上喝茅台酒，既满足了主人的面子，又照顾了客人的受尊重的心理。

正是基于这些因素，人们对于茅台酒的需求不断增加，茅台酒的价格随之加速上涨，未来茅台酒的价格依然会在人均月收入 40%～60% 的区间波动。人均收入越高，茅台酒价格的上涨也越快；这就是茅台酒大规模生产，供需关系反而更紧张的原因。

茅台酒的定价权正是建立在白酒产品精神文化层面上的消费属性；精神商品，它的核心价值来自稀缺性，而稀缺性与大规模同质化生产相互冲突，因为同质化生产会导致稀缺性的消失，所以精神商品最重要的一个特点，就是不能够采用大规模工业化模式进行生产。精神商品，就是要维持它的稀缺性、独特性，从而保持它的价值。

创新与守旧如同冰与火

目前，生产制造有两种类型，一种类型是以科技创新驱动，通过创新推动工艺和生产技术的进步，管理模式乃至生产模式的进步，最终实现降低成本，提高性能的目的。另一种类型是传统的精神文化产业，如白酒产业，其价值来源于对人们"怀旧情怀"的满足，这类商品恰恰是通过历史和文化属性制造出稀缺性从而形成差异化，这些企业的价值创造和效益来自"守旧"，不能轻易创新。酒的生产发酵工艺必须是传统的，任何一点创新都要极其慎重，在白酒行业，进行频繁的、颠覆性的创新是非常危险的！

未来经营战略的新思考

第一，未来十年或二十年，立足于茅台的精神实质，紧扣茅台的核心价值。为什么茅台长期业绩好，业绩好的根源是什么？主要原因是茅台酒是身份和地位的象征，所以未来的产品战略是提高茅台酒的质量，同时适当提高产量；生产设备、工艺和工人都是核心资源，在核心资

项目 8
商品价格与消费心理分析

源上要舍得投入。

第二，茅台应该适时地退出葡萄酒领域，茅台既然已经退出了啤酒领域，那么退出葡萄酒领域也是一样的道理。茅台是中国的国酒，代表着中国的传统文化，而葡萄酒是西方文化的代表，茅台进入葡萄酒领域，实际上是舍己长就己短；而且葡萄酒领域竞争激烈，想位居前列非常困难。葡萄酒业务对整个茅台公司和茅台品牌意义并不大，与其如此还不如退出葡萄酒领域，专注做中国白酒领导品牌。

锁定茅台品牌，不轻易把茅台的业务向外延伸，因为它代表着中国文化。茅台的未来的发展之路应该是集中精力把茅台酒做大做强，重心要放到全面提高茅台酒及系列酒的产量和质量上，并提高茅台酒在国际市场上的销售份额，使国酒能走出国门，走向世界。

想一想

茅台酒的定价权是如何建立的？在购买茅台酒时，消费者有什么样的消费心理？

参考答案

任务实施

价格制定策略是企业营销战略的重要组成部分。制定合理的商品价格，是企业市场营销管理中一个十分重要的方面。因为它不仅关系到买卖双方的切身利益，还关系到商品是否能成功地走向市场和消费者。企业在制定商品价格时，除了要考虑决定价格的成本、需求和竞争因素，还必须考虑消费者的价格心理，针对消费者的价格心理，采取适当的定价策略，制定出令企业满意、让消费者易于接受的价格。

8.2.1 新产品价格制定的依据

1. 撇脂定价的依据

撇脂定价也称为高价策略，是指企业以较高的成本利润率为商品定价，以求通过"厚利稳销"来实现利润最大化。这种策略是一种较特殊的促销手段，主要是利用消费者的求名、求美的心理。该策略一般应用于价格弹性小的产品，或消费者对价格变动敏感度低的产品。

采用撇脂定价策略，产品必须具备以下几个基本条件。

① 产品新颖，具有较明显的质量、性能优势，能使消费者"一见倾心"，并且有较大的市场需求量。

② 在新产品上市阶段，商品的需求价格弹性较小或者早期购买者对价格不敏感。

③ 产品必须具有特色，在短期内竞争者无法仿制或推出类似产品。

④ 高价能给产品树立高级品的形象，这是消费者对产品质量、档次方面的要求。在消费者心中，高价产品应该是质量好、档次高的产品。如果新产品达不到档次和质量标准，高价不但难以给产品树立高级品的形象，反而会使人们认为企业唯利是图。

撇脂定价的依据是：新产品上市之初，消费者对其尚无理性的认识，此时的购买动机多属于求新、求奇。利用这一心理，企业通过制定较高价格，以提高产品的档次，树立高价、质优的品牌形象；新产品上市之初的高价，使企业在产品进入成熟期时可以拥有较大的调价余地，以保持企业的市场竞争力，而且可以吸引对价格变动敏感的消费者。利用高价限制需求的过快增长，获取利润进行投资，扩大生产。

这种定价策略的优点是：产品新颖高价，易于吸引消费者的注意和激起其购买热情；有利于企业获得高额利润，有利于企业尽快收回投资。

这种策略的不足之处是：高价销售产品，违反了消费者总是选择"消费者剩余"最大的商品消费的一般法则，当价格超过消费心理阈限时，则可能导致商品无人问津。因此，"撇"的幅度是价格制定者应把握的首要环节。同时，较高利润会吸引更多企业进行同质化生产，导致竞争激烈，阻碍企业长期占领市场或进一步提高市场占有率。

2. 渗透定价的依据

渗透定价也称为低价策略，是指企业以较低的成本利润率为产品定价，以吸引大量购买者，从而获得较高的销售量和市场占有率，以求通过"薄利多销"来实现利润指标的定价策略。这种定价策略是迎合消费者求廉、求实的消费心理，低价给消费者以物美价廉、经济实惠的感觉，从而刺激消费者的购买欲望。待新产品打开销路、占领市场后，再逐步涨价。

采用渗透定价策略的条件如下。

① 商品的市场规模较大，存在着强大的竞争潜力。

② 商品的需求价格弹性较大，稍微降低价格，需求量会大大增加，通过大批量生产能降低生产成本。

这种策略同撇脂定价策略相反，产品以较低的价格进入市场，具有鲜明的渗透性和排他性，利用了消费者求廉、求实的心理。

采用这种策略的产品一般在市场上都有类似的替代品，产品需求弹性大，购买率较高，消费者对该商品价格较为敏感，所以低价有利于提高商品销售量，从而增加利润总额。过了一段时间，当消费者接纳并认可该商品时，企业可以利用消费者对商品的依赖，逐渐地提高商品的价格。这样既不会失去消费者，又可使企业增加效益，在市场上站稳脚跟。

然而，使用这种策略时应特别注意，商品在打开销路、占领市场后提高产品价格，容易引起消费者的反感，并减少购买率。同时价格上升后，也容易有更多的竞争对手。因此，"渗透"的幅度，即涨价标准是企业决策能力与对消费者心理标准把握的一次检验。产品价格的调整既要使企业取得更高的利润，又不能失掉原有的市场及消费者。

3. 满意定价的依据

满意定价，是一种介于撇脂定价和渗透定价之间的折中的定价策略，新产品的价格水平适中，同时兼顾生产企业、消费者和中间商的利益，能较好地平衡各方的利益。正是由于这种定价策略既能保证企业获得合理的利润，又能兼顾中间商的利益，还能为消费者所接受，基本上能够使各方都比较满意，所以，这种策略被称为满意定价。

它的优点是：从较长时间来看，给消费者以稳定的感觉，产品价格变动不大，不像上述策略中多次出现的涨价或降价造成消费者的不稳定感。同时，它也可使企业在正常生产经营条件下，能有一个稳定的收入。适中的价格，从经济因素来看也符合于大多数消费者的消费心理，容易建立较稳定的商业信誉，也易于消费者自身建立价格标准。但是，这种定价

项目 8
商品价格与消费心理分析

策略从消费者心理活动来看,没有高价策略那种激发消费者求新、求奇、求高的购买激励,也没有低价策略那种促成消费者求廉价、求实惠的购买动力,而只给消费者以平淡的感觉。因此这种策略在市场平稳、竞争不十分激烈、消费者习惯于稳定价格的心理状态下最容易获得成功。这也是大部分国内外企业对新上市的一般生活用品采用此种策略的原因。

8.2.2 一般商品价格制定的依据

1. 习惯定价的依据

习惯定价是指根据消费者的价格习惯心理而制定的符合消费者心理预期的商品价格。由于某些商品,如日用品、生活便利品及一些服务类产品的价格,在长期的销售实践中已形成了消费者习惯的价格,企业在确定这些商品价格时要尽量去适应消费者的心理预期,一般不应轻易改变,以免消费者拒绝购买。采取这种定价策略的特点是商品的质量和零售价格具有稳定性。例如,消费者经常购买的日用品,因消费者经常使用,对商品的性能、质量、替代品等方面的情况有详细的了解,形成了自己的购买经验、消费习惯和主观评价,从而在心理上对商品的价格有一个不易改变的标准。即使商品的生产成本略有升降,也不应过快地变动这些商品的销售价格,否则容易引起消费者的逆反心理。涨价,容易促使消费者去寻找代用品或替代品,导致商品的市场占有率下降;降价,往往容易造成消费者对产品质量的怀疑,反而使销售量下降。由此可见,此类商品的价格一旦偏离了消费者的习惯价格,消费者的心理倾向往往会促使消费者缩减商品的购买量。

2. 声望定价的依据

声望定价是指针对消费者"便宜无好货、价高质必优"的心理,对在消费者心目中享有一定声望,具有较高信誉的产品制定高价。通过制定较高的价格,进而来满足消费者的求名或炫耀心理。所以,这种定价策略只适用于高档名牌商品、奢侈品,以及确有特色的服务、商店或特定地点等。当消费者得到某种特定服务或购买到某名牌商品时,心理上会感到自己的声望、地位也随之提高,这样,其求名心理和炫耀心理同时得到了满足,往往认为支付高价也值得。很多名牌产品和稀缺产品往往在消费者心目中享有极高的声望价值。

企业采取这种定价策略时,必须注意以下几点。

① 购买这些产品的人,往往不在乎产品的价格,而关心产品能否显示其身份和地位,价格越高,心理满足的程度也就越大。

② 重视消费者对商品和服务的反应,不断改善商品的质量及功能,加强售后服务,提高服务质量,以增强消费者对商品、服务和企业的安全感、信赖感。

③ 企业提供的商品和服务必须保证高质量,以维持和巩固消费者对商品、服务和企业的信任,维护商品、服务和企业的声誉。

④ 切忌将这种定价策略滥用到一般商品和服务上,否则会造成消费者的反感,给企业经营带来不必要的损失。

⑤ 价格并不是越高越好,应将其定在消费者愿意接受的范围内;否则,价格过高,会抑制消费。

企业在制定价格时,对于同类、同种产品可采用市中心区域、知名商店定价稍高于非中心区域或普通商店的策略。因为消费者有在繁华商业区或大商场购物的心理满足感。边远地区或农村的消费者把到大城市购买商品当作一种享受。所以，价格稍高一些，不但不会抑制其消费，反而会起到刺激其消费的作用。利用声望心理制定价格时要特别注意商品自身的局限性，它只适用于高档名牌商品、高档奢侈品及确有特色的服务、商店或特定地点等。现在许多地方出现的各种"正宗"，如正宗"法国香水"、正宗"狗不理包子"、正宗"全聚德烤鸭"等，反而使广大消费者产生了一种不信任感。利用声望心理进行定价的商品，企业应采取高起点、高定价的策略，以适应消费者利用价格来满足声望心理的消费需求。如果这类商品属于品牌扩散、品牌转移等现代品牌输出方式，企业更应注意扩散品牌与原品牌一致性的问题，切忌有名无实。

【营销示例】

高品位的金利来

如金利来领带，一上市就以优质、高价著称，对有质量问题的金利来领带，公司绝不上市销售，更不会降价处理。为的是传递给消费者这样的信息，即金利来领带绝不会有质量问题，低价销售的金利来领带绝非真正的金利来产品，从而极好地维护了金利来的品牌形象和市场地位。

3. 尾数定价的依据

尾数定价又称零头定价，是指企业针对的是消费者的求廉心理，在商品定价时有意定一个与整数有一定差额的价格，利用消费者对商品价格的感觉、知觉的差异所造成的错觉来刺激他们的购买行为。大多数消费者在购买产品时，尤其是购买一般的日用消费品时，乐于接受尾数价格。例如，本应定价300元的商品，现定价298元，虽只便宜了2元，但感觉上却便宜了许多，从而激发消费者的购买欲望，使产品销售量增加。同时，尾数定价还给人定价精确的感觉，符合消费者求廉的心理。

目前，尾数定价策略是国际市场上广为流行的一种零售商品的定价策略。但是，由于世界各地的消费者有着不同的风俗习惯和消费习惯，所以，不同国家和地区在运用这种定价策略时存在着一些差别，其关键在于零头部分的设计。因受不同风俗习惯的影响，有些数字是人们乐于接受的，有些数字却是人们忌讳的。为此，零头部分定得好，有利于促进商品销售，否则就会影响商品的销量。一些消费心理学家的调查表明，美国市场上零售商品的价格尾数以奇数居多，以奇数为尾数的价格中又以9为最多，一般是9美分、49美分、99美分等。在调查中还发现，49美分的商品的销量远远超过50美分和48美分的商品的销量。5美元以下的商品，零头为9的商品最受欢迎，而5美元以上的商品，价格的零头部分为95的，销量最高。在日本和中国的港澳台地区，人们喜欢偶数，认为偶数给人以稳定、安全的感觉，在商品价格尾数中尤以偶数8更受欢迎。因为8在日本被认为是吉祥如意的象征，而在中国的港澳台地区则将8与"发"（发财致富）联系在一起。西方人则认为13是不吉利的数字，商品定价尽量避免使用13。在我国，4、7这样的数字因它们的谐音为"死"和"气"，有人认为其不吉利。

4. 整数定价的依据

整数定价与尾数定价正好相反，其特点是舍零取整，企业有意将产品价格定为整数。以显示产品质量"过硬"。它主要适用于对名、优、特或高档耐用消费品或礼品及消费者不太了解的商品的定价。对于高档品，消费者对其质量较为重视，常常把价格看作商品质量的象征，把价

项目 8
商品价格与消费心理分析

格高低看作衡量产品质量的标准之一。对一些高档耐用消费品，价格若为一个数目较大的整数，还可以显示出购买者的高贵和富有，满足其炫耀心理，从而达到刺激消费的目的。例如，对于一套进口组合音响，将价格定为 9800 元比定为 9795 元更符合消费者的心理。

这种定价策略实质上是利用了消费者"一分价钱一分货"的心理，从而更有利于提高商品的销量。同时，从经营的角度看，价格定为整数既便于消费者记忆又方便其付款，免去了价款找零的麻烦。因此，对价值较低的方便商品也适合选择这种定价策略。如一些儿童食品定价为 1 元、2 元，就有利于吸引儿童的购买，起到了促进销售的作用。

5. 分档定价的依据

分档定价又称分级定价，是指企业根据市场细分理论，对不同档次的商品采取差别定价的策略。即企业在出售商品时，将不同厂家生产的同一类产品，按品牌、规格、花色、型号和质量等标准划分为若干个档次，为每个档次的商品制定一个价格，以适应不同消费者的心理需要。例如，商场里出售的冬季羽绒服，经常按品牌分为几个档次，每个档次之间都存在着差价，使消费者很容易相信这是由质量差别而引起的，给消费者"一分价钱一分货"的感受。又如，我国一些国产名酒纷纷推出二线品牌，以扩大市场占有率，适应不同层次消费者的消费需求。例如，五粮液集团的"五粮春""金六福""浏阳河"等。通过制定不同档次的商品价格，反映不同商品的品质，从而满足不同消费者的消费心理、消费习惯和消费水平。选择分档定价策略时必须充分考虑不同消费者的心理需要。商品档次的划分应根据不同的商品而定，既不能过多，也不能太少，要便于消费者挑选；价差要符合消费者的购买心理，既不能过大，也不能过小，应以消费者能够接受，且有利于企业提高销售额为原则。

【营销示例】

你可以贬低竞争对手的产品

某公司是生产和经营葡萄酒的专业公司，其生产的味美思酒在葡萄酒市场中享有较高声誉，市场占有率一般达到 20% 以上。另一家公司推出了一种新型葡萄酒，其口感和质量不比味美思酒差，但每瓶价格却比它低 10 元。该公司经过深思熟虑后，采取了对方意想不到的策略，即将味美思酒的价格提高 10 元，同时推出一种与竞争对手新型葡萄酒价格一样的合意酒及另一种价格略低一些的如意酒，其实这三种酒的味道和成本几乎相同，但该策略却使该公司扭转了不利局面：一方面提高了味美思酒的地位，使竞争对手的新产品成为一种低档品牌；另一方面公司的销售收入不但没有受到影响，销售量和利润反而大增，令人拍案叫绝。

6. 折扣定价的依据

折扣定价是指利用各种折扣和让价吸引经销商和消费者，促使他们积极推销或购买本企业的产品，从而达到扩大销售、提高市场占有率的目的。这一策略能增加企业在销售上的灵活性，给经销商和消费者带来利益和好处，因而在现实中经常被企业所采用。例如，人们经常见到的"全场商品六折起"，"六一"儿童节儿童用品打折，寒暑假期间学生购买飞机票打五折、教师打七五折等，均为企业在促销中利用消费者的折扣心理而常用的手法。消费者的折扣价格心理是一种求"实惠"、抓"机会"的心理，企业利用这种心理，采取低于原有价格的优惠价格来吸引消费者，使消费者感到有"利"可图，以激发其购买欲望，刺激消费者进行消费。在实际运用时，折扣定价有不同的形式。常见的价格折扣主要有数量折扣、现金折扣、交易折扣和季节折扣等几种形式。

【营销示例】

这种方法您用过吗

日本东京银座美佳西服店为了销售商品采用了一种折扣销售方法，成功提高了商品的销量。具体方法是这样的：先发一个公告，介绍某商品的品质、性能等一般情况，再宣布打折的销售天数及开始促销的具体日期，最后说明打折方法：第一天打九折，第二天打八折，第三、四天打七折，第五、六天打六折，以此类推，到第十五、十六天打一折。这种销售方法的实践结果是，第一、二天顾客不多，来者多半是来探听虚实和看热闹的。第三、四天人渐渐多起来，第五、六天打六折时，顾客蜂拥而至。以后连日爆满，没到一折售货日期，商品早已售罄。这是一种成功的折扣定价策略，其准确地抓住了消费者的消费心理，有效地运用折扣售货方法进行商品销售。

7. 招徕定价依据

招徕定价是指商家为了招徕更多的顾客，利用部分顾客从众、求廉的心理，特意将几种商品的价格定得较低，甚至远远低于成本，以吸引顾客到商店来，借机带动其他商品的销售，提高销售额。采用此策略的关键是"特价品"必须是消费者熟悉的、质量得到公认的、容易鉴别的且购买频率较高的商品。"特价品"的数量也要适宜，既不可太多，也不可太少。对于日用品，消费者普遍存在着求廉心理，一旦某种商品的价格低于市场价，消费者就会蜂拥而至。这种冲动性从众心理使很多消费者根本不考虑该商品对自己是否有用或用途有多大而盲目购买，许多滞销品正是通过这种定价策略而打开销路的。

想一想

"双11"期间，你是否参加过电商推出的"1元"秒杀活动？请回忆购物过程的前后，你的消费心理有何不同？

【营销示例】

这家商场是赔了还是赚了

北京地铁旁有家每日商场，每逢节假日都要举办1元拍卖活动，所有拍卖商品均以1元起价，报价每次增加5元，直至最后"名花有主"。但这种由每日商场举办的拍卖活动由于基础价格定得很低，最后的成交价也比市场价低得多，因此会使人们产生一种买得越多、赚得越多的感觉。岂不知，该商场用的是招徕定价策略。它以低廉的拍卖品活跃商场气氛，增大客流量，带动了整个商场的销售额的上升。这里需要说明的是，特价商品必须是顾客都需要而且市场价为人们所熟知的商品。

（资料来源：百度贴吧，http://tieba.baidu.com/f? kz＝5133858654. 有修改。）

项目 8
商品价格与消费心理分析

❀【营销视野】《禁止价格欺诈行为的规定》中 13 种价格欺诈行为界定

任务 8.3 价格调整与消费心理分析

学习目的 ◀

学习任务	分析有关价格调整的案例
要　　求	1. 能通过各种渠道收集关于产品价格调整的案例 2. 能通过对产品价格调整案例分析，推断企业营销成功或失败的原因 3. 能根据案例结果的分析，提出个人建议 4. 能将案例分析的结果制作成 PPT，并进行 PPT 演示
应具备的知识	定价策略、价格调整策略的基本知识
应具备的能力	收集信息的能力、整理信息的能力、案例分析的能力、制作 PPT 的能力
质量标准	评价项目	分值（分）
	1. 信息真实可靠	20
	2. 以事实为依据，高效筛选、分析、整理信息	20
	3. 分析案例时要有逻辑，思路清晰	40
	4. PPT 制作完整	20

案例导入 ◀

彩电价格战"双 11"达高潮，行业亟须打响价值保卫战

中国家用电器研究院和全国家用电器工业信息中心联合发布的《2018 年中国家电行业三季度报告》显示，彩电业市场规模在第三季度同比下滑幅度高达 18.3%，是所有同比下跌的家电品类中下跌幅度最大的，见图 8-1。

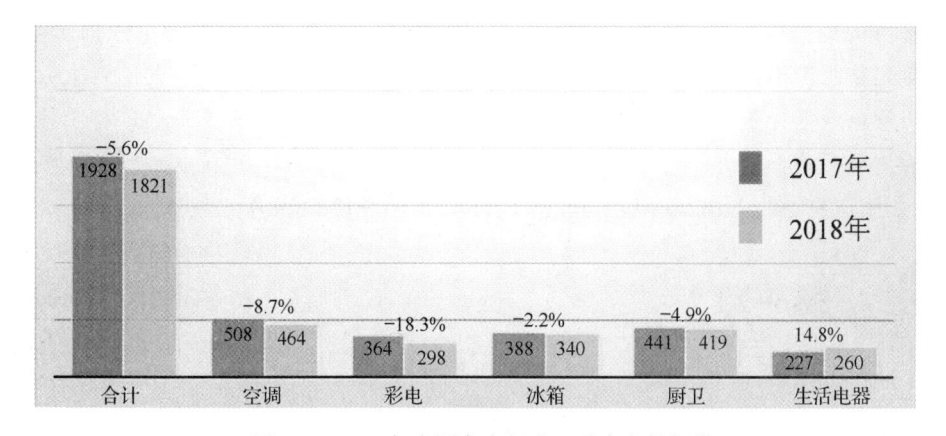

图 8-1　2018 年中国家电行业三季度市场规模

消费心理与行为学

奥维云网（AVC）推总数据显示，第三季度彩电市场累计销量1041万台，与去年持平；但零售额仅为303亿元，缩水54亿元，同比大幅下滑15%。如此难看的数据表现，与业内人士此前的判断大相径庭。因为，业内人士一直都认为，彩电业在加速向高端化方向发展，消费升级也是不可逆的趋势，彩电业在产业升级和消费升级的双重作用下，产品均价会进一步提升，市场规模会更大。

外界看到的现象具有一定的迷惑性。例如，大家都认为白电产品没有太多的科技含量，电视的黑科技则在不断涌现。量子点、8K、HDR、激光、OLED、AI……新技术、新概念层出不穷，似乎行业一片繁荣。如果从以上市场销售数据来衡量，这无疑是虚假繁荣。毕竟彩电市场属于存量市场，换新需求不可能那么大；而且受经济大环境的制约。但在销量保持稳定的同时，销售额却大幅下滑，就让人无法理解了，唯一的解释，就是价格战。

产业和消费在升级，但产品均价却在不断走低，按照奥维云网的数据显示，第三季度彩电线下均价下降了9.4%，线上均价更是下降了21.5%，导致了彩电市场规模的大幅萎缩，这是不正常的，也是不合理的。造成均价大幅下滑的原因有两个。

一是面板价格的持续下跌。第三季度65英寸、55英寸面板价格分别同比下跌36.8%、18.7%，面板价格从年初到今年8月份一直保持下跌的趋势。主要原材料价格的下跌，为整机市场的价格下跌埋下了伏笔。

二是线上市场的价格过低。按照奥维云网的统计，线上市场和线下市场份额基本可以五五开，但线上市场的均价下滑幅度过大，必然会导致线下市场价格的失守，进而导致市场整体的价格滑坡。

可怕的是，随着双11大促的到来，价格战变得更加猛烈。例如，小米65英寸电视，具备4K、HDR、人工智能语音等能力，售价3399元，价格下降了1000元；43英寸FHD全高清屏人工智能电视，售价1299元，降价300元。愈演愈烈的价格战，让彩电业形势严峻。奥维云网预计，彩电零售量在双十一和年度大促的带动下，全年有望微幅增长2.3%，达4863万台；但零售额会同比下滑8.7%，仅为1489亿元。

价格战让彩电企业苦不堪言。彩电企业的利润率近年来不断走低，从之前的4%左右一路下探到近两年的1.5%左右，个别企业甚至低于1%。从历史来看，价格战曾经是国产彩电抗击外资品牌的重要武器，但如今变成了互联网品牌绞杀彩电传统品牌的工具。价格战从来都是"伤敌一千，自损八百"，乐视算是一个前车之鉴。

愈演愈烈的价格战，应该引起主流彩电企业的重视，集体打响一场彩电业的价格保卫战。从营销驱动到技术驱动，从显示技术到AI人工智能，从芯片到面板，从渠道到服务，从硬件到生态……彩电企业需要认真梳理产业价值链，不断做价值增量，而不是被价格带偏，走入损人不利己的发展死胡同。

（资料来源：钉科技.http://www.dingkeji.com/post/108813.html.）

想一想

我国彩电业为什么要打价格战？抓住了消费者的什么心理？效果如何？

参考答案

任务实施

根据消费者对商品降价和提价的心理活动与行为反应，提出企业相应的降价和提价策略。

8.3.1 降价与消费心理分析

企业如果要对商品进行降价调整，需要注意以下几方面。

1. 降价原因

商品降价的原因有很多，如某些商品升级换代造成的过时商品；商品保管不善造成的商品品质降低；市场行情不明造成的盲目进货；新技术、新材料的应用使成本下降等。

2. 降价条件

不论出于什么样的降价动机，企业总是期望降价后产品的销量能够有所增加或保持一定水平，但如果不具备与消费者心理要求相适应的条件就盲目降价，则可能无法达到预期的降价目的。通常在以下情况下，商品才具备降价的条件。

① 此类商品的消费者通常较为注重商品的实际性能与质量，而很少将所购商品与自身的社会形象联系起来，此时降价不会使消费者产生自己形象被降低的感觉。

② 此类商品的消费者对价格非常敏感，并不太关注商品的品牌，而主要是根据商品的价格来进行购买决策。此时降价会使消费者感到占了便宜，而不会产生品牌贬值的感觉，影响到品牌形象。

③ 此类商品的消费者对商品的质量和性能非常熟悉，如某些日用品和食品降价后消费者仍能对商品保持足够的信任度，不会产生商品粗制滥造的判断。

④ 制造厂商能够以某些方式向消费者充分说明价格降低的理由，并使他们理解和接受。

⑤ 制造厂商和商标品牌美誉度高，消费者只有在以较低的价格买到"好东西"时，才会感到满意。

3. 降价时机

降价时机选择得好，会大大刺激消费者的购买欲望；降价时机选择不当，商品则会因无人问津而达不到提高其销量目的的。要视具体商品和企业的具体情况而定。

① 对于时尚和新潮商品，在其进入流行阶段后期就应进行降价。

② 对于季节性商品，应在换季时降价。

③ 对于一般商品，在其进入成熟期的后期就应进行降价。

④ 市场领导品牌率先降价，作为竞争对手应采取跟进策略。

⑤ 重大节日降价酬宾，如"五一""十一"等节假日。

⑥ 商家庆典活动降价，如新店开张、开业周年、店庆等。

⑦ 其他特殊原因降价，如商店拆迁、商店改变经营方向、柜台租赁期满等。

商家还应注意的是，商品降价一定要师出有名，不能过于频繁地降价，否则会使消费者对降价产生不切实际的心理预期，等待价格一降再降，或者对商品的正常价格产生不信任感。

4. 降价幅度

降价幅度要适宜。幅度过小，不能激发消费者的购买欲望；幅度过大，企业可能会亏本经营，或使消费者对商品品质产生怀疑。经验表明，降价幅度在10%以下时，几乎起不到促销效果；降价幅度至少要在10%~30%，才会产生明显的促销效果。降价幅度超过50%时，必须充分说明商品大幅度降价的理由，打消消费者对商品品质的疑虑。

5．降价原则

降价必须坚持"一步到位"的原则，千万不要出现价格不断下降的情况，以防消费者产生"买涨不买跌"的心态。多次降价会导致消费者不由自主地产生商品会继续跌价的期待。

6．降价技巧

企业在降价的操作方式与技巧上要注意以下问题。少数几种商品大幅度降价，比起很多种商品小幅度降价的促销效果要好，因为这样更具有轰动性。商家向消费者传递降价信息的一般做法是把降价标签直接挂在商品上，这样能最大限度地激起消费者的购买兴趣。因为消费者不但一眼看到降价前后的两种价格，或降价金额、幅度，同时还能看到降价商品，眼见为实，从而立即做出购买决策。有的商家会把前后两种价格标签同时挂在商品上，以证明降价的真实性。

8.3.2 提价与消费心理分析

一般而言，商品价格的提高会对消费者利益造成损害。因此，消费者通常会对商品提价持消极的心理反应，从而影响商品在市场上的销售。但在营销实践中，企业经常迫于各种原因而不得不提价，因而掌握提价策略对企业来说就非常重要。

1．提价原因

① 商品供不应求。
② 资源稀缺或劳动力成本上升而导致产品成本提高。
③ 开发新市场。
④ 经营环节增多等。

2．提价应具备的条件

正如商品降价一样，要达到预期的提价目的，商品应具备与消费者心理要求相适应的特性。

① 消费者的品牌忠诚度很高，是品牌偏好者。品牌偏好者通常忠实于某一特定品牌，不因价格上涨而轻易改变消费习惯。
② 消费者相信商品具有特殊的使用价值，或具有更优越的性能，是其他商品所不可替代的，因而愿意为此支付较多的钱。
③ 消费者有求新、猎奇、追求名望、好胜攀比等心理，为了满足这些心理需要，心甘情愿地为自己所喜欢的商品支付更多的钱。
④ 给出消费者能够理解并从心理上接受价格上涨的原因，并且能够容忍因价格上涨带来的家庭生活消费支出的增加。

3．准确地把握提价时机

为了保证提价策略的顺利实现，提价时机的选择非常重要。

① 商品在市场上处于优势地位，不会出现因提价而造成市场份额缩小的局面。
② 商品刚上市时采取低价渗透策略，现在商品已进入成长期。
③ 季节性商品达到销售旺季。

项目 8
商品价格与消费心理分析

④ 竞争对手率先提价。

总之,提价应掌握好时机,提价后可能会出现大批消费者转向其他品牌,以及分销商因此放弃本企业商品的局面,这就给竞争对手抢占市场提供了可乘之机。如果企业提价失败后想再恢复原价,后果将更加严重。

4. 提价幅度

提价的幅度不应过大。幅度过大,会损失一大批消费者。但是提价幅度并没有统一的标准,一般视消费者的价格心理而定。国外一般以 5%为提价幅度界限,人们普遍认为这样的提价幅度在消费者的心理承受范围之内,企业应尽可能避免大幅度提价情况的出现。

5. 提价原则

在提价技巧与方式的选择上,有直接提价和间接提价两种,直接提价就是按一定比例提高原有商品的标价,间接提价就是商品的市面标价不变,通过产品本身的变动,实际上提高了商品的价格。企业通常的做法是更换产品型号或种类变相提价,这种方法多用于家用电器,如减少一些不必要的产品功能等;另外一种是减少商品数量而价格不变,这种方法多用于食品,如减少食品净含量。企业应尽可能多采用间接提价,把提价的不利因素减到最少,使提价不影响商品的销量和利润,而且能被消费者接受。

为使消费者接受上涨的价格,企业应针对不同的提价原因,采取相应的策略。这些策略包括通过各种渠道向消费者说明提价原因,做好宣传解释工作;组织替代品的销售;提供热情周到的"增值服务",尽量减少消费者的损失等,以求得消费者的谅解和支持,提高消费者的信心,刺激消费需求。

【营销示例】

如何使提价不引起公愤

1990 年,伊拉克入侵科威特的 24 小时内,美国的汽油价格猛涨——无铅汽油的平均零售价从 8 月 1 日起每加仑上涨 1.7 美元。美国民众惊呆了。应该承认,美国汽油公司主要依赖伊拉克和科威特。但所有人不明白为什么油价会立即上升。他们想知道的是:"在石油供应良好的情况下,这是为什么?"石油公司事后的解释说明了这一点,即远期市场的贸易使得石油价格上涨。这种迅速涨价引起了人们的不满。

这种情况给我们提供了面对成本短暂暴涨时的"三点不要"和"两点要做"的启示。

① 不要忘记任何一次价格上涨必须存在公正的意义。例如,因为战争的爆发而导致价格的上涨似乎并不公正。消费者痛恨那些发战争财的人。

② 不要违背"事前通知"原则(即在事情变化前,先让消费者知道)。消费者期望在涨价前被通知,以便他们事先有所准备,例如,事先多买一些以减少冲击。

③ 不要在事后才向消费者做出合理的解释。在伊拉克入侵科威特以后,石油公司的价格牌上写着:"你无可奈何,但将多付一些钱。"最好的方式是用通俗易懂的字眼解释价格上涨的原因。

④ 学会使用不引人注目的价格策略,在顾客们意识到价格上涨之前,将以前免费提供的服务改为收费服务等。

⑤ 采用合同或投标条款调整价格。这种政策使你能按事先制定的规则自动地涨价。其目的是把因成本上升而带来的风险，以一种消费者预先有心理准备的方式转嫁给消费者。调价的基础必须以简单的数据为依据，如被公认的国民价格指数。由原材料供应商导致的原材料价格上涨也可作为解释价格上涨的理由。

总之，商品提价要充分考虑消费者的心理承受能力，提价幅度应与消费者对商品的价格心理基本相符。只有这样，商品提价才会被消费者所接受。

项目总结

1. 在市场经济条件下，价格是商品交换的产物，产品价格是消费者衡量产品价值和产品品质的重要标准，也是直接关系到消费者切身利益的敏感因素，产品价格的高低直接刺激着消费者的消费行为。产品价格对消费心理的影响主要体现在价值与品质的比较功能、消费者社会地位和经济地位的象征、影响消费者的需求。

2. 新产品价格制定的依据：撇脂定价依据、渗透定价依据、满意定价依据等。

3. 一般商品价格制定的依据：习惯定价、声望定价、尾数定价、整数定价、分档定价、折扣定价、招徕定价等。

4. 企业若要对商品进行降低价格的调整，需要注意以下几方面：降价原因、降价条件、降价时机、降价幅度、降价原则、降价技巧等。

5. 企业如果要提高产品价格，消费者通常会对商品提价持消极的心理反应，从而影响商品在市场上的销售。商品提价需要注意以下几方面：提价原因、提价条件、准确地把握提价时机、提价幅度、提价原则等。

项目实训

【知识挑战训练】

一、单项选择题

1.（   ）是指在经济运行过程中，消费者对未来一定时期价格水平变动趋势和变动幅度的一种心理估测。

    A．价格预期心理　　　　　　　　B．价格攀比心理
    C．价格观望心理　　　　　　　　D．倾斜与补偿心理

2.（   ）不是消费者价格判断的方法。

    A．与同类商品的价格进行比较
    B．与同一售货区中的不同产品价格进行比较
    C．通过物价指数进行比较
    D．通过商品的品牌、外观、包装等进行比较

3.（   ）是产品进入成长期的消费者心理行为的特点。

    A．求新、求异　　　　　　　　　B．好胜、追赶时尚

项目 8
商品价格与消费心理分析

  C．随和、从众   D．落伍、甘于守旧

4．（ ）是指产品销售以稳定价格和预期销售额的稳定增长为目标，力求将价格稳定在一个适中水平上。

  A．撇脂定价策略   B．渗透定价策略
  C．折扣定价策略   D．适中定价策略

5．（ ）也称为付款折扣，是指企业根据消费者支付货款的期限给予一定的价格折扣的。

  A．撇脂定价策略   B．渗透定价策略
  C．折扣定价策略   D．适中定价策略

二、多项选择题

1．产品价格对消费心理的影响主要体现在产品价格（ ）。
  A．具备值质比较功能
  B．是消费者社会地位和经济地位的象征
  C．满足炫耀
  D．影响消费者需求

2．新产品价格制定的依据为（ ）
  A．撇脂定价   B．渗透定价
  C．满意定价   D．尾数定价

3．一般商品价格制定的依据（ ）
  A．习惯定价   B．尾数定价
  C．整数定价   D．分档定价
  E．折扣定价   F．招徕定价

三、简答题

1．产品价格是如何影响消费者的消费心理与消费习惯的？
2．消费者对价格的消费心理表现是什么？
3．什么情况下可以采用撇脂定价的策略？理由是什么？
4．什么情况下可以采用渗透定价的策略？理由是什么？
5．试述价格调整是怎样影响消费者的。
6．简述产品提价的策略。

四、案例分析题

【案例】

免费喝啤酒的促销智慧

  青岛客来酒店是一家大型的中高档肥牛火锅店，经营状况可以用"中规中矩"来形容。然而这几年，特别是夏天，该酒店却面临着非常严峻的市场形势。

1．通货膨胀形势下，消费趋于保守，营业额出现萎缩

  在通货膨胀的大背景下，居民消费趋于保守。捂紧钱包，对价格敏感是目前居民消费的主要特征。许多企业的商品销售结构出现了明显的变化：高价位商品的销售量下降比较快，低价

消费心理与行为学

位商品的销售量明显上升。酒店消费同样出现了这样的趋势。

2．夏季并非火锅的旺季

消费者都明白，肥牛+涮羊肉这样的火锅，更适合冬天进食。夏季吃火锅，几十个人挤在一个大厅里，即使有空调，也会感觉很不舒服。

3．夏季扎啤摊的扎啤消费对本地中档酒店冲击非常明显

青岛是一座啤酒之城。每年一到5月，啤酒屋、扎啤零售点就会遍布整个城市。海鲜来料加工、小菜、新鲜的扎啤，这是青岛人非常惬意的夏季生活。凡是路边的饭店、酒店都会在店面门前的街边上摆出桌椅，烧烤、炒菜、扎啤，整个城市是一个不夜城，放眼望去，蔚为壮观⋯⋯再加上每年一届的青岛啤酒节，可以说，一到夏天，整个青岛都成了扎啤的世界。

然而，就是在如此严峻的市场环境下，青岛客来酒店的生意却异常火爆，周末高峰期甚至出现了排号现象，晚上平均可以翻台1~2次。究竟是什么让这家中规中矩的酒店"逆势上涨"呢？

这家酒店的生意突然火爆，主要是采取了"免费喝啤酒的促销策略"。

4．免费喝啤酒策略的第一杀伤力—想不到的实惠

在该酒店的橱窗上，拉着一条醒目的条幅：崂山啤酒免费喝，不限量！青岛居民都很清楚，崂山啤酒在青岛的零售价为4元/瓶。在酒店，崂山啤酒一般要卖到5~6元/瓶。和其他酒店相比，同样喝崂山啤酒，一瓶啤酒直接就可以节省5~6元。所以，免费喝崂山啤酒，其中的实惠对于青岛消费者来说是显而易见的。

5．免费喝啤酒策略的第二杀伤力—你实惠，我赚钱

免费喝啤酒，这家酒店会不会赔？答案是否定的，酒店不但不会赔，而且会赚个盆满钵满。该酒店如果从经销商处进货，一瓶崂山啤酒的进货价格在2.3~2.5元，而如果直接从厂家进货，价格还会更低。如果按2.3~2.5元的进货价格计算，那么，客人每喝一瓶酒，酒店就要净"赔"2.3~2.5元。假如一桌客人喝了10瓶酒，那么这桌净"赔"23~25元。可是有一个关键的因素，就是单桌菜金与酒水的消费比例与整个酒店菜金与酒水的消费比例。经调查发现，家庭、情侣、2~4人的用餐者是该酒店活动期间的核心消费群。这些消费者每桌的菜金消费额平均都在200~300元。就以最低消费200元计算，如果这桌客人喝了10瓶啤酒，消费了200元，酒店看似净"赔"23~25元，而实际上只相当于打了八几折。但在正常情况下，该酒店经常打9折。

6．免费喝啤酒策略的第三杀伤力—在通货膨胀形势下，为消费者节省了开支

通货膨胀只不过使消费的总体支出压缩了。一家三口去聚餐，消费10瓶崂山啤酒，正常价格需要50~60元，那么，来这家酒店消费就可以节省50~60元，起码来回打车的费用节省了下来。同时，如果是比较正式的请客，来这家酒店首先不存在"档次不够"问题。在包厢、菜品、环境等方面完全可以给足主人面子。

该酒店免费喝啤酒策略的应用，显然是经过了科学分析的，而其成功的关键在于深刻、准确地把握了消费者的消费心理。

项目 8
商品价格与消费心理分析

问题讨论：
（1）针对以上现象，请解释"免费喝啤酒"活动使用了哪些价格策略？
（2）现实生活中还存在着哪些类似的定价方式？

【案例】

积聚价格势能，销售水到渠成

2009 年至 2010 年，"锦城现象"一直是广州房地产行业内外都十分关注的热门话题。几度发售，锦城花园都迎来了"买家潮"，销售热浪一波强过一波，在房地产行业趋于疲软的状态下，取得了令无数开发商羡慕的销售业绩。而其令人津津乐道的关键的成功因素，应该是开发商对价格策略的巧妙运用，即"提升心理价位，积聚销售势能"，迅速占领市场制高点。锦城花园推入市场的时候，别墅豪宅一类的楼盘销售正处于一片萧条的困境，偏偏锦城花园又是作为新一代的豪宅推向市场的，其销售阻力可想而知。如果没有好的营销方式作为引导，一招不慎就可能满盘皆输。为此，开发商确定了价格策略作为营销指引后，在项目设计、规划配套和推广手法上下了很多工夫，力图由此抬高消费者的心理价位，然后以远低于其心理价位的价格将豪宅推向市场，以形成巨大的销售势能，从而使销售水到渠成。

针对如何提高消费者心理价位的问题，开发商做了大量的工作。

① 楼盘的设计独特且具超前意识，房屋内部典雅大气，外形华美富丽，兼具古典与现代美。

② 在环境与配套设施上，小区绿化率超过 20%，楼宇都环绕中心花园而建，绿意盎然、环境优雅。小区内商场、小学、生活娱乐设施一应俱全。

③ 现代化的物业管理，小区内不但具有完备的硬件保障设施，而且拥有一支现代化、高水准的物业管理队伍，为业主提供全方位、全天候服务。

④ 在品牌形象包装上，开发商力图使小区成为 21 世纪都市家居生活的典范，在买家心中形成良好的印象。

通过各种手段，在楼盘被正式推向市场前，开发商已经不声不响地将小区档次提升到了一个非常高的位置，根据对消费者心理价位的调查，大家都认为锦城花园价格完全有可能达到每平方米 2 万元以上。不料，就在大家没有一点思想准备的情况下，发展商冷不防抛出一个每平方米 15000 元均价，与心理价格之间的差距达到 5000 元以上。一时间，锦城花园售楼部被潮水般涌来的买家挤得水泄不通，一连几次发售，都被一抢而空，在当时一片萧条的豪宅市场上掀起了巨浪。尽管后来锦城花园几次提价，但其销售业绩一直独占鳌头。

问题讨论：
（1）锦城花园营销成功的原因有哪些？
（2）心理价位对消费者进行价格判断有什么影响？

参考答案

技能实训

技能实训 8.1　商品价格与消费心理分析

利用课余时间到超市进行快消品价格调查,观察快消品定价情况,不同品牌同一类型的商品定价有什么不同,消费者购买行为有何不同,分析不同品牌同一类型的商品定价策略有何不同,写一份产品价格策略报告,字数不少于 1500 字。

1．实训目的

通过本次实训,使学生明确产品价格对消费心理与行为的影响。

2．实训内容

利用课余时间到超市进行快消品价格调查,观察快消品定价情况,不同品牌同一类型的商品定价有什么不同,消费者购买行为有何不同,分析不同品牌同一类型的商品定价策略有何不同,写一份产品价格策略报告。

3．实训材料

相关图书、教辅、计算机、纸张、笔、投影仪等。

4．实训步骤

① 全班学生自由分组,每组 6~8 人。
② 各组分别进行集体讨论,明确组内分工。
③ 按照分工进行资料收集、整理、讨论并记录讨论结果。
④ 整理观察记录,形成报告。
⑤ 各组将资料制作成一个 PPT,选一名代表展示工作成果。

5．成果与检验

认识消费心理与商品定价策略的效果评价参考表,见表 8-1。

表 8-1　认识消费心理与商品定价策略的效果评价参考表

序号	评价内容		分值（分）	实际得分（分）
1	实际操作	明确记录不同品牌同一类型的商品定价	30	
		购买时间、数量清晰,购买对话记录详细	20	
2	分析报告	能够对记录的内容进行恰当整理与分析,形成产品价格策略报告	20	
		制作 PPT,图文并茂,内容翔实	10	
		汇报大方从容,内容全面	20	
	合计		100	

评价说明如下。

① 每组学生的成绩由两部分组成:实际操作（50%）和分析报告（50%）。
② 实际操作主要考查学生观察的过程以及收集资料、整理资料的能力。
③ 产品价格策略报告主要考查学生根据信息资料分析得出的结论与建议的合理性,并将报告制作成 PPT 进行汇报的能力。

项目 9

分销渠道与消费心理分析

营销名言

企业应该全力以赴地发现分销渠道，分销渠道越多，企业离市场越近。

——菲利普·科特勒

学习目标

专业能力目标

- 了解分销渠道结构。
- 掌握消费者行为与分销渠道成员选择。

方法能力目标

- 能根据消费者心理与行为需要设计合适的分销渠道结构。
- 能根据消费者心理与行为的特点，选择合适的分销渠道成员，如批发商、零售商。

社会能力目标

- 培养学生对企业市场营销活动的观察和分析能力，提高学生对市场渠道的认识。

消费心理与行为学

感受营销

视频（买裙子的故事）

（资料来源：https://www.icve.com.cn/.）

项目实施

任务 9.1　分销渠道结构与消费心理

学习目的

学习任务	进行分销渠道结构设计影响消费心理的讨论	
要　　求	1. 收集各行业产品分销渠道的资料 2. 选择一到两个行业，讨论其分销渠道的结构及消费群体特征 3. 分析分销渠道的结构设计对消费心理的影响	
应具备的知识	分销渠道结构设计的基本知识	
应具备的能力	收集信息的能力、信息分析的能力	
质量标准	评价项目	分值（分）
	1. 收集到的信息应具有真实性、普遍性	20
	2. 分析情况应以收集的信息为依据，不能脱离实际情况	40
	3. 分析时要有逻辑，思路清晰	40

案例导入

李宁公司的分销渠道职能设计及协调

电子网络技术极大地满足了消费者"足不出户，购遍天下"的需求，同时也改变了原有渠道成员之间的合作方式。为了更好地提升客户体验，提升渠道的竞争优势，李宁公司对其网络渠道和传统渠道职能进行了重新设计及协调，重点把握了以下几点。

① 对所销售的商品进行区分。李宁公司在线下各专卖店的销售以正价新品为主，而专门的打折店以销售库存产品为主。网上商城主要以正价新品的推荐和限量商品为主，包括明星签名的商品，这些商品瞄准的是少数消费者，而淘宝上的网店则进行一部分库存商品的销售。

② 保持网络渠道和传统渠道产品价格的一致性。李宁公司把各种网店纳入自己的价格体

项目 9
分销渠道与消费心理分析

系。在 B2C 方面，李宁沿用地面渠道与经销商的合作方式，与网上的 B2C 平台签约授权李宁的产品销售；在 C2C 方面，李宁虽没有与之签订正式的授权协议，但通过供货、产品服务及培训等优惠条件，将其纳入自己的价格体系。

③ 及时整顿网络渠道和传统渠道。为了协调好网络渠道和传统渠道之间的关系，李宁公司对很多网店及传统渠道进行了一次整顿，目的是杜绝线下经销商、制造商的违规供货。

（资料来源：李晓颖，黄晓羽．消费心理实务．2013．）

想一想

李宁公司为什么要对分销渠道职能进行重新设计和协调？

参考答案

任务实施

9.1.1 分销渠道的概念及类型

随着社会经济的不断发展，特别是市场流通领域的日益繁荣，消费者在选择购买场所、购买方式和商品的时候，也有了更多的余地。广大消费者更加注重销售方式的方便、快捷。因此，企业在设计销售渠道和选择具体的销售场所等方面，应从消费者的心理特点出发，为他们提供方便、快捷的销售方式。

分销渠道是指商品从企业流转到消费者手中所通过的途径或环节，或者是指在企业将商品传递给最终消费者的过程中所使用的各种中间商及实体分配机构的总和。分销渠道的重要组成部分是各级中间商，他们在商品分销中发挥着重要的作用，主要包括批发商、代理商和经纪商、零售商。

1. 分销渠道的长度

分销渠道的长度是指从生产商到最终消费者之间所经过的渠道层次的数目。

（1）按照中间商的数量多少划分

① 零级渠道。生产企业—消费者。零级渠道是指制造商直接将商品销售给最终用户，中间不经过其他环节，也称为直接渠道。它是分销渠道中最短的、最直接的渠道结构，主要形式有上门推销、邮寄、电话推销、电视直销及网上销售等。

② 一级渠道。生产企业—零售商—消费者。一级渠道是指制造商在开展商品的分销过程中引入且仅引入一个中间商。对于生活消费类产品而言，其中间商通常就是零售商；对于生产资料类产品而言，其中间商通常是代理商或者经销商。随着分销渠道的扁平化，以前只在生产资料流通领域中被采用的一级渠道日益受到重视，在消费品的渠道设计中也往往被采用，如服饰、餐饮、文化等领域。

③ 二级渠道。生产企业—批发商—零售商—消费者。二级渠道包括两级中间商的渠道，这两级中间商大多由批发商和零售商组成。这种渠道形式在日常消费品的流通中被广泛运用。例如，某洗衣液制造商在某个区域市场中选定一家批发商，由批发商向零售商分销，再由零售

商销售给最终消费者。

④ 三级渠道。生产企业—代理商—批发商—零售商—消费者。三级渠道是指包含三级中间商的渠道。一些消费面宽的日常用品，如零食、洗护用品，需要大型零售机构进行分销，其中许多小型零售商通常不是大型批发商的服务对象。对此，需要在批发商和零售商之间增加一级专业性经销商，为小型零售商服务。

对于制造商而言，渠道级数越多，越难进行控制，与消费者的信息沟通耗时耗力；对于消费者而言，渠道级数越多，获得的渠道服务水平也越高，商品的价格也越高。

【知识拓展】

长渠道与短渠道的区别

为分析和决策的方便，有些学者将零级渠道与一级渠道定义为短渠道，而将二级渠道、三级渠道及以上渠道定义为长渠道。很显然，短渠道比较适合于在小区域市场范围内销售产品或服务；长渠道比较适合于在较大区域市场范围内和更多的细分市场销售产品和服务。长渠道和短渠道的优点和缺点如表 9-1 所示。

表 9-1　长渠道与短渠道的区别

渠道类型	优点及适用范围	缺点及基本要求
长渠道	市场 M 覆盖面广，厂家可以将中间商的优势转化为自己的优势，减轻厂家的成本压力	厂家对渠道的控制程度较低，增加了服务水平的差异性，加大了对中间商进行协调的工作量
短渠道	厂家对渠道的控制程度较高，专用品、时尚品及消费者密度大的市场区域较为适宜	厂家要承担大部分或者全部渠道功能，必须具备足够的资源；市场覆盖面较窄

（2）按照是否有中间环节划分

① 直接渠道。直接渠道是指没有中间商参与，产品由生产商直接销售给最终消费者的渠道结构。采用直接渠道的情形有以下几种。

a. 一些大型、专用、技术复杂、需要提供专业服务的产品最适合采用直接渠道。

b. 需要直接向消费者介绍产品的性能、特点和使用方法的产品比较适合采用直接渠道。

c. 需要对渠道成员有较高程度的控制时，宜采用直接渠道。

d. 需要降低产品流通成本，掌握价格的主动权，积极参与竞争时，宜采用直接渠道。

② 间接渠道。间接渠道是有中间商参与，公司和中间商共同承担渠道任务。采用间接渠道的情形有以下几种。

a. 日常生活用品、快速消费品、少数应用广泛的工业品最适合采用间接渠道。

b. 企业需要扩大产品流通范围，提高市场覆盖面和占有率时，宜采用间接渠道。

c. 制造商资金有限、需要将精力用于生产，对渠道控制程度不高时，宜采用间接渠道。

2. 分销渠道的宽度

营销渠道的宽窄，是以渠道的横向联系来考察的，即在渠道的某一层次上使用同种类型中间商数目的多少，构成渠道的宽度。一般的分类标准是指商品生产者在某一特定目标市场某一层级上（如批发商或零售商）的数量。选择两个及以上中间商销售本企业的产品的称为宽渠道，只选择一个中间商销售本企业产品的称为窄渠道。

根据同一层级分销渠道中的中间商数量,可以划分为三种不同宽度的分销渠道。

① 独家分销渠道。独家分销渠道是指企业在某一目标市场中仅选择一家中间商经营本企业的商品,双方签订独家经销或总经销协议来保证彼此的权利和义务。此种分销渠道适用于新产品、名牌产品和产品特异性强的产品的销售。

② 广泛分销渠道。广泛分销渠道是指企业通过众多的中间商把产品送到消费者手中。经销网点越多越好,力求使产品的覆盖面广泛,方便消费者就近购买。此种分销渠道适用于价格低、产品差异性小的日常消费品的销售。

③ 选择分销渠道。选择分销渠道是指企业在某一目标市场,挑选几家规模合适、信誉较好的中间商,以特约经销的方式或代销的方式建立长期的合作关系,此种分销渠道适用于耐用消费品的销售。

9.1.2 分销渠道与消费者的消费心理分析

1. 影响分销渠道选择的因素

对于企业来说,产品质量再好,价格再合理,但如果没有通畅的分销渠道,产品的市场销量必然大受影响。如何选择合适的分销渠道关键是要从消费者的角度来考虑,根据消费者在不同方面的要求来选择适宜的中间商和中间环节。一般来讲,消费者对产品分销渠道的不同要求,很大程度上与产品的使用或消费频率、产品价格、产品体积、配套的售后服务等多方面因素相关。

① 消费者密集程度。如果目标市场的消费者进行消费的地点比较集中,企业可在消费地点设立门市部或者派出销售代表上门推销,建立直接渠道,面向消费者销售产品。如果目标消费者数量不多且分散,可以采用邮寄产品目录、电话推销或者采用较短且窄的间接渠道销售产品。如果消费者数量较多而且消费地点分散,则需要采用较长且较宽的间接销售渠道。

② 消费者购买批量大小。购买批量是指分销渠道许可消费者购买商品的最小单位。消费者如果每次购买商品的数量较多,就可以得到数量折扣和商家给予的优惠,因而购买单位商品的价格相对较低,符合消费者求廉、求实的心理。因此,消费者购买量大,多采用直接渠道;购买量小,多采用间接渠道。

③ 消费者购买频率。如果消费者购买频率低,采用直接销售渠道所需投资较少,能明显减少中间环节费用;如果消费者购买频率高,则适合采用间接销售渠道。

④ 潜在消费者的数量。如果潜在消费者多,市场范围大,需要中间商提供服务来满足消费者的需求,宜选择间接的长而宽的分销渠道;如果潜在消费者少,市场范围小,生产商可采用短而窄的直接渠道。

⑤ 消费者的购买习惯。有的消费者喜欢到厂家直销点购买商品,有安全感。有的消费者喜欢选择空间大,将购物看作一种娱乐享受,一般到百货商店、超市等大卖场进行购物。因此生产商既要采用直接渠道,也要采用间接渠道,这样不仅能满足不同消费者的需求,而且还能增加产品的销量。

⑥ 产品特性。价值高的产品适宜采用短而窄的渠道;反之,宜用长而宽的渠道。技术复杂性强,需要售后服务的产品宜用短而窄的渠道;反之,宜用长而宽的渠道。此外,体积大或重的产品宜用短而窄的渠道。

消费心理与行为学

【营销示例】

如何选择销售渠道

请根据下列产品的特点和消费者的要求，选择销售渠道：啤酒，电视机，计算机。

① 啤酒。其产品特点和消费者的要求是价格低，消费频率高，购买随意性强，品牌转换率低，消费者分布广泛。可采用广泛分销渠道，重点挑选市场渗透力强的批发商和代理商；不计销售渠道长短，力求经销网点越多越好，覆盖范围越广越好。

② 电视机。其产品特点和消费者的要求是产品价值大，选择性强，重视质量保证，要求有"三包"的服务承诺，有服务质量要求。可采用选择分销渠道，要求批发商具有一定的实力和市场占有率；主要挑选大型百货商店或家用电器专卖店，在市场容量达到一定规模时，设立直销店。

③ 计算机。其产品特点和消费者的要求是专业性和特异性强，产品价格高，重视质量保证，要求安装服务和终生维护。可采用选择分销策略或独家经销，要求零售商备有专业销售人员和服务人员，尽量缩短中间环节，主要挑选计算机专业经销商店、大型商场、计算机产品专业市场和配套市场等。

2. 终端销售点的选择原理

终端销售点是指商品离开流通领域，进入消费领域的发生地。对于消费品而言，它是零售地点，对于生产商而言，它是送货站。终端销售点是企业实现自己经营目的的前沿阵地，产品能否销售出去及能否最终实现理想的经济效益，都直接与终端销售点的选择和经营有关。因此，作为渠道管理的第一步就是选择最符合企业产品或服务特点的终端销售点，然后通过有效管理实现销售目标；否则，企业的前期社会劳动、资本投入等就不能得到有效回报。

进入 21 世纪后，消费者的消费需求呈现出新的特点：消费需求的个性化、多样化和层次性。新的消费形式层出不穷，消费者的消费呈现出不确定性。因此，企业的终端销售点的选择也要考虑消费者的消费心理和消费行为的变化及其规律性，从而有的放矢地做出自己的选择。终端销售点的选择主要取决于以下几点。

① 目标顾客的选择。商品在进入市场前，企业首先要进行市场细分，选择目标市场，即目标消费群体，这是市场营销者必须首先明确的。只有决定了谁是目标消费者，才能清楚目标消费者会有什么需求、需要什么商品，进而弄清楚在何时、何地向目标消费者销售其所需要的商品。在商品分销活动中，也必须首先确定目标消费群体。根据目标消费者需要商品的时间，在合适的时间销售商品；根据目标消费者需要发生的地点来决定在哪里销售商品；根据目标消费者的需要，为其提供合适的商品。

② 终端销售点的选择。选择终端销售点，就是根据目标消费者的需要来组织商品分销的一种活动，就是打破过去那种"姜太公钓鱼，愿者上钩"式的漫无目标的销售方式，把商品送到消费者最愿意光顾、最容易做出购买决定的地方去销售，让消费者能够及时、方便地购买到所需商品。选择合适的终端销售点，对于提高商品销售量具有重要的意义。通常消费者的需要具有明显的时效性，只有在需要发生的时候，人们才有强烈的购买欲望。如果所需商品能够就近、方便地购买，消费者的需要就能够及时得到满足。由于消费者需求的个性化、多样化，终端销售点的选择也要考虑消费者的消费心理特点。对终端销售点的选择主要取决于四个方面：一是消费者对消费地点便捷性的要求；二是消费者愿意光顾并做出购买决定的场所的要求；三

项目 9
分销渠道与消费心理分析

是树立商品形象的地点的要求等。这些要求具体反映在终端销售点的选择中，要求生产商根据目标市场的特征、企业自身的经济实力、产品特点、公关环境、市场基础等特点，以及企业外部的市场环境、竞争状况、市场购买力水平等因素，经过综合权衡，选择出直接面向消费者的销售点。

3. 终端销售点的选择依据

终端销售点的选择主要依据以下几方面。

① 根据消费者的收入和购买力水平来选择。购买力水平是"市场"的重要构成要素之一。消费者的购买力水平的高低，不仅影响某种商品的购买量，还影响消费者购买商品的档次。大部分消费者的购买力由其个人收入来决定，因此也可以说，收入水平的高低是指导企业确定目标消费群体、指导企业选择终端销售点的重要依据。企业在选择终端销售点时，必须考虑到不同地方的个人可支配收入的水平。

② 根据目标消费群体出现的位置来选择。如果让消费者一旦产生需要就能够方便地购买到所需商品，则意味着"商品必须跟踪消费者"，不论消费者出现在哪里，满足消费者需要或购物欲望的商品就要同时出现在哪里。这就要求企业营销部门认真研究目标消费者可能的活动范围，及在每个地方他们可能产生的需要和购买欲望是什么。

③ 根据消费者的消费心理来选择。不同消费者的购买兴趣、关注因素、购物期望等是不同的。消费者的消费心理直接影响到他们的消费行为。因此，如果不考虑消费者在一定条件、时间和地点下的消费心理，盲目选址，往往会产生不良的效果；相反，合理的商业网点布局，准确的市场定位，是能够吸引众多消费者的。消费者不同的消费心理与最终销售点的关系表现如下。

a. 重质量心理。持有这种心理的消费者在购物时的第一决策依据是商品的质量，因此对某些家电产品、化妆品等最佳销售地点为家电连锁店、百货商场，这些地方能给消费者以放心、货真价实之感。

b. 重品牌心理。有这种心理的消费者非常重视商品的品牌。这些品牌经销的最佳终端销售点是专卖店。

c. 重价格心理。持有这种消费心理的消费者在购物时最看重的是商品的价格，他们对价格十分敏感，在选购商品时，他们会在同类商品的价格比较中做出选择。通常情况下，打折的、优惠的商品他们会优先考虑，因此各种平价超市、批发市场是他们购物的首选之地。这也是一些连锁超市、小商品批发市场经常顾客盈门的原因所在。

d. 重便利心理。持有这种消费心理的消费者在购买饮料、报纸杂志、小商品、油盐酱醋等生活用品时，追求方便、省时省力的心理十分突出，所以，他们一般会就近消费。因此，以销售这些日常消费品为主的社区的便利店十分受人欢迎。

e. 重服务心理。消费者一般对于耐用消费品，特别是家用电器、汽车、计算机等商品，在购买时不仅注重品牌、质量、价格等因素，更看重这些商品的整体服务水平。因此，生产这类商品的企业应选择能提供一定服务，并有良好声誉的终端销售商来销售自己的产品，或者为终端销售商提供一定的技术支持、技术培训，使之能够胜任销售工作。

④ 根据消费者对商店的感知与认知来选择。商店的外观设计，店内硬件配套设施及先进程度，商品的摆放，销售人员的衣着、谈吐、工作态度，商家所采用的促销手段等，都会影响每位前来购物的消费者。而这些因素的整合，决定了终端销售点的选址成功与否。

消费心理与行为学

【知识链接】

不同商品的色彩要求

不同商品的色彩要求也不同。食品很多是黄色的，如面包、糕点等，故黄色常作为食品销售柜台的主色调。但是，如果黄色面积比例过大，会令人反感，使用时应注意以明黄、浅黄为主，同时避免大面积、单一使用。

珠宝首饰、钟表、玉器等商品的陈列柜台适合以紫色为基调，给人以庄严、高贵、典雅的感觉，使人产生一种高级感。

色彩与季节也有关，在炎热的夏季，商场的环境布置以蓝、绿、紫等冷色调为主，使消费者产生凉爽、舒适的心理感受。而冬季则宜以红、棕、黄等暖色系装饰，给消费者以温暖、热闹的感受。

练一练

色彩对消费者的心理产生影响，试述各种颜色使人们产生的不同的心理感受。

任务 9.2 分销渠道的选择与消费心理分析

学习目的

学习任务	进行分销渠道选择的讨论
要　　求	1. 了解批发商和零售商的不同特点 2. 选择一到两个行业，讨论其批发商和零售商结构及消费群体特征 3. 分析如何根据消费群体特征进行分销渠道的选择。
应具备的知识	消费与消费者、心理与心理学、分销渠道的选择等基础知识
应具备的能力	收集信息的能力、整理信息的能力、分析信息的能力
质量标准	评价项目	分值（分）
	1. 信息真实可靠	20
	2. 以事实为依据，高效筛选、分析、整理信息	20
	3. 分析时要有逻辑，思路清晰	40

案例导入

沃尔玛转型求生

自 2017 年 3 月起，沃尔玛连续两个月先后关闭长沙高桥店、北京望京店等 11 家店面，此举并不多见，反映了实体零售商转型的痛苦。首先是日益增长的各类成本使得大型卖场的盈利大幅下降,沃尔玛的亏损并非特例,其同行卜蜂莲花等也遭遇亏损困扰。

其次是电商冲击。在一家大卖场内,会有一部分高毛利商品,这是其利润的主要来源。经营者会拿出一部分低毛利甚至负毛利商品来吸引顾客,但因为仰仗高毛利商品的收益,整体还可以平衡。然而电商的出现,对实体卖场的高毛利商品,如进口食品等产生冲击,在线购物的价格整体比实体店便宜,失去了高毛利商品优势,实体零售业者想要盈利变得困难。

然后是市场竞争加剧,如实体商超最引以为傲的优势之一就是生鲜,如永辉超市就是以生鲜产品著称。然而,如今的盒马鲜生、易果生鲜、钱大妈等生鲜电商崛起,无疑大大冲击了传统超市卖场的生鲜销售。

此外,租约到期也是一大问题,沃尔玛、家乐福、麦德龙等大型零售商进入中国市场约20年,除了麦德龙,大部分卖场、超市都是租赁模式,而一般租赁合约15~20年,这几年这些场地陆续进入租约到期阶段,租金上涨是必然的,如果承受不起那就得关店了。

从企业策略角度看,一家门店经评估后,在盈利、前景方面不乐观,关店止损乃是公司节流之举。但光有节流是不够的,还需要开源。关店止损之后,实体零售企业应该想的是如何更好地继续开展业务。例如,马莎百货决定关闭中国内地市场所有门店后,其依旧以在线形式在中国内地市场中占据一席之地。曾经也经历过关店的家乐福则在中国市场试水"小而美"的便利店业态。刚刚进入中国市场的德国折扣零售商奥乐齐甚至破天荒地不开实体店,直接以电商模式开展业务。沃尔玛也并没有闲着,根据计划,2018年沃尔玛将开设30~40家新店,其中包括大卖场和山姆会员店,同时将升级50家现有门店。而在与京东合作后,沃尔玛也在寻求电商方面的发展机会。对于沃尔玛等实体零售商而言,关店仅仅是为企业减少损失,而企业的发展更需要其在战略上继续前进,关店未必是坏事,开店也未必是好事,关键在于实体零售商如何减少不良门店的开设,以及如何增加优质门店。

想一想

在"互联网+"背景下,消费者的消费渠道选择更加多样化,传统实体零售商如何提高核心竞争力?

参考答案

9.2.1 批发商与消费心理

批发是指供转售、进一步加工或更换商业用途而进行批量销售商品的商业行为。批发商是指从制造商处购进产品,然后将其转售给其他批发商、零售商或各种非营利性组织,一般不直接向个人进行销售的商业机构。批发商处在分销起点和终点之间,一方面它向制造商购买产品,另一方面它又向零售商分销商品,并且是按批发价格经营大宗商品。其业务活动结束后,商品一般不进入生活消费领域,而是仍处于流通领域中。

1. 批发商的类型

(1)制造商的批发商

制造商的批发商一般是指制造商自设的批发机构或由其注资、实际控制的批发机构。制造商自设批发机构，常见于木材、汽车设备和配件等。分销机构承担征集订单、储存、运输等业务，而销售办事处只是收集传递订单的公司职能部门。

（2）独立批发商

独立批发商是指批发商自己进货，取得商品所有权后再批发售出的商业机构。按经营商品的范围来分类，独立批发商可分为三种类型。

① 一般商品批发商。一般商品批发商是指经营一般的商品，而且经营商品的范围比较广、品类繁多的独立批发商。其下级客户主要是普通商店。工业品的一般商品批发商是工厂的供应商，经营品种规格繁多的附件和供应品。

② 单品类商品批发商。单品类商品批发商所经营的商品一般只限于某一类商品，同时，还经营一些与这类商品密切关联的互补商品或替代商品。

③ 专营批发商。专营批发商是指专业化程度较高，专门经营某一类商品中的某种商品的独立批发商。专营批发商的客户主要是专业商店。工业品的专营批发商一般都专门从事需要有技术知识或服务的工业用品批发业务。按功能或提供的服务是否完全来分类，专营批发商又可分为完全功能批发商和有限功能批发商。完全功能批发商拥有批发商的全部功能，为制造商和购买者提供全面的功能服务，如提供存货、销售团队、消费者信贷、负责送货及协助管理等。有限功能批发商则只执行批发商的一部分功能和提供一部分功能服务。例如，邮购批发商主要采取邮购方式经营批发业务，其客户是边远地区的小零售商等；直运批发商从顾客（包括其他批发商、零售商、用户等）处取得订单，向制造商进货，并通知制造商将货物直运给顾客，所以直运批发商不需要仓库，不会产生库存。

（3）代销商

代销商是指受制造商委托，与其签订经销合同，在一定市场区域内负责销售该制造商产品的中间商。制造商在商品售出后，按销售数量提取一定比例的佣金作为代销商的报酬。制造商使用代销商．一是为了开拓新市场，如有些制造商使用代销商开发某一区域市场，等市场销路打开、销售量达到一定水平后，再让自己的销售团队进驻该市场；二是为了代销商品，如有些制造商在某些地区的消费者较少，使用自己的销售人员从经济角度来讲并不划算，这时往往会使用代销商。

（4）经纪人

经纪人是指对商品没有实际的控制权，受委托人委托进行购销谈判的代理商。他们联系面广，手上有许多买家与卖家的信息。经纪人拿着产品说明书和样品替卖主去寻找买主，或者替买主去寻找卖主，促成买主与卖主完成交易。成交后，由卖主把货物直接运给买主，而经纪人向委托人收取一定的佣金。

一些农产品制造商往往在一定时期委托经纪人推销其产品，因为这些产品的生产和销售有季节性，制造商不愿意建立自己的固定销售团队，也没有必要与制造商、代理商或销售代理商等建立长期的代销关系。此外，有些制造商为推销新产品或开辟新市场，或者市场距离产地较远，也会利用经纪人推销其产品。

2．批发商的功能

（1）组织货源

随着生产与消费的高度分离，满足消费者需要的商品生产地距离其消费地已经越来越远，以至于消费地的渠道成员难以直接从生产地获得某些重要商品，而需要批发商从生产地采购商品。批发商根据市场需求选购商品，并将各种不同的商品进行搭配来组织货源，为零售商或其

项目 9
分销渠道与消费心理分析

他批发商节约商品采购与搭配的时间。

（2）仓储与运输

商品的生产与零售在时间与空间上是分离的，这就需要批发商进行商品的储备。批发商一般拥有自己的仓储设施可以将商品储存较长的时间，满足其下级客户在不同时间与空间上的需求。同时，批发商一般拥有自己的运输工具，承担着商品从制造商到批发商或批发商到零售商的运输，这样可以降低供应商和零售商在运输工具上的投入。

（3）融通资金

批发商进行批发活动时，既可以向生产商提供融通资金的便利，也可以向零售商提供融通资金的便利，主要表现在以预购商品的形式向生产商购进商品，以赊销商品的方式向零售商销售商品。这样既可为生产商提供再生产所需的资金，也可使零售商不至于因资金短缺而不能正常进货，有利于加快商品的流通速度。

（4）整买整卖

批发商一般通过整批购进货物，并通过自己的销售人员进行业务拓展，根据下级分销商的需要将货物整批批发出去，从而促进销售，并降低零售商的进货成本。一般来说，整买整卖功能是批发商最基本的功能。批发商是通过提高商品的销售量来赚取利润，而不是通过较高的商品差价来赚取利润。

（5）承担风险

商品在从生产领域进入消费领域的整个流通过程中，存在着各种流通风险，如商品损坏、变质、丢失等静态流通风险，还有市场经营环境变化引起的动态流通风险等，这些风险大多发生在库存期间或商品存储期间。批发商在组织商品流通过程中，主要承担商品库存任务，因此批发商要承担流通中的风险。

（6）传递信息

批发商在批发活动中，将收集起来的信息进行整理与分析，然后传递给生产商与零售商。对于生产商而言，批发商可以为其提供市场需求变化等方面的信息，作为他们制订产品开发、生产计划方面的依据；对于零售商而言，批发商可以为其提供新产品供应等方面的信息，作为他们采购、做出销售决策的依据。

3．批发商的消费心理

批发商通常具有购买量较大、购买对象比较稳定、购买频率比较均衡、理智性较强等特点，因而在购进商品时存在以下心理。

（1）低价

批发商主要通过走量来获取利润，其经营商品的利润率一般在5%以下。批发商有时为了赢得重要客户，甚至会减少某些产品的毛利，从而希望以较低的价格获得商品，而如果生产商适当降低其供应价格，对批发商的吸引力是相当大的。

（2）高质量

商品的质量高低对其销售情况的好坏有着直接影响。因此，批发商经营的商品的质量必须是有保证的，否则批发商将会遭遇其他分销商的退换货，甚至会引起冲突。为此，批发商不仅要求生产商的商品质量达标，而且其品质要保持稳定。批发商一般是从其经手的环节对商品的质量加以控制，如要求商品包装用材合理，坚固耐磨，在商品多次运输、装卸、保管过程中起到保护商品的作用。为此，生产商可为批发商提供高质量的包装，同时严控商品质量关，取得批发商的支持和信任。

（3）零风险

由于批发商拥有商品的所有权，购买规模较大，对商品进行自主经营，承担的风险也很大。因此，批发商会尽量规避风险。具体表现在其对交易方式的选择上，批发商对销售前景看好的商品，愿意采取经销方式。当某种商品有巨大的市场销售潜力时，批发商则希望获得该商品的总经销权，以获取该商品向其他经销商转批的垄断权；而批发商如果对自己销售的产品缺乏信心，则希望采取代理的方式，既不用承担经营风险，也不会占用资金。为此，生产商需根据批发商的心理，采取合适的交易方式。

（4）货源稳定

批发商的交易量大、次数少。因此，为保证正常的经营运转，批发商还非常注重生产商的供货能力，以及供货是否稳定。因为缺货会流失客户，从而给企业的声誉造成不良的影响。

9.2.2 零售商与消费心理

零售是将商品销售给最终消费者，以供个人或家庭消费的商业行为。零售商是指以零售活动为其主要经营业务的商业机构或个人，是制造商与消费者或批发机构与消费者之间的中间环节，发挥着重要的桥梁和纽带作用。

1．零售业态的类型

（1）超级市场

超级市场是以顾客自选方式经营的大型综合性零售商场，也称为自助购物广场，是以销售大众化实用品为主，并将百货店和折扣店的经营优势结合为一体的、品种齐全的购物场所。

超级市场的经营有别于日用杂货店、便利店、集贸批发市场、百货商场及仓储式商场等，它以"以量定价，物美价廉"为经营准则，具有规格统一、经营管理现代化、品种齐全，挑选方便等特点。

【营销视野】

2018年超市行业发展现状与未来趋势分析——探索创新将持续

超市行业发展现状分析

分析2018年的中国快消品连锁百强企业，我们可以发现当前快消品连锁行业面临的焦点问题是：作为快消品零售的主力业态，大型超市普遍面临盈利能力趋弱的困境，利润增长乏力。

中国连锁经营协会发布了《2018年中国快速消费品（超市/便利店）连锁百强》全名单。榜单显示，华润万家以1012.5亿元的销售额位列第一，大润发名列第二位，永辉、易捷、联华超市位列第四、第五、第六，物美超市名列第八位，而外资超市沃尔玛只排第三，家乐福更是排在了第七名。

超市行业未来趋势分析

第一，构建线上线下融合新格局

近年来，超市门店受到网络零售的巨大冲击，经营一度陷入困难，而电商企业流量红利消退，发展遇到瓶颈，加之消费诉求发生了深刻变化，商超企业与网络电商正逐步从独立、对抗走向融合、协作，深度融合是优势互补、实现共赢的发展新方向。

项目 9
分销渠道与消费心理分析

第二，多业态跨界协同趋势明显

单纯依靠商品销售的粗放型发展模式已无法适应市场需求，未来的零售行业将继续朝多业态、多领域聚合式、协同化方向转型。新零售时代，超市同样将围绕多样化、个性化的消费需求开展营销，培育新的消费增长点。

第三，扩大生鲜规模

生鲜是集聚门店客流和人气的商品品类，扩大生鲜规模被很多超市作为一种竞争战略放在重要地位。同时，消费者对生鲜产品绿色、健康、安全、追求为超市生鲜品牌化、精细化运营提出了要求。

第四，重构智能高效供应链体系

作为连接生产与消费的流通环节，传统商超企业对全供应链控制能力较弱，信息传导响应不及时，供需错配导致企业库存高企、周转率低、商品同质化等问题不断加剧。随着信息技术的发展和数字化水平的提高，重构消费主导、响应及时、快时尚化的供应链，实现产端、渠道和客户一体化的效能提升，将成为我国超市行业转型升级的重要方向。

第五，提高自有品牌比例

随着中国连锁超市竞争日趋激烈，商品利润空间缩小，越来越多的超市选择通过开发自有品牌提升利润空间。对消费者来说，自有品牌产品价格更低；对超市企业来讲，自有品牌商品除了吸引顾客，还可以省去品牌使用费用和中间供应环节，获得较高利润。

第六，超市业态未来将进一步细分

形成以生鲜食品超市作为基本生活满足型的主力业态，以大型综合超市作为消费需求满足型的主力业态，以仓储式商场作为小型商店、集团采购作为满足型的主力业态，以便利店作为服务满足型主力业态，以专业店、专卖店作为差异化个性需求满足型主力业态等。

（参考资料：前瞻产业研究院．2018—2023年中国超市行业商业模式与投资战略规划分析报告．）

（2）专卖店与专业店

① 专卖店。专卖店是专门经营或授权经营某一主要品牌商品的零售业态，更强调满足消费者对品牌的选择。专卖店的特点主要有三个：一是一般选址在繁华商业区、商店街或百货店、购物中心内，其营业面积根据经营商品的特点而定；二是商品以著名品牌、大众品牌为主，注重品牌形象，从业人员必须具备丰富的专业知识，并能为消费者提供专业服务，销售体现量小、质优、高毛利的特点，采取定价销售和开架面售的方式；三是各连锁专卖商店的内外布局、品牌形象相统一。

② 专业店。专业店是指专门经营某类商品的商店，如五金店、建材店等。专业店所售商品种类的品牌、型号较多，因此消费者的选择范围较广。专业店一般都配有专业知识丰富的销售人员和适当的售后服务，满足消费者对某大类商品的选择需求。因此，专业店的优势主要有四个：一是能够满足消费者的挑选商品的需求，同时给予消费者专业性的指导；二是以某一消费群体为目标，针对性强，所经营的商品、品牌具有自己的特色，再加上专业性的服务，能够获得消费者的信赖；三是选址多样化，多数专业店设在繁华商业区、商业街或百货店、购物中心内，方便消费者在多家商店进行比较选择；四是经营方式灵活，可以与厂家合作，容易形成自己的特色。

(3) 百货商店

百货商店是指在一个建筑物内，经营若干大类商品，实行统一管理，分区销售，满足顾客对时尚商品多样化选择需求的零售业态。百货商店经营的商品丰富，花色品种繁多，一般采取柜台销售与开架销售相结合的方式。百货商店的规模一般在3000平方米以上，设施齐全，店堂典雅、明快、舒适，服务功能完善。目标顾客为中高档消费者和追求时尚的年轻一族，以流动顾客为主。百货商店一般选址在城市的中心区和比较繁华的中心区，其组成形式主要有三类：一类是独立百货商店，即单个百货商店，没有分店；二是连锁百货商店，即一家百货公司下设多个分店；三是百货商店所有权归集团，即由多个独立百货商店联合组成的百货集团，设立一个最高管理机构统一进行管理。

百货商店的优势主要有三个：一是经营商品范围比较宽，可使消费者来店一次购齐所需要的大部分生活用品；二是信誉高，商品明码标价，让消费者感到放心，同时服务价值和人员价值提高了商品的附加值，能吸引众多的消费者，容易树立较好的企业形象；三是经营灵活，采取商品部制度，可以根据经营状况调整售货场所。

不过，百货商店也有其不足，最明显的不足就是商品的价格不如综合超市低廉，品牌和技术优势不如专卖店与专业店突出，比起线上销售又受到地域和空间的限制。同时，一对一的服务方式增加了营业员与消费者的接触次数，使得消费者的购买决策容易受到营业员的影响。过多的品类和品种使消费者必须花更多的时间做出选择。另外由于服务、设施的高昂费用不得不使消费者花费更多的钱。

(4) 便利店

便利店是一种用以满足消费者应急性、便利性需求的零售业态，通常占据良好的地理位置，营业时间长，经营商品品种有限。消费者光顾便利店是为补充所需物品，而且经常是在下班之后或闲暇时间光顾。杂货、报纸、饮料、香烟和快餐食品是便利店的畅销商品。

便利店通常被划分为传统型和加油站型两种。传统型便利店通常位于居民住宅区、学校、写字楼及客流量大的繁华商业地区，营业面积在50～150平方米不等，营业时间通常在15～24小时，经营品种多为食品、饮料，以即时消费购物的便利性、小容量、应急性为主。加油站型便利店通常指以加油站为主体开设的便利店，在地域广阔且汽车普及的地区发展较为迅猛。

与超市相比，便利店具有四个"便利"优势。

① 距离便利性。便利店与超市相比，在距离上更靠近消费者，一般情况下消费者只要步行5～10分钟便可到达。

② 即时便利性。便利店商品突出的是小容量、急需性等消费特性，其商品种类少，商品陈列简单明了，货架比超市要低，使消费者能在较短的时间内找到所需的商品，并实行进出口同一的服务台收款方式。据统计，顾客从进入便利店到付款结账平均只需三分钟的时间。

③ 时间便利性。便利店的营业时间通常在15～24小时，全年无休。

④ 服务便利性。很多便利店将其塑造成社区服务中心，努力为消费者提供多层次的服务。对购物便利的追求是社会发展的大趋势，这就决定了便利店具有强大的生命力。

不过，便利店也有其不足，主要表现为经营商品品种和选址策略与部分零售业态相同或相似，造成彼此间的商圈重叠，从而使得其地理位置的便利性不能完全凸显出来；竞争优势不明显等。

(5) 购物中心

一般来说，占地面积小于十万平方米的零售业态称为购物中心。购物中心的特征主要有三

项目 9
分销渠道与消费心理分析

个：一是购物中心的策划、建立、经营都是在统一的组织管理体系下运作的，但其内部的单体商店可以独立经营自己的产品，形成自己的经营特色；二是统一管理，分散经营，适应管理的需要；三是拥有良好的购物环境，为消费者提供一站式服务，集购物、娱乐、休闲、餐饮等于一体，包括百货商店、大卖场及众多专业连锁零售店在内的超级商业零售业态；四是拥有方便消费者的停车场。

（6）仓储式销售

仓储式销售是指将零售、批发和仓储各个环节整合在一起的经营方式。仓储式销售的特点是批量销售、价格低廉。不同于传统销售方式，仓储式销售采用小批量的形式，如成盒、成打地出售商品，因而可以最大限度地节约仓储、包装、运输等流通费用，进而大幅度降低商品的零售价格。尽管这类商场环境设计简单，服务设施较少，但因价格低廉迎合了中低收入阶层消费者求廉、求实的心理需要，因此对多数消费者有强大的吸引力。

（7）连锁商店

连锁商店是零售企业扩张的一种重要形式，因其实行统一的经营方式，具有统一品种、统一价格、统一服务、统一标志、分布广泛、接近消费者等特点，所以在众多商店类型中独具特色，受到消费者的青睐。在连锁商店购物，可以使消费者减少比较选择的时间，缩短其购买过程。尤其是一些连锁快餐店、便利店（如麦当劳、肯德基、永和豆浆、真功夫等）以其方便、快捷、舒适、便于识别等优势.充分适应了现代消费者求快、求便的心理需要。

（8）无店铺销售

广义的无店铺销售是与店铺销售相对的，是指不通过店铺而直接向消费者销售商品和提供服务的销售方式。目前，常见的无店铺销售主要有以下几种类型。

① 自动售卖机。自动售卖机的优点是不必聘用售货员，可节省工资，降低成本；设于人流量大的地方，可增加宣传效果。缺点是自动售卖机有时会遭人恶意破坏；消费者付款后，如遇上机件故障，便不能得到所需商品。

② 直复营销。直复营销是指消费者不需要通过人员而是通过诸如目录、报纸、杂志、电话、电视、广播、互联网等媒体与商品或者服务接触后，一旦有了购买欲望，就可通过邮购、电话、计算机及其他渠道进行订货和购买，零售商则通过邮寄、送货上门、送货到消费者指定地点或消费者自取等方式完成商品运送，最终完成交易的方式。

作为一种新型的零售方式，直复营销具有目标市场层面上的选择性，沟通过程的连续性，沟通效果的可测试性等优点，随着现代社会的发展和市场竞争的加剧，直复营销显现出巨大的营销潜力。

直复营销的主要形式有以下几种。

a．直接邮购营销。直接邮购营销是指经营者自己或委托广告公司制作宣传信函，并将其邮给目标消费者，引起消费者对商品的兴趣，再通过信函或其他媒介进行订货和发货，最终完成销售行为的营销过程。

b．目录营销。目录营销是指经营者编制商品目录，并通过一定的途径将其分发到消费者手中，由此接受订货并发货的销售行为。目录营销实际上是从直接邮购营销演化而来的，两者最大的区别在于目录营销适用于经营一条或多条完整产品线的企业。

c．电话营销。电话营销是指营销人员通过电话向消费者提供商品与服务信息，消费者借助电话提出交易要求的营销行为。

d．电视营销。电视营销是指经营者购买一定时段的电视时间，播放某些产品的广告，介绍其功能及价格，从而使消费者产生购买意向并最终完成交易的行为，其实质是电视广告的延伸。

e. 网上零售。网上零售是指利用互联网等大众传媒向众多的消费者直接推销商品或服务，并通过互联网获取消费者的反应，取得订单的销售方式。

2．零售商的功能

（1）提供组合商品

一般而言，生产商所提供的是某一特定类型的商品，而零售商则根据消费者的需要提供相应的组合商品，使消费者在同一交易场所购买商品时有充分的选择余地。这大大地节省了消费者为购买到合适的商品所需要花费的时间和精力。

（2）提供服务

零售商为消费者提供各种服务，这些服务包括售前、售中和售后服务，为消费者购买和使用商品创造了便利条件。零售商提供的服务涉及商品包装、送货上门、赊销、商品展示、商品信息、咨询服务，以及退货、换货和修理服务等。

（3）分拆销售商品

为了减少运输成本，生产商或批发商一般都会把商品发给零售商，而消费者又是零散地购买商品。为了满足消费者在购买数量上的需求，零售商需要将大件包装商品分拆成独立的小包装商品卖给消费者，这适应了消费者需求量较小的消费特点。

（4）提供仓储

仓储也是零售商的最主要功能之一。零售商通过保存商品来及时满足消费者在不同时空上的需求，因此消费者无须在家中囤积大量的商品。零售商的仓储功能减少了消费者的仓储成本，减少了消费者的资金占用成本，降低了消费者由于商品储存而带来的商品霉变、过期等风险。

3．零售商的消费心理

由于零售商具有购买次数多、品种多、数量小、周期短、变化性强等特点，零售商通常具有下列心理。

（1）注重商品的特色

零售商直接面对的是最终消费者，而消费者的规模庞大，消费习惯、需求、偏好等千差万别，这要求零售商经营的商品必须和消费者不断变化的需求相适应，使得零售商对经营的商品追求新颖、精致、专业、全面等特色。

（2）注重商品交易的实际利益

零售商和批发商一样，在交易方式上追求零风险，以保证自身的经济利益，但两者采用的方式有所区别。零售商对于销售前景看好的商品，愿意以经销商的身份销售商品；如果十分看好该商品，则会采用包销的方式销售商品；而对那些对销售情况难以预料的商品，则希望以代理的身份进行销售；如果销售情况良好，则会要求成为该商品的独家代理。

（3）注重"勤进快销"

零售商是直接面对最终消费者的中间商，它的销售取决于消费者的需求变化。因此，零售商必然要求上游供应商的供货方式方便、灵活，供货数量能适应零售购买的特点。

（4）注重供应商的促销活动

零售商一般以经营日用消费品为主，而广告和营业推广对这类商品最有效。许多中小零售商由于经营规模小、资金限制不会去促销商品。因此，如果供应商能提供优质商品，同时又能为其提供广告和营业推广服务，就会受到零售商的青睐。

项目 9
分销渠道与消费心理分析

（5）注重商品的包装

为了便于消费者挑选商品，并引起消费者的注意，零售商在进货时注重商品的外包装和内包装的整体效果，不仅希望商品的包装便于携带和保管，而且重视包装的美观。

（6）注重商品的季节性

零售商由于没有强大的销售网络、良好的仓储设备，因此对商品的季节性要求很高，对于应季的商品会积极进货，而对于快过季或已过季的商品则缺乏积极性。

练一练

到学校附近进行调研，记录各行业批发商和零售商结构，分析消费群体的特征及消费心理。

任务 9.3 网络营销与消费心理分析

学习目的

学习任务	进行网络消费需求的市场调查与分析	
要求	1. 能通过各种渠道收集网络消费需求的资料 2. 能对影响网络消费需求因素进行分析 3. 能针对网络消费需求设计营销策略	
应具备的知识	网络营销、网络消费需求的基本知识	
应具备的能力	收集信息的能力、信息分析的能力	
质量标准	评价项目	分值（分）
	1. 信息真实可靠	20
	2. 分析情况应以收集的信息为依据，不能脱离实际情况	40
	3. 分析时要有逻辑，思路清晰	40

案例导入

大袜网：中国领先的袜子批发采购平台

大袜网是什么？大袜网隶属于小麦（浙江）网络科技有限公司，是袜业全产业链一站式平台。

平台用户：传统袜业的经营模式是袜子生产商→一级批发商→二级批发商→终端用户。大袜网颠覆传统模式，打造袜业B2B垂直运营平台，去中间化，使生产端无限接近终端用户。其平台用户包括原料商、生产商、贸易商、品牌商、零售商、摄影公司、广告公司、金融机构、快递物流公司等全产业经营主体。

大袜网很大：100多人的IT、运营、商品、仓储等大团队，38000m^2智能袜云仓。

大袜网很小：下单、购买只需要一个小小的PC端或手机终端App。

大袜网很新：打破传统袜业模式，创新采用 B2B 垂直运营模式并引入大数据核心驱动。

大袜网很老：总部位于袜子之乡诸暨，承载着祖辈的梦想，从小小的袜子一步步走来。

大袜网很深：从袜子原料商、生产商、贸易商到线上线下零售商，深耕袜业垂直产业链。

大袜网很广：从诸暨到杭州、上海，分别建立大袜网分部，掌握最新的互联网市场动态。

大袜网很多：一件代发、视觉包装、商品存储等 14 项专业化服务让您无忧。

大袜网在成长：2016 年 7 月 31 日公测版上线。2016 年 9 月 8 日正式版上线。

智能化发展已经成为时代发展的核心，大袜网以大数据技术为核心驱动，基于阿里云系统开发数据仓库，以用户行为数据、网站交易数据、主流平台数据等为基础，从市场、用户、商品三方面进行全方位深度分析，做出精细化预判，深度把握用户需求，实现顾客成本的最小化和价值最大化。大袜网融合线上线下，聚集原料商、生产商、供应商、金融机构、物流公司、视觉包装公司等企业链用户，优化资源整合。大袜网依托原有的 B2B 互联网平台，以智能袜云仓、CRM 系统等高新技术为支撑，利用其特有的"库存共享""一件代发"优势，构建袜业上下游柔性供应链。平台向供应商实时开放数据库，方便供应商即时了解销售动态。通过大袜网的数据采集，供应商可实现反向定制、以销定产，实现全方位智能供应链管理，并满足多款式、小批次、定制化生产的需要，同时助力袜业厂商，建立多渠道、多触点营销管理、交易管理、财务管理、商品管理等。

（资料来源：大袜网网站 http://www.dawawang.com/.）

想一想

在"互联网+"背景下，越来越多的企业通过网络来开展营销工作，网络营销具有什么特点？

参考答案

任务实施

9.3.1 网络营销的概念及特点

网络营销是企业整体营销战略的一个组成部分，是为实现企业总体经营目标所进行的规划、实施及运营管理活动。

1. 根据网络营销的定义，可以得出下列认识

① 网络营销是手段而不是目的。网络营销具有明确的目的和手段，但网络营销本身不是目的，网络营销是营造网上经营环境的过程，也就是综合利用各种网络营销方法、工具、条件并协调各方面的相互关系，从而更加有效地实现企业营销目的的手段。

② 网络营销不是孤立的。网络营销是企业整体营销战略的一个组成部分，网络营销活动不可能脱离一般营销环境而独立存在，在很多情况下网络营销理论是传统营销理论在互联网环境中的应用和发展。由此也确立了网络营销在企业营销战略中的地位，无论网络营销处于主导地位还是辅助地位都是互联网时代市场营销中必不可少的内容。

项目 9
分销渠道与消费心理分析

③ 网络营销不是线上销售。线上销售是网络营销发展到一定阶段产生的结果，网络营销是为实现产品销售而进行的一项基本活动，但网络营销本身并不等于网上销售。这可以从三个方面来说明：第一，网络营销的效果表现在多个方面，如树立品牌形象、加强企业与客户之间的沟通、拓展对外发布信息的渠道、提高服务水平等；第二，网站的推广手段通常不仅仅靠网络营销，往往还要采取许多传统的方式，如在传统媒体上做广告、召开新闻发布会、印发宣传册等；第三，网络营销的目的并不仅仅是为了促进线上销售，在很多情况下，网络营销活动不一定能达成线上直接销售的目的，但是可能促进线下销售量的增加，并且增加顾客的忠诚度。

④ 网络营销不等于电子商务。网络营销和电子商务是一对紧密相关又具有明显区别的概念，许多人对此还存在一定的误区。网络营销是企业整体营销战略的一个组成部分，无论传统企业还是互联网企业都需要网络营销，但网络营销本身并不是一个完整的商业交易过程，而只是促进商业交易的一种手段。电子商务主要是指交易方式的电子化，可以将电子商务简单地理解为电子交易，电子商务强调的是交易行为和方式。所以，可以说网络营销是电子商务的一部分，开展电子商务活动离不开网络营销。

⑤ 网络营销不是"虚拟营销"。网络营销只不过是传统营销的一种扩展，即传统营销向互联网的延伸，所有的网络营销活动都是实实在在的。网络营销的手段也不仅限于线上，而是注重线上、线下相结合，线上营销与线下营销并不是相互独立的，而是相辅相成、互相促进的。

2. 网络营销的特点

市场营销中最重要的是在组织和个人之间进行信息的广泛传播和有效交换，其根本目标是以尽可能低的成本实现交易。互联网在信息传播和交换方面卓越的性价比正是市场所追求的，与传统的市场营销相比，网络营销呈现出以下特点。

（1）多媒体

互联网可以传输多种形式的信息，如文字、声音、图像等，使为达成交易进行的信息交换可以以多种形式存在和交换，可以充分发挥营销人员的主动性和创造性。

（2）交互式

除了传统的企业到消费者的单向信息发布，企业还可以通过网络和消费者进行双向互动式的沟通，收集市场情报、进行产品测试与消费者满意度的调查等。

（3）跨时空

市场营销的最终目的是扩大市场份额。互联网能够超越时间和空间的限制，使得跨时空的信息交流成为可能。

（4）成长性

遍及全球的互联网使用者的数量飞速增长，而且互联网使用者中大部分是年轻的、具有较高收入和较高文化程度的群体。由于这部分群体的购买力强，而且具有很强的市场影响力，因此网络营销是一个极具开发潜力的市场渠道。

（5）人性化

网络营销具有一对一的、循序渐进式的特点，这是一种低成本与人性化的促销方式，可以避免传统的推销活动中存在的强势推销的干扰，并通过信息提供与交互式沟通，与消费者建立起一种长期的、相互信任的良好合作关系。

(6) 整合性

在互联网络上开展的营销活动，可以完成商品信息的发布到售后服务的全过程，这是一种完全的营销渠道。另一方面，企业可以借助网络将不同渠道的营销活动进行统一的设计规划和协调实施，起到整合的作用。

9.3.2 网络消费者类型分析

网络消费者有狭义和广义之分。狭义的理解是指在线上购买产品或的人；广义的理解是指所有上网的人，即全体网民。因为消费的概念是广义的，网民上网时虽然没有购买任何商品，但他们却享受着其他企业和个人提供的各项服务。网络消费者一般学历较高、购买力较强，同时网络用户和线上购买者的快速增长，互联网已成为遍布商机的巨大市场。随着互联网的不断普及和发展，互联网将越来越平民化，以淘宝、天猫、京东为代表的线上购物模式已经被越来越多的人接受。网络消费不仅是一种购物方式，更是一种生活方式。线上低廉的价格和个性化的服务，正在吸引越来越多的消费者。

1．网络消费者的类型

网络消费者主要有以下六类：简单型、冲浪型、接入型、议价型、定期型和运动型。

（1）简单型消费者

这类消费者需要的是方便直接的网上购物，他们每周只花几小时上网，但他们进行的网上交易的时间却占了上网总时长的一半。

（2）冲浪型消费者

这类消费者占网民的8%，他们访问的网页是其他网民的4倍。冲浪型消费者对经常更新、具有创新设计特点的网站很感兴趣。

（3）接入型消费者

这类消费者是刚触网的新手，占网民总数的36%，他们很少购物，喜欢网上聊天和发送免费问候卡。

（4）议价型消费者

大约8%的网络消费者属于议价型消费者，他们有一种趋向购买低价商品的本能。ebay网站一半以上的顾客属于这一类型，他们喜欢讨价还价。

（5）定期型和运动型消费者

定期型和运动型消费者通常都是被网站的内容吸引。定期型网民常常访问新闻和商务网站，而运动型网民喜欢浏览运动和娱乐网站。目前，网络经销商面临的挑战是如何吸引更多网民，并努力将网站访问者变为消费者。

2．网络消费需求的特点

（1）时间和空间的突破

互联网与移动应用改变了人们生活、工作、娱乐、学习的方式。除了看电视、看报纸、逛街、差旅等传统行为，收邮件、搜索信息、上论坛、写博客、在线交易等由互联网与手机创造的、新的生活方式，亦已成为消费者生活中的一部分。消费者随时随地可以在线交易，突破了时间和空间的约束。

（2）消费者需求的差异性

不仅仅是消费者的个性消费使网络消费需求呈现出差异性，不同的网络消费者因其所处的

项目 9
分销渠道与消费心理分析

环境不同也会产生不同的需求,不同的网络消费者即便处于同一需求层次上,他们的需求也会有所不同。

(3) 个性化的消费需求

在近代,由于工业化和标准化生产方式的发展,消费者的个性被淹没在大量低成本、单一化的产品洪流中。随着 21 世纪的到来,网络使消费者进行产品选择的范围更广,消费者开始制定自己的消费准则,个性化消费成为消费的主流。

(4) 追求方便与购物乐趣并存

在网上购物,除了能够满足实际的购物需求,消费者在购买商品的同时,还能得到许多信息,享受在传统商店感受不到的乐趣。今天,人们对消费过程的追求出现了两种趋势:一部分工作压力较大、紧张程度高的消费者以购物快捷为目标;另一部分消费者由于劳动生产率的提高和自由支配时间的增多,他们希望通过消费来寻找生活的乐趣。

(5) 消费的主动性增强

在社会化分工日益细化和专业化的趋势下,消费者的消费风险随着选择的增多而增加。在许多大额或高档的消费中,消费者往往会主动通过各种可能的渠道获取与商品有关的信息并进行分析和比较。通过分析和比较,消费者能坚定购买商品的信心,增加对产品的信任程度和心理上的满足感。

(6) 消费者与厂家、商家的互动意识增强

传统的商业流通渠道由生产者、商业机构和消费者组成,其中商业机构起着重要的作用,生产者不能直接了解市场,消费者也不能直接向生产者表达自己的消费需求。而在网络环境中,消费者能直接参与到生产和流通中来,与生产者直接进行沟通,从而减少了市场的不确定性。

(7) 消费者选择商品的理性化

网络营销系统强大的信息处理能力,为消费者挑选商品提供了前所未有的选择空间,消费者会利用在网上得到的信息对商品进行反复比较,以决定是否购买。

(8) 价格仍是影响消费心理的重要因素

从消费的角度来说,价格不是决定消费者是否购买商品的唯一因素,却是消费者购买商品时肯定要考虑的因素。线上购物之所以具有生命力,重要的原因之一是线上销售的商品的价格普遍低廉。尽管经营者都倾向于以各种差别化来削弱消费者对价格的敏感度,避免恶性竞争,但价格始终会对消费者的心理产生重要的影响。因为消费者可以通过网络联合起来向厂商讨价还价,所以产品的定价逐步由企业定价转变为消费者引导定价。

9.3.3 网络消费者的购买动机及影响因素分析

1. 网络消费者购买动机的分析

动机是指推动人进行活动的内部原动力(内在的驱动力)。人只要处于清醒的状态,就要从事这样或那样的活动。无论这些活动对主体具有多大的意义和影响,对主体需要的满足具有怎样的吸引力,也无论这些活动是长久的还是短暂的,它们都是由一定的动机所引起的。网络消费者的购买动机是指在网络消费活动中,能使网络消费者产生购买行为的某些内在的驱动力。

动机是一种内在的心理状态,不容易被直接觉察,但可以根据人们长期的行为表现或自我陈述加以了解和归纳。对于企业营销部门来说,通过了解消费者的动机,就能有依据地说明和

预测消费者的行为，采取相应的手段。而对于网络营销来说，动机研究更为重要。因为网络消费者复杂的、多变的购买行为不能直接被观察到，只能通过文字或语言的交流加以想象和体会。

网络消费者的购买动机包括两个方面：需求动机和心理动机。前者是指人们由于各种需求，包括低级的和高级的需求而引起的动机，而后者则是由于人们的认知、情感、意志等心理过程而引起的购买动机。

（1）需求动机

网络消费者的需求动机是指由消费者的需求而引起的购买动机。要研究消费者的购买行为，首先必须要研究网络消费者的需求动机。美国著名的心理学家马斯洛把人的需要划分为五个层次，即生理需要、安全需要、社会需要、尊重的需要和自我实现的需要。需要层次理论对网络需求层次的分析，具有重要的指导作用。而网络技术的发展，使人们的需求在网络虚拟社会中得到满足，在虚拟社会中人们主要希望满足以下三个方面的基本需要。

① 兴趣需要。分析畅游在虚拟社会中的网民，我们可以发现，每个网民之所以热衷于网络漫游，是因为对网络活动抱有极大的兴趣。这种兴趣的产生，主要来自两种内在驱动。一是猎奇，即人们出于好奇而积极投身于虚拟社会，有时甚至到了不能自拔的境地。二是成功的内在驱动力，即当人们在网络上找到自己需要的资料、软件、游戏，通过学习资料获得知识、学习软件掌握技能、在游戏中升级或玩通关时，自然会产生一种成功的满足感。

② 聚集需要。虚拟社会为具有相似经历的人们提供了聚集的机会，这种聚集不受时间和空间的限制，并形成富有意义的个人关系。通过网络而聚集起来的群体是一个极为民主的群体。在这样一个群体中，每个成员都有独立发表自己意见的权利，使得在现实社会中经常处于紧张状态的人们得以放松。

③ 交流需要。聚集起来的网民，自然会产生一种交流的需求。随着这种信息交流的频率增加，交流的范围也在不断地扩大，从而产生示范效应，带动对某些种类的产品和服务有相同兴趣的成员聚集在一起，形成商品信息交易的网络，即网络商品交易市场。这不仅是一个虚拟社会而且是高一级的虚拟社会。在这个虚拟社会中，参与到某个群体中的人大都是有目的的，所谈论的问题集中在商品质量的好坏、价格的高低、库存量的多少、新产品的种类等。

（2）心理动机

心理动机是由于人们的认知、情感、意志等心理过程而引起的动机。网络消费者的心理动机主要体现在理智动机、情感动机两个方面。

① 理智动机。理智动机建立在人们对商品的客观认识的基础上。网络消费者大多是中青年，具有较高的分析判断能力。他们的购买决策是在反复比较各个在线商城的商品之后才做出的，对所要购买的商品的特点、性能和使用方法，早已心中有数。理智动机具有客观性、周密性和控制性的特点。在理智动机驱使下的网络消费动机使消费者首先注意的是商品的先进性、科学性和质量的好坏，其次才注意商品的经济性。这种购买动机的形成，使购买决策基本上受控于理智，而较少受到外界的影响。

② 情感动机。情感动机是由人的情绪和情感所引起的购买动机。这种购买动机还可以分为两种形态。

一种是低级形态的情感动机，它是由喜欢、满意、快乐、好奇而引起的。这种购买动机一般具有冲动和不稳定的特点。还有一种是高级形态的情感动机，它是由人们的道德感、美感、群体感所引起的，具有稳定性和深刻性。

项目 9
分销渠道与消费心理分析

【营销视野】互联网对汽车消费 7 大影响

2．影响网络消费者的因素分析

消费者的心理与行为取决于他们的需求和欲望，而消费者的需要和欲望以至消费习惯和行为，是在许多因素的影响下形成的。影响网络消费心理的因素主要有以下几个方面。

（1）传统购物观念

长期以来消费者形成的"眼看、手摸、耳听"的传统购物习惯在线上受到束缚；网络消费不能满足消费者的某些特定心理，也很难满足消费者的个人社交需求。

（2）产品特性

首先，由于网络市场不同于传统市场，网络消费者有着区别于传统市场的消费需求，因此并不是所有的产品都适合在网上销售和开展网上营销活动。根据网络消费者的特征，在互联网上销售的产品一般要考虑产品的新颖性，即产品是新产品或者是时尚类产品，比较能吸引消费者的注意。追求商品的时尚和新颖是许多消费者，特别是青年消费者重要的购买动机。

其次，考虑产品的购买参与程度。一些产品要求消费者参与程度比较高，消费者一般需要现场体验，这些产品不太适合线上销售。对于消费者需要体验的产品，可以采用网络营销进行推广，或者将网络营销与传统营销进行整合。企业可以在网络上宣传和展示产品，消费者在充分了解产品的性能后，可以到线下购物场所再进行选购。

（3）产品的价格

从消费者的角度讲，价格不是决定消费者购买的唯一因素，但却是消费者在购买商品时肯定要考虑的因素，而且是一个非常重要的因素。网络营销产品的价格，对于互联网的用户而言是完全公开的，价格的制定要受到同行业、同类产品价格的约束，因为互联网为消费者提供了一个广泛的比较空间，制约了企业通过价格来获得高额垄断利润的可能。现在越来越多的企业通过电子邮件进行议价；在自己的网站上设立"价格讨论区"，并在网上通过智能化议价系统直接议价；或者通过其他平台对商品进行竞价、拍卖等。

现实世界是一个不完全竞争的市场，这个市场最明显的特征是垄断、寡头和垄断竞争，决定商品价格的主体是企业，尤其是那些具有垄断性质的大企业。而互联网的出现，为创造一个完善的市场机制创造了条件。因为在互联网中，信息具有透明性、完全性和平等性等特点，消费者的选择权大大提高，交易过程更加直接。

（4）购物的便捷性

购物的便捷性是消费者购物首先考虑的因素之一。网络购物的便捷性主要体现在以下两个方面。

① 时间上的便捷性。网上虚拟市场一年 365 天、一天 24 小时全天候提供销售服务，随时准备接待顾客，不受任何时间限制。

② 商品挑选范围的便捷性。消费者可以足不出户就在很大范围内选择商品。对个体消费者来说，网上购物可以"货比多家"，精心挑选。对采购人员来说，其进货渠道和视野也不再局限于少数几个定时、定点的订货会议或几个固定的供应厂家，而是可以在更大范围内选择品质最好、价格最便宜、各方面最适用的产品，这是在传统营销领域难以做到的。

(5) 安全性和可靠性

影响消费者进行网络购物的另一个重要因素，就是安全性和可靠性问题。61.5%的网民认为网络交易的安全性得不到保障，因此对于现阶段的网络营销来说，安全问题很关键。有时在支付过程中消费者的个人资料和信用卡密码被窃取和盗用；有时还会遇到虚假订单，没有订货却被要求支付货款或返还货款，这些情况使消费者对网络购物望而生畏。因此，对网络购物的各环节，都必须严格把关，保护消费者购物过程中的信息传递安全和个人隐私，以增强消费者对网络购物的信心。

9.3.4 网络营销策略与消费心理分析

1．产品策略

从理论上讲，在网上可以销售任何形式的合法商品，但从消费者的消费心理方面来讲，适合网络营销的产品应该是消费者认为适合在网上购买的商品，总结起来有以下几种。

① 具有高技术性能或与计算机相关的产品。
② 市场覆盖较广的产品。
③ 不适宜设实体店的特殊产品。
④ 网络营销费用远低于其他销售渠道费用的产品。
⑤ 消费者可从网上获得信息并做出购买决策的产品。
⑥ 网络群体目标市场容量较大的产品。
⑦ 便于配送的产品。
⑧ 名牌产品。
⑨ 信息产品。

企业在选择网络营销产品时应注意以下问题。
① 要充分考虑本企业产品的性能。
② 要充分考虑产品营销的区域范围及物流配送体系是否完善。
③ 要充分考虑产品的市场生命周期。

2．价格策略

价格策略是企业营销策略中最富有灵活性和艺术性的策略，是一种非常重要的竞争手段，是企业营销组合策略中的重要组成。在进行网络营销时，企业应特别重视价格策略的运用，顺应消费者的消费心理。

价格的形成是极其复杂的，它受到多种因素的影响和制约。一般来说，影响企业产品网上定价的因素主要有成本、供求关系、竞争因素及其他因素（如产品、营销渠道、促销手段、消费者心理因素、企业本身的规模、财务状况和国家政策等）。

网上定价策略主要有以下几种。

（1）个性化定价策略

个性化定价策略就是利用网络的互动性特征，根据消费者对产品外观、颜色等方面的具体需要，来确定商品价格的一种策略。网络的互动性使个性化营销成为可能，也将使个性化定价策略成为网络营销中的一个重要策略。企业可根据消费者的需求确定出不同的价格。

项目 9
分销渠道与消费心理分析

（2）声誉定价策略

在网络营销初期，消费者对网络购物和订货还存在着许多疑虑，如在网上所订购的商品，其质量能否得到保证、商品能否及时送达等都是消费者所关心的问题。在此种情况下，对于形象、声誉较好的企业来说，产品价格可以相应地定得高一些；反之，产品价格则应该定得低一些。

（3）折扣定价策略

在实际营销过程中，网上折扣价格策略可采取以下几种形式。

① 数量折扣策略。为了鼓励消费者加大购买量，企业在确定商品价格时，可根据消费者购买商品所达到的数量标准，给予其不同的折扣。购买量越大，折扣越多。

② 价格折扣策略。它是指企业对于付款及时、迅速或提前付款的消费者，给予不同的价格折扣，以鼓励消费者按期或提前付款，加快企业资金周转，减少呆账、坏账的发生。

3．渠道策略

营销渠道是指某种商品或服务从生产者向消费者转移的过程中，取得这种商品或服务所有权，或帮助所有权进行转移的所有企业或个人。简单地说，营销渠道就是商品或服务从生产者向消费者转移的具体通道或路径。网络购物发展到今天，也涉及复杂的渠道选择。

（1）影响网络营销渠道选择的因素

影响网络营销的渠道选择的因素有以下几种。

① 目标市场。目标市场的状况如何，是影响企业营销渠道选择的重要因素，是企业营销渠道决策的主要依据之一。市场因素主要包括：目标市场范围的大小及潜在需求量，市场的集中与分散程度，消费者的消费特点，市场竞争状况等。

② 商品因素。由于各种商品的自然属性、用途等不同，其采用的营销渠道也不相同。影响网络营销渠道选择的商品因素主要包括：商品的性质，商品的标准化程度，商品价值的大小，商品的市场生命周期等。

③ 生产企业本身的条件。具体主要包括：企业的生产、经营规模，企业的声誉和形象，企业经营能力和管理经验，企业控制渠道的程度等。

④ 环境因素等。

（2）营销渠道策略的选择

企业确定了目标市场后，对影响营销渠道选择的各项因素进行分析，之后就需要进行营销渠道的决策。传统的渠道策略有直接营销渠道与间接营销渠道策略、长渠道与短渠道策略、宽渠道与窄渠道策略等。

网络营销对销售渠道的影响是颠覆性的，总的来说呈现出渠道普遍缩短的趋势。以往适合间接营销的商品，如家用电器、化妆品等，自从有了网络营销以后也纷纷开始尝试直接营销，并取得了成功。

但并不是所有的商品都适合在线上销售。例如，对于某些商品，典型的如奢侈品，消费者对传统营销渠道有牢固的心理需求，消费者更喜欢装修得富丽堂皇的传统店面，以及服务人员的彬彬有礼，也就是说奢侈品买的其实不单单是产品，而是一种心理上的满足感，一种高贵、稀缺、个性的精神需求。

在线上销售的渠道选择上，也需要制定符合产品和消费者特点的策略，例如，是企业自己开设网店还是在第三方平台上开店；是否参与第三方平台组织的活动，如团购等。在这里，第三方平台可看作网络时代的中间商。

4. 促销策略

在网络营销活动的整体策划中，线上促销是其中极为重要的一项内容。线上促销是指利用互联网等渠道来组织促销活动，以辅助和促进消费者对商品或服务的购买和使用。线上促销策略主要有以下几种。

（1）线上折价促销

折价亦称打折、折扣，是目前线上最常用的一种促销方式。因为目前消费者在网上购物的热情在逐步提升，大有赶超商场、超市等传统购物场所的趋势。线上商品的价格一般都要比传统购物场所中商品的价格低。目前，折价促销的形式层出不穷，如之前流行的团购、现在流行的扫二维码获取优惠等，商家不断推出新颖的、能吸引消费者的促销方式，以获取消费者的青睐。

（2）线上变相折价促销

变相折价促销是指在不提高或略微提高商品价格的前提下，提高商品或服务的品质，较大幅度地增加商品或服务的附加值，让消费者感到物有所值。

（3）线上赠品促销

赠品促销目前在网上的应用不算太多，一般情况下，在新产品推出试用、产品更新、对抗竞争、开辟新市场情况下利用赠品促销可以达到比较好的促销效果。

赠品促销应注意赠品的选择：第一，不要选择次品、劣质品作为赠品，这样做只会起到适得其反的作用；第二，注意时间和时机，注意赠品的季节性，如冬季不能赠送只在夏季才能用的物品；第三，注意预算和市场需求，赠品要在企业能接受的预算内，不可过度赠送赠品而造成营销成本过高。

（4）线上抽奖促销

抽奖促销是线上应用较广泛的促销形式之一，是大部分网站愿意采用的促销方式。抽奖促销是指以一个人或数人获得超出参加活动成本的奖品为手段进行商品或服务的促销，线上抽奖活动通常与调查、产品销售、扩大用户群、庆典、推广某项活动等相配合。消费者或浏览网页的人通过填写问卷、注册、购买产品或参加线上活动等方式获得抽奖机会。

线上抽奖促销活动应注意的几点：第一，奖品要有诱惑力，可考虑用大额超值的产品吸引人们参与活动；第二，活动参与方式要简单化，太过复杂和难度太大的活动较难吸引人们；第三，抽奖结果的公正公平性。

（5）积分促销

积分促销在网络营销活动中的应用比起传统营销方式要简单和易操作。线上积分活动很容易通过编程和数据库等技术实现，并且结果可信度很高，操作起来相对较为简便。积分促销一般设置价值较高的奖品，消费者通过多次购买商品或多次参加某项活动来增加积分以获得奖品。

现在不少电子商务网站"发行"的"虚拟货币"应该是积分促销的另一种表现。网站通过举办活动来使会员"挣钱"，同时可以用仅能在该网站使用的"虚拟货币"来购买网站内的商品，实际上是给消费者相应的优惠。

（6）线上联合促销

由不同商家联合进行的促销活动称为联合促销，联合促销的产品或服务可以起到一定的优势互补、互相提升自身价值等效应。如果应用得当，联合促销可起到相当好的促销效果，如网络公司可以和传统商家联合，实现优势互补。

项目 9
分销渠道与消费心理分析

想一想

回忆一下，你遇到过哪些网络促销，对你的消费行为有何影响？

项目总结

1. 分销渠道是指商品从企业流转到消费者手中所经历的途径或环节，或者是指在企业将商品传递给最终消费者的过程中所使用的中间商及实体分配机构的总和。分销渠道的重要组成部分是各级中间商，他们在商品分销中发挥着重要的作用，主要包括批发商、代理商和经纪人、零售商。

2. 批发是指供转售、进一步加工或更换商业用途而进行批量销售商品的商业行为。批发商是指从制造商处购进产品，然后转售给其他批发商、零售商或各种非营利性组织，一般不直接向个人销售的商业机构。批发商处在分销起点和终点之间，一方面它向制造商购买商品，另一方面它又向零售商销售商品，并且是按批发价格经营大宗商品。其业务活动结束后，商品一般不进入生活消费领域，而是仍处于流通领域中。批发商的类型：制造商的批发商、独立批发商、代销商、经纪人。

3. 零售是将商品销售给最终消费者，以供个人或家庭消费的商业行为。零售商是指以零售活动为其主要经营业务的商业机构或个人，是制造商与消费者或批发机构与消费者之间的中间环节，发挥着重要的桥梁和纽带作用。零售业态的类型：超级市场、专卖店与专业店、百货商店、便利店、购物中心、仓储式销售、连锁商店、无店铺销售。

4. 网络营销是企业整体营销战略的一个组成部分，是为实现企业总体经营目标所进行的规划、实施及运营管理活动。

项目实训

【知识挑战训练】

一、单项选择题

1. 下列组织中，（　　）不是营销中介机构
   A．中间商　　　B．保险公司　　　C．银行　　　D．供应商
2. 空调宜选用（　　）分销渠道策略
   A．广泛性　　　B．独家性　　　C．选择性　　　D．连锁性
3. 产品价格低，其营销渠道就应（　　）
   A．长而窄　　　B．长而宽　　　C．短而窄　　　D．短而宽
4. 经纪人与代理商具有的共同特点是他们都设有（　　）。
   A．商品所有权　B．独立经营权　C．法人地位　　D．经营场地

5．同一层次的多个企业为了争夺同一目标市场的销售而进行的竞争称为（　　）。
　　A．水平渠道冲突　　　　　　　　B．垂直渠道冲突
　　C．水平渠道竞争　　　　　　　　D．渠道系统竞争
6．从事将货物或劳务售予最终消费者用于生活消费的经济活动的组织和个人被称为（　　）。
　　A．运输公司　　B．公共机构　　C．零售商　　D．批发商

二、多项选择题

1．决定分销渠道的选择因素有（　　）。
　　A．消费者密集程度　　　　　　　B．消费者购买批量大小
　　C．消费者购买需求　　　　　　　D．消费者购买频率
2．零售商的功能包括（　　）。
　　A．提供商品组合　　　　　　　　B．提供服务
　　C．分拆销售商品　　　　　　　　D．提供仓储
3．适合网络营销的产品应该是消费者认为适合在网上购买的商品有（　　）。
　　A．具有高技术性能或与计算机相关的产品
　　B．市场覆盖较大地理范围的产品
　　C．便于配送的产品
　　D．杂牌产品

三、简答题

1．分销渠道的基本类型有哪些？分类标准是什么？
2．零售商的消费心理有哪些？
3．互联网环境下企业如何进行渠道管理？
4．影响消费者在线上购物的因素主要有哪些？

四、案例分析题

"无人商业"带来的真正革命是什么

1．阿里巴巴的新零售到底是什么？

从提出"新零售"到积极推进"无人商业"，阿里巴巴的真正意图是什么？在新零售的探索中，提升行业效率，升级消费体验是无人商业系列尝试的初衷。零售业正在从价格型消费向价值类消费、体验式消费、个性化消费转变。新零售背景下，实体零售与电子商务的商业形态不再对立，线上线下融合发展将是中国电子商务和实体零售业发展的新常态。

2．阿里巴巴新零售布局及其战略逻辑

线上新零售业务整合——"三纵两横"、天猫与聚划算全面一体化，成立三大事业组、营销平台事业部和运营中心，搭建"三纵两横"的协同加若干独立事业部的全新架构。

"三纵"分别是：快速消费品事业组（包括天猫超市、美妆洗护、食品母婴、天猫生鲜等业务）；电器家装事业组（包括电器城、天猫美家等业务）；服装服饰事业组（包括男女装、箱包

项目 9
分销渠道与消费心理分析

鞋帽、内衣配饰、珠宝首饰等业务）。

"两横"分别是：将天猫市场部和聚划算整合为营销平台事业部，提供品效合一的全城营销服务。设立运营中心，统筹天猫平台层面的商家管理、会员管理、规则管理和资源管理，全面提升运营效能。

3. 线下新零售业务的三条主线

阿里巴巴目前线下新零售业务发展路径主要有以下几条。

① 以生鲜商超为主的快消品：分别对应盒马鲜生等→快速消费品事业组。

② 以家电为主的用品：分别对应苏宁云商→电器家装事业组。

③ 以服饰为主的百货：分别对应银泰百货→服装服饰事业组。

在现在的零售市场中，生鲜和快消品所占的市场份额最大，消费频次最高，但消费者购买生鲜和快消品的主流渠道仍然是线下商超。阿里巴巴布局"盒马鲜生"，是希望改变"超市及电商两大业态"，打造新零售的核心竞争力：线上线下的平台整合能力及平台资源的支持能力，探索建立线上线下会员、数据、供应链和支付共享的新零售业态。

4. "无人商业"背后的市场需求是什么？

① 又一次零售革命可能正在加速到来。从百货商店到连锁商店再到大型超市，尽管零售的本质始终是围绕效率、成本与体验的"买买买"，但基于消费变革与技术变革，"零售基础设施"一直在变。随着电子商务时代的到来，信息、商品与资金的流动效率一直在升级，消费者的消费习惯和品位也在不断变化

② 技术对商业的推动作用可能是决定性的。无人超市之所以成为可能，主要是摸到了技术监管的"钥匙"，这离不开人脸识别、手势识别、移动支付等技术的发展。有高科技作支撑，让购物者如入无人之境，却又处处走不出"电子围栏"。应该说"无人"并非新概念，但无人超市的最大特点是全新的购物场景，而购物场景的多元化，恰恰是新消费时代的趋势。

（资料来源："无人商业"带来的真正革命是什么？销售与市场（渠道版）.2017（09）.）

【问题】

1. 新零售的内涵是什么？
2. 阿里巴巴的新零售模式是如何提升消费者的购物体验的？本案例给了你什么启发？

技能实训

技能实训 9.1　分销渠道与消费心理分析

利用课余时间调查一家企业，分析其分销渠道结构、分销渠道成员构成，能根据消费者的消费心理与行为制定相应的分销策略，写一份分销策略报告，字数不少于 800 字。

1. 实训目的

通过本次实训，使学生明确消费者的消费心理行为与分销策略的关系。

2. 实训内容

利用课余时间调查一家企业，分析其分销渠道结构、分销渠道成员构成，能根据消费者的消费心理与行为制定相应的分销策略，写一份分销策略报告，字数不少于 800 字。

3. 实训材料

相关图书、教辅、计算机、纸张、笔、投影仪等。

4. 实训步骤

① 全班学生自由分组，每组 6~8 人。
② 各组分别进行集体讨论，明确组内分工。
③ 按照分工进行资料收集、整理、讨论并记录讨论结果。
④ 整理调查资料，形成报告。
⑤ 各组将资料制作成 PPT，选一名代表展示工作成果。

5. 成果与检验

认识消费心理与分销策略的效果评价参考表，见表 9-1。

表 9-1　认识消费心理与分销策略的效果评价参考

序号	评价内容		分值（分）	实际得分（分）
1	实际操作	调查分销渠道结构	30	
		调查分销渠道成员构成	20	
2	分析报告	能够对记录的内容进行恰当整理与分析，形成分销策略报告	20	
		制作 PPT，图文并茂，内容翔实	10	
		汇报大方从容，内容全面	20	
	合计		100	

评价说明如下。

① 每组学生的成绩由两部分组成：实际操作（50%）和分析报告（50%）。
② 实际操作主要考查学生调查过程以及收集资料、整理资料的能力。
③ 分销策略报告主要考查学生根据信息资料分析得出的结论与建议的合理性，并将报告制作成 PPT 进行汇报的能力。

项目 10

促销与消费心理分析

营销名言

"营销"这两个字强调既要追求结果,也要注重过程,既要"销",更要"营"。

——马云

学习目标

专业能力目标

➢ 掌握如何利用消费心理设计基本促销策略。
➢ 掌握如何利用消费心理设计基本推销策略。
➢ 掌握如何利用消费心理设计基本营业推广策略。

方法能力目标

➢ 能结合消费者的消费心理与行为进行有效的推销。
➢ 能结合消费者的消费心理与行为选择适合的营销推广手段。

社会能力目标

➢ 培养学生的市场营销活动实践能力,使之能设计与开展简单的营销推广活动。

消费心理与行为学

感受营销

视频（基于消费者心理的营业推广策略）

（资料来源：https://www.icve.com.cn/.）

项目实施

任务 10.1 促销基本策略运用与消费心理分析

学习目的

学习任务	进行关于促销方式对消费心理影响的市场调查	
要　　求	1. 能通过各种渠道收集各行业的促销方式 2. 能对促销方式对消费者的消费心理影响进行分析 3. 能结合消费心理影响进行营销策略设计	
应具备的知识	促销方式、促销方式对消费心理影响的基本知识	
应具备的能力	收集信息的能力、信息分析的能力	
质量标准	评价项目	分值（分）
	1. 收集到的信息应具有真实性	20
	2. 分析情况应以收集的信息为依据，不能脱离实际情况	40
	3. 分析时要有逻辑，思路清晰	40

案例导入

想买，没了

作为一家"个体集团"，日本日产汽车公司能在全球汽车市场上拥有一定的份额，确非易事。这种非凡成就的取得，是与日产汽车公司多年来注重产品的营销策略分不开的。能够成为世界名牌汽车商，日产汽车公司在市场策划上投入很多。它们不单依靠多产广销的渠道来提高销售量，也不单纯地利用广告来进行宣传，它们采取的措施有时是很出人意料的，有时甚至与大众模式相悖。

20 世纪 90 年代初，当日产汽车公司推出一种名为"费加洛"的轿车时，为使该车能在市场上行销顺利，日产汽车公司进行了精心的策划，并反复加以论证。最后决定召开一次新闻发布会。在新闻发布会上，日产汽车宣布了一条出人意料的消息："费加洛"轿车限售 20000 台，

项目 10
促销与消费心理分析

并且日产公司以后将不再生产这一车型的轿车,而且只限在一定时间内进行购车预订,最后的发售形式亦别具一格——抽签。消息传出以后,这种被冠以"极具古典浪漫色彩"的车在全国引起了轰动。前来预订的人达到 30 多万人,大大超过限售量,果然需按抽签方式出售。结果是,抽签活动中能买到车的人万分欣喜,如获至宝;没有中签的人则千方百计去寻找二手车。"物以稀为贵"的观念使人们以拥有一辆"费加洛"轿车而自豪,以致二手车的行情竟比原价高出 1 倍!此次营销大获成功,使日产车在国际汽车市场份额的占领上又增添一份优势。该年日产汽车公司在国内的轿车累计产量达 4000 万辆,营业额达 4270523000 万日元,并荣获美国环境保护当局的颁奖。日产汽车公司这一富有个性的营销案例说明,营销策略是企业得以在市场中纵横驰骋的重要保证。

想一想

日产汽车公司为什么对"费加洛"轿车进行限售,并且以后将不再生产这一车型的轿车?

参考答案

任务实施

10.1.1 促销方式及对消费者的消费心理的影响

从现代市场营销理论看,企业不仅要开发出优质的产品、制定有吸引力的价格、通过适当的渠道将产品推广出去,而且需要树立企业在市场上的形象,并传播有关产品的外观、特色、购买条件、所提供的利益等方面的信息,即进行促销活动。在市场竞争激烈的今天,促销活动的成败对企业形象和产品销售至关重要。

1. 促销的概念

促销是指企业通过人员与非人员的方式,将产品或服务的有关信息传递给消费者,以激发消费者购买欲望,促使消费者实施购买行为的市场营销活动。促销在买方市场背景下,尤为重要。

在理解促销概念时,应注意把握以下要点。

① 促销工作的核心是信息沟通。企业与消费者达成交易的基本条件是信息沟通。企业将有关产品和服务的存在及其性能、特征等信息,通过文字、声音、图像或实物传送给消费者,增进消费者对产品和服务的了解,引起消费者的注意和兴趣,帮助消费者认识产品或服务所能带给他们的利益,激发消费者的购买欲望。

② 促销的目的是促使消费者实施购买行为,在消费者可支配收入既定的条件下,消费者是否实施购买行为主要取决于消费者的购买欲望,而消费者的购买欲望又与外界的刺激、诱导密不可分。因此,促销需通过各种方式把产品或服务等有关信息传递给消费者,以激发其购买欲望,促使其实施购买行为。

③ 促销的方式有人员促销和非人员促销两种。人员促销也称为直接促销,是企业雇用推销人员向消费者推销产品或服务的一种促销活动。非人员促销又称间接促销,是指企业通过一

249

定的媒介向消费者传递产品或服务等有关信息，以激发消费者的购买欲望、促使其实施购买行为的一系列促销活动，包括广告、营业推广等。

2. 促销的作用

促销是企业营销组合策略中的重要因素，它可以使企业树立良好的形象，增加销售量，使渠道成员对其产生好感，利于企业开展营销活动。一个好的促销计划可以为市场营销组合产品、分销和价格作补充，使之更加完善。具体表现在以下几个方面。

① 传递信息，提供情报。销售产品是市场营销的中心任务，信息传递是产品顺利销售的保证，在现代市场营销中，信息流是商流和物流的前导。信息沟通是争取消费者的重要环节，是联系企业与生产者、经营者、消费者的纽带，也是加强分销渠道中各个环节之间的协作，加速商品流通的重要途径。

② 刺激需求，增加销售量，拓展市场。在促销活动中，营销人员在向消费者传递产品信息时，通过各种促销手段强化消费者对本企业产品的需求，变潜在需求为现实需求，促使消费者实施购买行为，从而增加销售量。

③ 突出特点，树立形象。在激烈的竞争环境下，市场上同类产品同质化现象越来越突出，消费者或用户往往很难辨别或觉察。企业通过促销活动，如借助商标、产品特征、价格和效能等宣传该产品较竞争企业产品的不同特点，及其给消费者带来的利益，这样不但有助于增强消费者对本企业产品的了解并产生好感，还能使消费者形成对本企业产品的偏好心理，从而有利于加强企业在市场竞争中的优势。

【营销案例】

百度互联网思维：精确定位，精选平台

随着互联网的普及，沟通成本被大大降低，商品信息的流通越来越迅速，主动权正从零售商手中转移到消费者手中。在促销活动中受众的接受度和认可度十分重要，用通俗的话来说就是要受众个性化，实现对症下药。互联网思维营销最显著的特点是突破了时间和空间的束缚，重构人群逻辑空间，它的目标指向性十分精确，扁平化的营销方式让宣传信息直达受众，进而加快了商品销售的进程。

以百度系列推广为例，其各类推广定位准确，将目标受众划分为不同的群体并为其提供更加精准的商品信息。移动端的主要用户群体是"80后""90后"的年轻人，这个年龄段的人群易于接受新鲜事物，新兴的移动互联网的发展正是依靠这个群体的壮大。无论是手机百度结合网络剧《万万没想到》发布的系列 TVC 还是百度手机卫士的"千万悬赏终结恶意扣费"整合传播，都实现了精准定位，进而引发了用户的共鸣。其次平台选得好，扩大了品牌知名度。手机百度《万万没想到》TVC 在湖南卫视、江苏卫视投放就是个例子。众所周知，无论是湖南卫视还是江苏卫视，都以其全方位的娱乐大餐迅速占领了年轻人的市场，其独特的媒体特质和受众定位成了广告的稀缺资源。在合适的平台，为合适的人投放合适的广告，使得无论是手机百度 TVC 系列广告、百度手机卫士"千万悬赏终结恶意扣费"整合传播还是百度地图的"线上派发福袋"活动，认可度都一路走高。

3. 促销的功能

从消费心理学的角度来看，各种类型的促销手段具有以下功能。

① 传播功能。促销将各种信息及时传递给消费者，使消费者形成对产品的认知，帮助消

项目 10
促销与消费心理分析

费者了解产品与服务。由于借助不同的促销手段，可以使信息传递打破时间、空间的限制，广泛渗透到各种消费地区和不同的消费者群体中。

② 引导功能。促销可以吸引消费者的注意力，建立或改变他们对企业和产品的态度，激发其潜在的购买欲望，影响其消费决策。

③ 情感功能。不同的促销手段能够使消费者对产品及产品的生产企业产生一定的好感。在这一好感的基础上，进一步形成对该产品和企业的信赖感。

把有关信息传递给广大消费者，引起消费者的注意，深化消费者对产品的认识，增强消费者的购买信心，促使消费者做出购买决策，从而促进产品销售，实现企业营销目标。

10.1.2 促销策略的运用

促销活动的心理效应主要表现为消费者对各种促销活动产生的心理变化。在产品信息传播活动中，消费者对某种产品从一无所知到实施购买行为会有一个心理变化的过程，常见的心理活动过程一般要经历引起注意、产生兴趣、产生需求、实际购买四个阶段。

① 引起注意阶段。引起注意阶段指消费者通过各种促销活动对产品从一无所知到有所了解并开始注意某种产品或服务。

② 产生兴趣阶段。产生兴趣阶段是指消费者通过各种促销活动，加深了对产品的理解，并产生了好感，激发了兴趣，形成一定的态度。

③ 产生需求阶段。产生需求阶段是指消费者对产品或服务产生了需求。

④ 实际购买阶段。实际购买阶段是指消费者经过上述心理过程最后购买产品或接受某种服务。

各种类型的促销策略在不同的心理活动阶段的运用，对消费者的心理会产生不同的效果。一般来讲，在引导消费者了解、注意和认识产品方面，广告最有效；在使消费者产生兴趣、使其产生需求方面，人员推销的效果最显著；在促成消费者实际购买方面，营业推广最合适；在帮助消费者了解企业及其产品，使消费者产生信任感方面，公共关系最有效。

想一想

回忆一下，你对某种产品从一无所知到实施购买行为的心理变化过程。

任务 10.2 营业推广与消费心理分析

学习目的

学习任务	进行利用消费心理知识进行营业推广的案例分析
要求	1. 能通过各种渠道收集利用消费心理知识进行营业推广的案例 2. 能通过对利用消费心理知识进行营业推广案例的分析，推断营销成功或失败的原因 3. 能根据案例结果的分析，提出个人建议 4. 能将结果制作成 PPT，并进行 PPT 演示

消费心理与行为学

续表

学习任务	进行利用消费心理知识进行营业推广的案例分析	
应具备的知识	营业推广的基础知识	
应具备的能力	收集信息的能力、整理信息的能力、案例分析的能力、制作PPT的能力	
质量标准	评价项目	分值（分）
	1. 信息真实可靠	20
	2. 以事实为依据，高效筛选、分析、整理信息	20
	3. 分析案例时要有逻辑，思路清晰	40
	4. PPT制作完整。	20

案例导入

海尔创新营业推广形式

创新是海尔企业的经营理念与追求，在"3·15"来临前，海尔在全国开展了大规模的拆冰箱活动，旨在通过"拆冰箱"让消费者亲眼看见海尔冰箱在材料选择、工艺保障、产品质量等方面的可靠性与领先性。

其主要做法是通过"一称、二拧、三捅、四验、五踩、六剪"六个环节，向消费者展示了海尔冰箱与杂牌冰箱的内部构造和工艺，两者的差距也形象地展现在大家面前。

"一称"就是比重量，在活动现场，海尔三门冰箱由于采用了优质的原材料，比同类型普通冰箱重了足足8斤，消费者看到海尔冰箱"用料很足"。

"二拧"就是拧门封条，门封条的好坏直接影响了保鲜效果，优质的封条拧过不留痕，弹性好，而普通的门封恰恰相反。海尔冰箱的门封条拧过之后不留痕迹。

"三捅"是检验冰箱底板材质的方法，在现场观众们看到普通三门冰箱的底板是纸做的，带有一定的安全隐患，而海尔三门冰箱的底板则采用镀锌钢板，真材实料防潮耐用。

"四验"是检验冰箱的背板，海尔邀请消费者上台用斧头击打冰箱的背板。在消防斧的击打下，海尔冰箱的背板只留下一个浅印，而普通冰箱的背板一敲就破。

"五踩"是检验冰箱的抽屉材质和做工，一个75千克重的成年人在海尔冰箱的抽屉上能稳稳站立，而相同重量的成年人站上普通三门冰箱的抽屉，抽屉却立刻碎裂。

"六剪"是对比冰箱的蒸发器材质差距。通过将海尔冰箱与另一冰箱品牌的蒸发器剪开发现，海尔冰箱采用的是散热效果好、没有焊点的铝制蒸发器，而杂牌冰箱则采用铁管蒸发器，在铁管表面上染上了铜粉，以次充好。

海尔冰箱以创新型的营销方式再次展示了海尔品牌产品的品质，海尔冰箱本次在全国范围内同时开展的拆冰箱活动，在帮助消费者建立理性消费标准的同时，也向消费者揭开了部分行业内幕，让消费者明明白白消费，买到货真价实的好冰箱。

想一想

海尔拆冰箱活动有何创新之处？此次营业推广活动效果如何？

参考答案

任务实施

10.2.1 营业推广

1. 营业推广的含义

营业推广是指企业利用各种短期性的刺激工具来刺激消费者和经销商较迅速或较大量地购买某一特定产品或服务的活动。营业推广的类型包括折扣、优惠券、减价、返款、小包装销售、有奖竞赛、抽奖、现场销售展示会、免费赠送样品、有奖销售和赠送礼物等。营业推广不同于广告,广告为消费者提供了购买商品的理由,而营业推广则是为了让消费者实施购买行为,是以改变消费者的现场购买行为为导向的。

2. 目标群体类型与营业推广目标

营业推广的目标是根据目标市场类型的变化而变化的。针对终端消费者而言,营业推广目标主要包括鼓励消费者更多地使用商品和促使其大批量购买商品,争取未使用过本品牌商品的消费者,吸引竞争品牌的使用者等;针对中间商而言,营业推广目标主要包括吸引中间商经营新的商品种类和维持较高水平的存货,鼓励他们购买过季商品,抵消竞争性的促销影响、建立中间商的品牌忠诚度和获得进入新的零售网点的机会等;针对销售人员而言,营业推广目标主要包括激励他们寻找更多的潜在消费者和刺激他们推销过季商品。

10.2.2 适合消费者、中间商、销售人员的营业推广形式与消费心理分析

1. 适合消费者的营业推广形式

适合消费者的营业推广的形式有以下几种。

① 样品。样品是指免费提供给消费者或供其试用的产品,以建立消费者对产品的信心。样品可以街头随机赠送、邮寄发送、在商店内提供、附在其他产品上赠送,或作为宣传品赠送,这是最有效也最昂贵的介绍新产品的方式。

② 优惠券。优惠券的持有者可以以优惠的价格购买某种产品或服务。优惠券可以邮寄、包进其他产品内或附在其他产品上,也可刊登在杂志和报纸广告上。优惠券可以有效地刺激成熟期产品的销售,促使消费者尝试新产品。例如,2011 年 6 月,武汉招商银行在其自助存款机打印的凭条背面印了一些餐厅的优惠券,剪下优惠券到指定的餐厅进行消费,就可享受相应面值的优惠。

【营销视野】

优惠券的回收率

据调查显示,企业发放的优惠券的回收率因发放方式的不同而不同。用报纸刊登优惠券的回收率约为 2%;直接邮寄的优惠券的回收率约为 8%;附在包装内的优惠券的回收率约为 17%。一般认为,优惠券需提供 15%~20%的价格优惠才能起到刺激消费的效果。

③ 赠品。以较小的代价或免费向消费者提供某一物品,以刺激其购买某一特定产品。赠品可附在产品内或包装上,也可免费邮寄,即消费者交还诸如盒盖之类的购物证据就可获得一份赠品。赠品通常带有广告性质,企业把公司名或产品名印在赠品上,或者赠送的就是本企业

的产品。赠品的作用一般是促使消费者购买本企业的产品，或是为了保持消费者商品使用频率，或是促使消费者试用新产品、接受新品牌，或是用于测试广告活动效果，或是用于公司节庆活动以扩大品牌影响力等。

④ 奖品。奖品是指消费者在购买某种商品后，企业向其提供赢得现金、旅游或物品的各种获奖机会。

⑤ 现金折款。消费者在购物完毕后将购物证明（如发票、商标标签等）寄给制造商，制造商用邮寄的方式退还部分购物款项。

⑥ 使用奖励。以现金或其他形式奖励消费者。例如，许多航空公司为累计乘坐本公司航班达到一定公里数的消费者提供免费机票，如中国南方航空股份有限公司推出的明珠累积卡。

⑦ 联合促销。联合促销指两个或两个以上的品牌或公司在优惠券、付现金折款和竞赛中进行合作，以扩大他们的影响力。双方或多方联合促销降低了彼此的成本，各自的分销渠道可以实现共享。

⑧ 会员促销。会员促销最能体现促销的长期效果。消费者购物满一定金额或交纳会员费即可成为会员，在一定时期内享受折扣。例如，许多商场都推出会员卡或贵宾卡，持卡消费享受一定的折扣或获赠小礼品。会员促销可使厂商建立长期稳定的市场，培养大批的忠实消费者。

2．适合中间商的营业推广形式

① 价格折扣。在某段指定的时期内，中间商每次购货时都给予其一定的折扣。

② 折让。生产商提供折让，以此作为中间商同意以某种方式突出宣传产品的回报。

3．适合销售人员的营业推广形式

企业对销售人员的激励主要为了达到收集相关产品的市场情报、促使销售人员努力工作等目的。企业可以通过销售竞赛、推销回扣、销售红利等方法来激励推销人员，促使他们把企业的各种产品推销给消费者，并积极地开拓潜在的市场。

练一练

到附近商业街进行调研，记录商家的各种促销形式，分析消费群体特征及其消费心理。

任务 10.3 人员推销与消费心理分析

学习目的

学习任务	开展如何利用消费心理知识进行人员推销的讨论
要求	1．收集各行业人员推销方式的资料 2．选择一到两个行业的知名品牌，讨论其消费群体特征及推销方式 3．分析如何利用消费心理知识进行人员推销 4．设计人员推销的营销策略

项目 10
促销与消费心理分析

续表

学习任务	开展如何利用消费心理知识进行人员推销的讨论	
应具备的知识	人员推销的基本知识	
应具备的能力	收集信息的能力、信息分析的能力	
质量标准	评价项目	分值（分）
	1. 收集到的信息应具有真实性、普遍性	20
	2. 分析情况应以收集的信息为依据，不能脱离实际情况	40
	3. 分析时要有逻辑，思路清晰	40

案例导入

谈业务先卖自己还是先卖产品

小李是一家小酱品厂的业务经理，他的主要工作就是为产品找销路，小李很清楚，厂子的实力和团队是不可能直接做大卖场的，要销量只有找经销商，而只有有实力的经销商才能做好渠道和终端。他仔细分析了地区内的调味品代理商情况，选定了铭新公司，该公司代理了老干妈、海天、淘大、味好美等一大批调味品的知名品牌，年销量5000多万件，是该地区最大的综合性调味品代理商，销售网络遍布全省，是再理想不过的合作对象了。

小李找到铭新的业务经理，对方知道他的来意后不冷不热，无关痛痒的一个小厂，对方显然没多少兴趣。但小李可是有备而来的，他不慌不忙的与铭新的经理聊起了家常，说起铭新公司的发家史，铭新的业务经理可谓洋洋得意，开始侃侃而谈，小李边听边微笑点头。聊得熟络后，铭新的业务经理又不无发愁地说，公司发展很快，原来的管理方法跟不上了，在管人、管事、管钱等各方面都遇到了瓶颈，很是烦恼。小李心想机会来了，自己可是一直在琢磨经销商的内部管理问题，今天可派上用场了，可以好好聊一聊。从图表化管理到流程设计，从人员轮岗制度到预算管理，铭新的业务经理听得连连称是。

后面的故事是：小李让厂里的产品以最好的条件跟铭新签了代理合同。小李可没为卖产品花什么心思，他先成功地把自己卖出去了。先卖自己再卖产品，在与客户的交往过程中抛开公司和品牌，向客户先推销自己，用自己去吸引客户的关注，引起他们的兴趣，激发他们的热情，再来做产品推销就是很简单的事。

想一想

小李的推销经历给你的启示是什么？

参考答案

任务实施

10.3.1 人员推销的概念与特点

人员推销是指推销人员与消费者面对面地接触的一种推销行为。它是一种双向的直接沟通

255

的方式，与其他促销方式相比，具有以下特点。

① 双向性。推销人员在向消费者介绍自己的企业及产品信息的同时，也让消费者表达自己对企业及产品的看法、意见和要求，以及他们对同类产品中某些品牌或特殊功能的喜好等。因此，人员推销是一个双向信息沟通的过程，能及时掌握消费者的需求。

② 灵活性。在人员推销的过程中，推销人员不仅能根据消费者的愿望、需求和动机等，有针对性地进行推销，而且还可及时了解消费者的反应，并及时调整推销策略和方法，解答消费者的疑问，使消费者产生信任感。

③ 完整性。推销人员通过信息交流，满足消费者对产品信息的需求；通过交易的达成，满足消费者对产品使用价值的需求；通过提供各种服务，如技术支持、维修服务等，满足消费者对产品附加价值的需求。

10.3.2 人员推销的行为策略

人员推销的一般步骤是寻找潜在消费者、接近潜在消费者、洽谈、促成交易、为消费者提供售后服务。

1. 寻找潜在消费者

人员推销的第一步是寻找潜在消费者。潜在消费者数量的多少、潜在消费者质量的好坏往往影响着销售业绩。因此，销售人员应该随时随地挖掘潜在消费者。

随着市场经济的发展，竞争日益激烈，消费者的需求日益个性化和多样化，一个企业不可能满足市场上所有的潜在消费者的需求。因而，推销人员必须按照企业资源、产品的特性等满足其中一部分潜在消费者的需求，即细分推销的对象。细分、选择推销的对象，可以减少推销的盲目性，提高推销工作的成功率。

2. 接近潜在消费者

接近潜在消费者是人员推销过程中的一个重要环节。推销人员应该知道初次与客户交往时如何会见客户，使双方的关系有一个良好的开端。在推销实践中，成功地接近潜在消费者并不一定能带来成功的交易，但成功的交易则是以成功地接近潜在消费者为先决条件的。

3. 洽谈

洽谈的最终目的是激发消费者的购买欲望，促使消费者实施购买行为。洽谈的目标既取决于消费者购买活动的心理过程，又取决于推销活动的实际发展过程。洽谈的具体目标是进一步发现和证实消费者的需要，向消费者传递恰当的信息，了解消费者的购买动机，说服消费者采取购买行动。

在洽谈的整个过程中推销人员应以产品性能为依据，着重说明产品给消费者带来的利益，如成本较低、节省劳力等，但要避免一个错误，即过分强调产品的特点，而忽视了消费者的利益。

推销人员在洽谈中还必须对消费者提出的各种疑问加以解决。消费者在产品介绍过程中，或在推销人员要他们订货时，几乎都会表现出抵触情绪。推销人员应采取积极的态度应对这些抵触情绪。

项目 10
促销与消费心理分析

【营销视野】

面对拒绝

推销人员面对的拒绝，可能就是机遇。判断客户拒绝的原因，并予以回复。例如，客户确有购买意向，应为其做更详细的分析、介绍。拒绝是消费者在销售过程中最常见的抗拒行为。推销人员必须巧妙地消除消费者的疑虑。其拒绝的原因可能有：一是准备购买，需要进一步了解产品实际的情况；二是推托之词，不想购买或无能力购买；三是有购买能力，但希望获得优惠的价格；四是消费者想建立谈判优势。

4．促成交易

在实际推销工作中，可以通过消费者的态度、消费者的行为举止、消费者的谈话内容等来判断其成交意向。

（1）消费者的态度

在实际推销工作中，有些消费者态度冷淡，推销人员应坚持下去，一旦消费者的态度渐渐好转这就表明消费者开始接受产品了，并且对其产生了一定的兴趣，这一转变就是一种明显的成交信号。

（2）消费者的行为举止

在面谈过程中，消费者主动提出更换面谈场所，如从会客厅换进办公室，或者主动向推销人员介绍该单位负责采购的主管人员及其他人员，或者在商谈期间不再接待其他公司的推销人员，这表明其已做出初步的购买决策，有关具体事项留给相关业务人员与推销人员进一步商谈，是一种明显的成交信号。

（3）消费者的谈话内容

消费者不停地向推销人员打听交货日期，要求提供详细的使用注意事项，了解产品价格并以各种理由要求降低价格，或询问推销人员可否试用产品，详细了解产品售后服务情况等。推销人员也可以给予消费者特定的成交诱惑，如特价、免费赠送额外数量的产品和赠送礼物等来促使消费者做出最终的购买决策。

5．售后服务

开发新客户非常重要，但能够维护好现有的客户，为其提供周到的服务是提高客户忠诚度的关键。交易达成后，推销人员应制定一个后续工作回访日程表，及时为消费者提供指导和服务。这种回访还可以及时发现产品可能存在的问题，使消费者感受到推销人员的关心，并减少可能出现的任何认识上的不一致。推销人员还应该制订一个客户维持计划，以确保客户不会被遗忘或流失。售后服务是保证消费者购买产品后感到满意并重复购买产品的必不可少的重要一环，售后服务的项目有送货服务、质量保证服务、技术服务、网点维修服务等。

10.3.3　一对一销售服务和消费者心理与行为

1．一对一销售服务的概念及特点

一对一销售服务是指销售人员通过与每位消费者进行一对一的沟通，明确把握每位消费者的需求，有针对性地为其提供专门的个性化服务，以求最大限度地满足消费者的需求。

在一对一销售服务中，销售管理是以消费者为中心开展的，对每位消费者都必须设定直接

的管理者。由于消费者的人数众多,每位管理者往往要同时服务多位消费者。所以,每个管理者都应设立自己的"消费者库",并与"消费者库"中的每位消费者建立良好关系,以求最大限度地提高每位消费者的价值,提高企业的消费者占有率。

2. 一对一销售服务对消费者心理和行为的影响

在消费者管理的组织结构中,虽然也有产品管理,但其作用已经不再是将产品卖给尽可能多的消费者,而是针对每位消费者的需求,开发、提供消费者需要的特定产品,从而支持消费者管理者进行一对一销售服务。

进入 20 世纪 90 年代后,信息与网络技术的高速发展为企业与消费者一对一沟通提供了越来越多的选择。一对一销售服务对消费者心理与行为的影响主要表现在以下几个方面。

在个性化消费时代,现在的消费者可以大胆地获取特殊的、与众不同的服务。哪怕部分消费者总体上倾向于和大众保持同质化的产品或服务消费,但也可期望在送货、付款和售后服务等方面,商家能够满足其特别的需求。正因为每个消费者都有着不同的需要,因而通过市场细分将一群消费者划归为有着共同需求的细分市场的传统做法,已不能满足每个消费者的特殊需要。而现代数据库技术和统计分析方法已能准确地记录并预测每个消费者的具体需求,从而为每个消费者提供个性化的服务,提高消费者的满意度。

实体服务系统的作用不可忽视。目标消费者是多样化的,经济水平、文化水平、爱好等的不同,决定了消费者不可能都成为网络一族,也不是每个人都熟悉网络。对非网络用户的服务过程还需要用传统方式来维持。传统服务体系中的仓储、运输、配送、安装等过程无论在何种技术状态下都是不可缺少的,服务人员仍然充当着服务实施的角色。如果实体服务体系不能让消费者满意,消费者对网上服务会更加挑剔。

在一对一销售中,消费者可直接参与产品的设计,企业根据消费者的意见改进产品,从而达到产品、技术上的创新,并使产品能始终与消费者的需求保持一致,从而促进企业的不断发展。依靠内容与情感吸引客户,要不断推出新创意,提供有用的内容吸引客户上门,同时充分利用电子邮件来维持企业与消费者的情感交流,增强其对产品和企业的信任。

传统的营销是从产品的角度经营,一次关注一种产品或服务,满足消费者一种基本需求,然后挖掘市场,尽可能多地找到在当前销售季节中有这种需求的消费者。其以某种产品或服务为营销中心。而一对一销售,不是一次关注一种需求,而是一次关注一位消费者,尽可能多地满足这位消费者的需求,它关注的中心是消费者。实行传统营销的公司的成功方向是赢得更多的消费者,而实行一对一销售的公司的成功方向是更长久地留住消费者。

一对一销售不只关注市场占有率,还关注每位客户的购买额,也就是在一对一的基础上提升对每位客户的占有程度。传统营销靠区分产品来进行竞争,而一对一销售靠区分消费者来进行竞争。传统营销通过推出新产品及对产品进行延伸,尽量对产品进行实际意义上的区分,或者利用品牌和广告制造出一种观念上的区分;而一对一销售的企业一次照料一位消费者,它所依赖的是将每位消费者与其他人区分开来。

戴尔是在业界贯彻"一对一销售"思想最为彻底的公司之一。戴尔的 Premier Page 的成功运作能充分说明"与消费者互动对话"的可操作性与良好的效果。戴尔为很多客户在其网站上建立了"一对一销售"的界面,消费者登录这个系统,里面的资料就好像为其专门准备的,里面有该消费者与戴尔发生交易的所有信息、戴尔曾经给过消费者的报价、售后服务信息,更有专门的直销价格与产品。这种直销价格针对不同的客户是不同的,给每个消费者的价格只有消费者在自己的 Premier Page 中才能看到。戴尔为每位消费者推荐的产品也可能是不一样的。同样，消费者在自己的 Premier Page 里配置自己想要的机型、发布自己的需求与对戴尔产品及服务的意见与建议。不仅仅是这个 Premier Page 本身，消费者也可以通过电话、传真、电子邮件与戴尔进行对话，戴尔设在厦门的客户服务中心有专门的内部销售代表负责与不同消费者保持这种交流。在这个模式中，消费者可以全程参与戴尔的生产、销售及服务的各个环节，消费者不再是企业的"外人"。

"定制化"通常被看作"一对一销售"中最为困难的一环。那么，"定制化"的难度到底在哪里呢？在很多方面，定制化不仅涉及销售模式的调整，还涉及生产、库存、采购、财务结算等方方面面。下面我们看看戴尔是如何为消费者提供定制化服务的。

捆绑销售：把两个或更多的产品捆绑在一起来卖，包括相关的产品（如计算机与打印机）、产品与耗材（打印机与墨盒）及大量的折扣。

配置：不用改变产品或服务，只需预先进行配置就能满足消费者的要求。如戴尔的计算机，消费者可以在不改变其基本配置的情况下配置内存及硬盘大小。

包装：根据消费者类型调整包装。

送货和后勤：在消费者方便的时候送货，可以约定不同的送货时间和取货地点。

辅助服务：为消费者提供售后服务，如上门维修计算机的同时提供打印机的性能检查服务。

服务方式：消费者可以选择服务类型。

支付方式：按照消费者要求设计支付方式。比如，戴尔针对中国信用体系不发达的情况，向家庭用户提供银行电汇与上门用手持 POS 机信用卡划账的选择。

预先授权：预设权限来满足消费者需求，如对不同信用等级的客户设置不同的预付额度。

简化服务：为长期客户或重点客户重新设计产品购买与送货方式。

综上所述，企业实践"一对一销售"的销售理念并不是一件很难的事情，事情的关键在于我们是不是想要开始这样做了。

10.3.4 体验和消费者心理与行为

1. 体验的概念

体验是指企业通过采用让目标消费者观摩、聆听、尝试、试用等方式，使其亲身体验企业提供的产品或服务，让消费者实际感知产品或服务的品质或性能，从而促使消费者认识并购买产品或服务的一种营销方式。这种方式以满足消费者的体验需求为目标，以有形产品为载体，拉近企业和消费者之间的距离。

2. 体验的类型

由于体验的复杂化和多样化，所以《体验式营销》一书的作者伯恩德.H 施密特将不同的体验形式称为战略体验模块，并将其分为五种类型。

（1）知觉体验

知觉体验即感官体验，感官体验可区分为公司与产品（识别）、引发消费者购买动机和增加产品的附加价值等。

（2）思维体验

思维体验即以创意的方式引起消费者的好奇、兴趣，对问题进行集中或分散的思考，为消费者创造认知和解决问题的体验。

（3）行为体验

行为体验是指通过增加消费者的亲身体验，为他们提供做事的替代方法、替代的生活形态与互动，丰富消费者的生活，从而使消费者自发地改变生活模式。

（4）情感体验

情感体验即体现消费者内在的感情与情绪，使消费者在消费中感受到各种情感，如亲情、友情和爱情等。

（5）相关体验

相关体验即通过实践自我改进的个人渴望，使别人对自己产生好感。它使消费者和一个较广泛的社会系统产生相关联，从而建立对某种品牌的偏好。

3．体验对消费者心理和行为的影响

体验是站在消费者的感官、情感、思考、行动和联想五个方面，重新定义、设计的一种营销方法。这种思考方式突破传统上"理性消费者"的假设，认为消费者消费时是理性与感性兼具的，消费者在消费前、消费中和消费后的体验才是购买行为与品牌经营的关键。比如，当咖啡被当成"货物"贩卖时，一磅卖 300 元；当咖啡被包装为商品时，一杯就可以卖 25 元；当其在咖啡店中贩卖时，一杯最少要卖 35~100 元。星巴克真正的利润核心就是"体验"。

这种体验营销以拉近企业和消费者之间的距离为重要经营手段，但体验式营销并不适合于所有行业和所有产品。体验营销要求企业必须从消费者的感受、情感、思考、行动、联想等五个方面重新定义，设计营销策略时，这种思考方式突破了"理性消费者"的传统假设，认为消费者的消费行为除包含知识、智力、思考等理性因素外，还包含感官、情感、情绪等感性因素。

想一想

谈一谈如何提升消费者的营销体验？

项目总结

1．促销是指企业通过人员与非人员的方式，将产品或服务的有关信息传递给消费者，以激发消费者的购买欲望，促使消费者采取购买行为的市场营销活动。因此，促销是一种非价格竞争，注重研究消费者的心理需求，在买方市场条件下，尤为重要。

2．促销的作用有：传递信息，提供情报；刺激需求，增加销售量，拓展市场；突出特点，树立形象。

3．营业推广是指企业利用各种短期性的刺激工具来刺激消费者和经销商较迅速或较大量地购买某一特定产品或服务的活动。营业推广的类型包括折扣、优惠券、减价、返款、小包装销售、有奖竞赛、现场销售展示会、免费赠送样品、有奖销售和赠送礼物等。营业推广不同于广告，广告为消费者提供了购买的理由，而营业推广则刺激了消费者的购买欲望，是以改变消费者的现场购买行为为导向的。

项目 10
促销与消费心理分析

4. 人员推销是指推销人员与消费者直接面对面的一种推销行为。它是一种双向的直接沟通方式，与其他促销方式相比，具有双向性、灵活性、完整性等特点。

项目实训

【知识挑战训练】

一、单项选择题

1. 消费品市场营销的最主要的促销方式是（　　）。
   A．广告　　　　B．人员推销　　　C．销售促进　　　D．公共关系
2. 人员推销的缺点主要表现为（　　）。
   A．成本高，顾客量大　　　　　　　B．成本低，顾客量大
   C．成本高，顾客有限　　　　　　　D．成本低，顾客有限
3. 企业销售人员在访问推销过程中可以亲眼观察到顾客的反应，并揣摩其心理，不断改进推销陈述和推销方法，最终促成交易。这说明人员推销具有（　　）。
   A．公关性　　　B．针对性　　　　C．灵活性　　　　D．复杂性
4. 促销的目的是引发刺激消费者产生（　　）。
   A．购买行为　　B．购买兴趣　　　C．购买决定　　　D．购买倾向
5. 在产品生命周期的投入期，消费品的促销目标主要是宣传介绍产品，刺激购买欲望的产生，因而主要应采用（　　）的促销方式。
   A．广告　　　　B．人员推销　　　C．价格折扣　　　D．营业推广

二、多项选择题

1. 促销是企业常用的营销手段，其作用有（　　）。
   A．传递信息，提供情报　　　　　　B．增加销售量，拓展市场
   C．突出特点，诱导需求　　　　　　D．树立企业形象
2. 营业推广是指企业利用各种短期性的刺激工具来刺激消费者和经销商较迅速或较大量地购买某一特定产品或服务的活动，营业推广包括（　　）。
   A．买一送一　　　　　　　　　　　B．在报纸上刊登广告
   C．给经销商奖励　　　　　　　　　D．现场销售展示会

三、简答题

1. 什么是促销？现代企业为什么要进行促销？
2. 什么是营业推广？营业推广的方式有哪些？
3. 什么是人员推销？如何通过人员推销促进消费行为？

四、案例分析题

蒙牛，挟神五之势飞天

2003 年 10 月 16 日早上 6 点多，中国第一艘载人航天飞船神舟五号安全返回地面。作为中国航天史上一个划时代意义的符号，神舟五号的照片几乎刊登在了中国所有报纸的头条位置。

电视、电台、网络等所有媒体都进行了大量的报道。与此同时，国内不少企业也开始借助神舟五号的事件开始进行宣传。而其中反应最迅速、取得成效最大的就是蒙牛集团。

几乎是在飞船平安落地的同时，公众最能即时了解这一消息的门户网站上广告。当日9点左右，蒙牛在中央电视台的广告开始启动，中午12点以前，全国30多个城市的户外候车厅都被蒙牛的广告占领，几天内，各卖场的蒙牛产品，就已经印上"中国航天员专用牛奶"的字样。"蒙牛牛奶，强壮中国人"，"蒙牛牛奶，航天员专用牛奶"，仿佛一夜之间，人们惊讶地发现自己已经被蒙牛的标语和画面重重包围。走在路上，看到蒙牛的巨型路牌；在公司，看到报纸广告；回到家中，看到电视广告。

事实上，蒙牛并不是唯一的"中国航天事业合作伙伴"，但能够迅速开展整合营销传播活动、让消费者对产品与神舟五号的关联度印象最深的企业只有蒙牛一家，也引来了大量经济评论者的关注和媒体大众的注意。从而成功地借助重大的历史事件把一次广告活动引申为成功的事件营销。

【问题】

蒙牛此次营业推广活动有何创新之处？此次营业推广活动效果如何？

技能实训

技能实训10.1　促销与消费心理分析

利用课余时间到超市进行饮料促销情况调查，观察饮料促销情况，不同品牌同一类型的饮料促销有什么不同，消费者购买行为有何不同，分析不同品牌同一类型的饮料促销策略有何不同，写一份饮料促销策略报告，字数不少于1000字。

1. 实训目的

通过本次实训，使学生明确饮料促销策略对消费者心理与行为的影响。

2. 实训内容

利用课余时间到超市进行饮料促销情况调查，观察饮料促销情况，不同品牌同一类型的饮料促销有什么不同，消费者购买行为有何不同，分析不同品牌同一类型的饮料促销策略有何不同，写一份饮料促销策略报告。

3. 实训材料

相关图书、教辅、计算机、纸张、笔、投影仪等。

4. 实训步骤

① 全班学生自由分组，每组6~8人。
② 各组分别进行集体讨论，明确组内分工。
③ 按照分工进行资料收集、整理，讨论并记录讨论结果。
④ 整理观察记录，形成报告。
⑤ 各组将资料制作成PPT，选一名代表展示工作成果。

5．成果与检验

认识消费心理与产品促销策略的效果评价参考表，见表 10-1。

表 10-1　认识消费心理与产品促销策略的效果评价参考表

序号	评价内容		分值（分）	实际得分（分）
1	实际操作	明确记录不同品牌同一类型的饮料促销策略	30	
		购买时间、数量清晰，购买对话记录详细	20	
2	分析报告	能够对记录的内容进行恰当整理与分析，形成饮料促销策略报告	20	
		制作成 PPT，图文并茂，内容翔实	10	
		汇报大方从容，内容全面	20	
		合计	100	

评价说明如下。

① 每组学生的成绩由两部分组成：实际操作（50%）和分析报告（50%）。

② 实际操作主要考查学生观察的过程以及收集资料、整理资料的能力。

③ 饮料促销策略报告主要考查学生根据信息资料分析得出的结论与建议的合理性，并制作成 PPT 进行汇报的能力。

参 考 文 献

[1] 贺建华. 你不知道的消费心理. 沈阳：万卷出版公司，2014.
[2] 唐赤华，戴克商. 消费者心理与行为. 北京交通大学出版社，2011.
[3] 于惠川. 消费者心理与行为. 北京：清华大学出版社，2012.
[4] 徐盈群，姚水琼，戴佩慧. 消费心理与行为分析. 大连：东北财经大学出版社，2015.
[5] 施密特. 体验营销. 周兆晴，译. 南宁：广西民族出版社，2003.
[6] 魏玉祺，喻蓉. 情感营销的四大策略. 数字商业时代，2008.
[7] 王水清，杨扬. 消费心理与行为分析. 北京大学出版社，2012.
[8] 李晓颖，黄晓羽. 消费心理实务. 北京：中国水利水电出版社，2013.
[9] 李晓霞，刘剑. 消费心理学. 北京：清华大学出版社，2010.
[10] 杨洪涛. 现代市场营销学超越竞争为顾客创造价值. 北京：机械工业出版社，2012.
[11] 刘军，邵晓明. 消费心理学. 北京：机械工业出版社，2016.
[12] 卞君君. 肯德基：中国式进化. 北京：中信出版社，2009.
[13] 罗格·D. 布莱克韦尔. 消费者行为学. 吴振阳，译. 北京：机械工业出版社，2009.
[14] 韦青，任菁. 营销延伸. 北京：经济管理出版社，2000.